KB010097

교정 교육 상담 포럼 02

교정의 심사평가론

CORRECTIONAL ASSESSMENT

신기숙 | 김설희 | 박종관 | 이명숙

솔과학

머 리 말

지난 10년간 우리나라의 전체범죄 발생건수는 꾸준히 증가하고 있는 것으로 2016년 범죄백서에 보고되었다. 2005년 1,860,119건에서 2014년 1,933,835건으로 지난 10년간 4.0% 증가하였으며, 이 중 전과자의 재범률 또한 2005년 60.4%에서 2014년 67.5%로 증가하였다. 범죄 및 재범율의 증가는 범죄자 개인에게 있어서는 사회생활의 적응과 사회복귀의 실패라는 측면에서, 지역사회 안전에 있어서는 일반시민들이 위험성에 노출 될 확률이 높아졌다는 측면에서 우리사회에 중요한 시사점을 주고 있다. 따라서 범죄자의 건전한 사회복귀를 도와 재범을 방지하고, 범죄로부터 사회를 안전하게 보호하기 위한 모두의 노력이 필요한 시점이다.

범죄인의 재범방지와 지역사회 복귀를 위해 교정 분야에서의 대처는 일반적으로 판결 이후 과정으로 범죄인에 대한 교정교화와 분류심사 및 재범위험성 예측을 중심으로 진행된다. 즉, 비행 또는 범죄를 하게 되는 심리상태, 인성, 행동특성 등을 과학적으로 조사, 측정, 평가하여 개별 처우 계획을 수립하고, 일정한 기준에 따라 구분하여 관리 및 재사회화 과정을 운영하는 것이다. 특히, 성범죄자나 폭력범죄와 같이 특정 범죄 행동에 대해 임상적 도구를 사용하여 위험성을 평가하고 치료프로그램을 제공한다.

한국교정교육상담포럼에서는 교정기관과 협력하여 범죄인이 더 만족스러운 삶을 통해 지역사회에 잘 적응할 수 있도록 도움주기 위해 활동하면서 총서 3권을 발간하게 되었다. 제 1권은 「교정의 심리학」, 제 2권은 「교정의 심사평가론」, 제 3권은 「교정의 복지학」으로 이 책은 제 1권에 이은 두 번째 발간서이다. 이 책에서 제 1장은 범죄인 심리평가 및 측정으로, 과학적인 교정처우를 위해 분류와 처우의 개별화 과정에서 알아야 할 원칙과 교정시설에서의 심리평가 기본원리에 대해 기술하였다. 제 2장은 성폭력 피해자의 심리특성 및 치유로 성폭력 피해로 인해 복합적으로 나타나는 심리적 외상 및 치유와 회복으로 이끌어 주는 치료기법에 대해 다루었다. 제 3장은 성범죄자의 심리특성 및 교정으로 성범죄자의 재범예측과 방지를 위한 위험성 평가 및 심리치료의 원리에 대해 설명하고 있다. 제 4장은 수형자 분류심사 제도 및 심사기법으로 수형자 분류의 발달과정과 교정상담의 특성에 대해 정리하였다.

이 책은 이명숙, 김설희, 신기숙, 박종관 모두 4명의 저자가 함께 하였으며, 저자들 모두 범죄 피해자 및 범죄인과 관련한 현장에서의 풍부한 경험을 바탕으로 집필하였다. 집필과정에서 어려움들이 있었겠지만, 교정에 대해 관심을 가진 사람은 많으나 실무적인 전문지식을 접할 수 있는 자료는 부족한 현실에서 교정의 발전에 도움 되기 위한 마음으로 시간과 노력을 아끼지 않고 집필해 주신 것에 감사드린다. 또한 이 책의 출판을 맡아 주신 솔과학 김재광 사장님과 편집과정에서 세심하고 정성스럽게 노력해 주신 솔과학 편집부 여러분께 진심으로 감사의 마음을 전한다.

2017년 3월에

저자 대표 **신 기 숙**

차례 CONTENTS

제1장 범죄인 심리평가 및 측정

집필 이명숙

제2장 성폭력 피해자의 심리 특성 및 치유

집필 김설희

차례 CONTENTS

제3장 성범죄자의 심리 특성 및 교정

집필 신기숙

제4장 수형자 분류심사 제도 및 심사기법

집필 박종관

CORRECTIONAL ASSESSMENT

제 1 장

범죄인 심리평가 및 측정

– 집필 이명숙

제1절 심리측정과 평가

1. 심리측정의 정의

심리학에서 사용하는 측정measurement의 현대적 정의들은 다양하다. 이들의 공통성을 살펴보면, '두 가지의 대상과 그 대상들의 관련성에 관한 기술' 이라고 정의한다. 여기서 두 가지의 대상 중에서 첫 번째 측정의 대상은 '이론적 잠재요인', '추상적 개념', '연구자의 이론 속에 내포된 개념' 등으로 표현되는 「구성개념construct」을 말한다. 두 번째 측정의 대상은 '경험적 지표', '감각자료', '반응', '응답' 등으로 표현되는 「측정치measures」이다. 따라서, 심리측정psychological measurement이란 심리적 구성개념(이론)과 측정치(실제)를 연관시키는 일련의 논리추론 과정인 것이다(한국심리학회, 1998:4).

구성개념과 측정치는 서로 인과관계를 가지는 별개의 사상들이다. 예를 들어, 우울증을 측정하는 경우에, '우울증' 은 개인 내부에 있다고 가정하는 일종의 심리적 구성개념이고, 이를 진단하기 위한 우울증검사 문항인 '나는 자주 울고 싶어진다' 라는 문항에 대한 '예' 또는 '아니오' 는 측정치이고, 이들간에는 서로 인과관계를 가진다고 가정한다. '울고 싶어진다' 는 문항에 '예' 라고 대답하는 사람의 심리 내부에는 우울증이 있을 가능성이 높다는 말이다.

심리학에서 측정은 어느 정도의 항상성을 가지는 구성개념, 예를 들어 성격이라는 특질이 어느 정도의 시간적 범위내에서 안정적으로 존재한다는 가정을 하는 심리 특질에 대해 이루어진다. 대표적으로 지능도 안정적인 구성개념이라 가정하기 때문에 IQ 검사로 측정을 하는 것이며, 성격도 안정적인 구성개념이기에 MMPI 검사로 측정하는 것이다.

구성개념과 측정치 사이의 관계가 인과관계 또는 높은 상관관계가 있다고 가정하므로 가시적인 측정치를 통하여 보이지 않는 심리특질을 측정하는 것이다. 그러나, 구성개념과 측정치간의 관계는 완벽하지 않다. 왜냐하면, 특정한 측정치에 대해 특정한 구성개념이 유일무이한 것은 아닐 수 있기 때문이다. 즉, 하나의 측정치는 여러 개의 구성개념에 의해 복합적으로 결정될 수도 있다. IQ점수라는 측정치가 '지적능력' 이라는 대뇌특질을 의미하는 것으로 이론적으로는 가정했지만, 실제에 있어서는 문화적 격차 또는 교육적 결손 등이 IQ점수에 영향을 줄 수 있기 때문이다. 이런 문제 때문에 모든 심리측정에서는 「측정오차measurement error」의 존재를 전제로 하고, 이를 최소화하는 것이 신뢰도, 타당도 등을 높이는 것이다(한국심리학회, 1998:4).

2. 심리검사

1) 객관적 검사와 투사적 검사

심리검사는 지능, 성격, 적성 등 인간의 다양한 심리적 특성(구성개념)들을 파악하려는 목적을 가지고, 다양한 측정도구(측정치)들을 사용하여 이런 특성들을 양적, 질적으로 측정하고 평가하는 하나의 방법인 것이다. 심리평가는 심리검사를 통해서 얻어진 측정치를 중심으로 하여 면담, 행동관찰, 개인력personal history 조사 등을 통해 얻은 정보를 참조하여 종합적인 평가를 내리는 전문적인 과정이다(최정윤, 2010:1).

심리검사를 개발한 학자들은 특정의 심리적 기능을 대표할 수 있는 단일 측정치를 얻기 위한 측정과 방법론에 1차적인 관심을 두고 있다. 이를 위한 검사도구의 구조화 정도에 따라 객관적인 검사objective test와 투사적 검사projective test로 구분할 수 있다.

객관적인 검사는 검사문항이 고정으로 잘 구조화되어 있고 채점과정이 표준화되어 있으며, 해석의 규준norm이 제시되어 있는 검사를 말한다. 검사에서 평가하고자 하는 특질에 초점을 맞추어 측정할 수 있도록 구성된 검사이고, 개인의 독특성을 측정하기 보다는 개인들이 공통적으로 가지고 있는 특질을 기준으로 하여 각 개인들이 점하는 상대적 위치를 비교, 평가하는 데 유용하다. 객관적 검사는 검사 실시와 해석이 간편하며, 검사의 신뢰도 및 타당도가 검증되어 있다는 장점이 있는 반면에, 피검자들이 자신이 의도대로 문항에 대해 반응하는 '반응 편향' 의 문제가 있으며, 양적인 측정치에 치우치기 때문에 개인의 질적인 독특성에 대한 정보가 무시된다는 단점이 있다(최정윤, 2010:6).

정신분석 학자들은 구조화된 검사와는 다른 방법으로 개인의 심리를 측정하려는 노력을 기울여 왔다. 프로이드는 면담을 통해서 환자의 생각과 감정, 그것을 표현하는 방법, 환자 특유의 언어와 행동양식 등을 관찰함으로써 환자에 대해 이해하고 평가하는 임상적 방법을 사용하였다. 인간의 무의식에 내재된 감정이나 갈등은 민감하고 유연하며 상세한 질문을 통하여 이끌어 낼 수 있다고 하였다(최정윤, 2010:4).

그렇기 때문에 객관적 검사를 보완하기 위하여는 투사적 검사를 함께 사용하는 것이 바람직하다. 투사적 검사projective test는 검사 자극이 모호하여 피검자가 자극을 인지적으로 해석하는 과정에서 개인의 욕구, 갈등, 정서, 성격 같은 심리적 특성의 영향이 강하게 포함된다고 가정한다. 따라서 비구조화된 투사 검사를 통하여 개인의 독특성을 최대한 이끌어 내는 장점을 갖는다. 또한 자극의 모호성 때문에 피검자가 반응내용에 따라 자신의 의도대로 방어적으로 반응하는 "편향"을 줄이게 되고, 스스로 의식하지 못하는 자신의 전의식이나 무의식적 심리 특성이 반응으로 나올 수 있다. 하지만, 투사적 검사는 신뢰도 및 타당도가 객관적으로 검증되기 어렵다는 비판이 있다. 대표적인 투사적 검사로는 로르샤흐 검사, TAT, HTP, LMT, SCT 등이 있다(최정윤, 2010:6-7).

어떠한 검사도 모든 심리 영역을 다룰 수 있을 만큼 평가 영역이 넓지 못하기 때문에, 어떤 단일한 검사만으로는 인간의 총체적 모습을 진단할 수 없다. 그래서 최근에는 여러 검사들을 '총집battery' 으로 사용하는 경향이 있다. 각 검사들은 서로 다른 심리적 수준과 기능을 측정하므로 '검사 총집' 을 통해 여러 검사에서 얻은 결과들을 통합해서 해석해야 한다고 강조한다. 검사 총집은 개별 검사들이 모여서 구성되며, 각 검사들은 각기 다른 특정한 심리기능을 측정한다. 예를 들어, Wechsler 지능검사는 지적 능력 수준을 측정하고, MMPI 인성검사는 객관적 검사로서 정신병리적 측면을 말해주며, 로르샤흐 검사는 대표적 투사법으로서 원초적 욕구나 환상을 탐지해 내며, TAT는 대인관계의 역동성을 투사를 통해 알아 볼 수 있는 도구이다(최정윤, 2010:8-10).

2) 표준화와 규준

표준화standardization는 검사의 실시와 채점 및 결과의 해석을 구조화시켜 모든 절차와 방법을 일정하게 '검사의 틀' 을 만들어 놓은 것이다. 검사의 규준norm은 특정 개인의 검사 점수를 그가 속해있는 모집단(규준집단)에 비추어 해석하는 기준을 제공해 준다. 규준에 비추어 개인의 검사

원점수raw score는 남과의 비교정보가 함유된 점수, 예컨대 Z점수[1]또는 T점수[2]로 전환되어 사용된다(한국심리학회, 1998:37).

심리검사에서 규준이 반드시 필요하지 않은 경우도 있는데, 예컨대 검사의 주요목적이 개인들간의 비교가 아니라, 특정 개인에 있어서 어떤 측정치와 다른 측정치간와 관련성을 파악하는데 초점을 둘 경우이다. 대체로 표준화되어 시판되는 검사들은 전국규준을 제시하므로 전국에 걸친 다양한 지역, 다양한 연령, 성별에 따른 표본과 피검자의 점수를 비교하는 데 유용하다(한국심리학회, 1998:40).

1) Z점수는 모집단의 평균이 0이고 평균편차가 1인 분포로 원점수를 변환한 점수이다.

2) T점수는 모집단의 평균이 50이고 평균편차가 10인 분포로 원점수를 변환한 점수이다.

제2절 과학적 교정처우의 이념

교정시설과 범죄자 처우의 수준은 한 나라의 인권 수준을 가늠하는 최소한의 지표로 인식된다. 그러나 아직 우리나라의 교정처우가 국제적 규범에 얼마나 부합하는지에 대한 세부적 점검은 제대로 이루어지지 않는 실정이다. 이에 한국형사정책연구원은 2014년부터 일련의 연구를 통해 우리나라의 교정처우 수준을 국제기준과 비교하는 노력을 기울이고 있다.

이 절에서는 한국형사정책연구원에서 실시한 재범방지를 위한 교정보호의 선진화 방안 연구 시리즈로서 '교정처우 관련 국제규범에 관한 연구' (이승호 등, 2014) 및 '교정처우의 국제규범이행 실태와 개선방안' (최영신 등, 2014) 연구보고서에 수록된 내용 중에서 과학적 심사평가에 요구되는 국제적 기준으로서 ①분류의 과학화 및 ②처우의 개별화에 관한 부분을 중점적으로 소개한다.

수용자 처우와 관련하여 국제규범과 우리나라 교정처우의 실태를 비교한 최영신(2015) 연구에서는 교정처우와 관련한 세부항목 21개 항목 중에서, 국제규범의 이행평가 대상이 아니라고 판단한 4개 항목(재사회화 처우, 교도작업의 원칙들)을 제외하고, 나머지 17개 항목 중에서 10개 항목이 '양호' 로 평가되고 5개 항목은 '대개 이행' 이며, 2개 항목이 '불충분' 하다고 평가하였다. 우리나라 교정처우 중에서 특히 불충분하여 개선이 요구되는 분야는 '사회적응 프로그램' 과 '갱생보호' 로서 이는 재사회화 처우 또는 교정복지의 필요성을 지적하는 것이다〈표 1-1 참조〉.

〈표 1-1〉 수용자분류 및 개별처우관련 국제규범 및 우리나라 이행실태

내용 구분		유엔 최저기준 규칙	국내 법규		교정현장평가
처우의 목적과 방식	1. 재사회화 처우	65조	–	–	–
	2. 수용자 분류	67조, 68조	형집행법 59, 62조	수용자업무관리지침 54, 66, 67조	대체로 이행
	3. 개별 처우	66조 1항, 2항, 3항 69조 – 유럽교정시설 규칙 103조	형집행법 56, 57, 59조	형집행법시행규칙 63, 69, 70, 71조	대체로 이행
사회 복귀의 준비	1. 가족 등과의 관계	79조, 80조	–	–	양호함
	2. 처우의 사회화	61조	–	–	대체로 이행
	3. 사회적응 프로그램	60조 2항	–	–	불충분
	4. 갱생보호	64조, 81조 1항, 2항, 3항	–	–	불충분

출처: 최영신(2015:264-265) 재구성.

1. 분류의 과학화

1) 국제규범

수용자에 대한 국제적 기준은 1955년 제네바에서 개최된 제1회 '유엔범죄방지 및 범죄자처우회의[3]' 에서 「피구금자최저기준규칙[4](이하 '최저기준규칙')」이 결의되어 1957년에 유엔경제사회이사회의 승인을 받아 국제규범으로 채택되었다[5]. 이 규칙은 수용자에 대한 '처우의 지침' 으로 중요한 역할을 담당해 오고 있으나, 일종의 '권고' 형식의 규범으로서 국제법으로서의 구속력은 없다. 이에 비해 아동 · 청소년에 대한 보호조항이 포함된 「아동권리협약」은 법적 구속력은 갖는 국제규범으로서 우리나라 정부는 유엔아동권리위원회에 협약의 이행실태를 정기적으로 보고하여야 한다.

「최저기준규칙」에 포함된 교정처우의 기본 원리는 수용자를 인간으로서 존중하는 것이며, 범죄자라 할지라도 인간으로서의 권리가 최소한 보장되고 사회복귀를 위한 처우가 제공되어야 한다는 것이다. 즉 수용자로 하여금 "석방된 후에 법을 지키면서 자활할 수 있는" 바탕을 마련하는 것이 처우의 목적이어야 한다고 규정한다. 건전한 시민으로 사회에 복귀시키는 것이 수용자에 대한 처우의 목적이고, 수용자의 자존감과 책임감을 고취시키는 일이 필요하다는 점을 강조한다(최영신, 2015:258).

「최저기준규칙」과 「유럽교정시설규칙」이 공히 '재사회화' 를 수용자 처우의 기본 방향으로 설정하고 있는 것은 치료모델에 바탕을 둔 일방적 개선의 처우를 탈피하여 재사회화 모델re-socialization model이 추구하는 자주적 적응의 처우를 통해 수용자의 사회복귀를 도모하도록 요구하는 것이다(이승호 등, 2014:174).

---

3) 유엔범죄방지 및 범죄자처우회의 : The United Nations Congress on the Prevention of Crime and the Treatment of Offenders.

4) 피구금자최저기준규칙 : Standard Minimum Rules for the Treatment of Prisoners.

5) 최근 유엔범죄예방 및 형사사법위원회는 2015년 5월 제24차 회의에서 '최저기준규칙'을 개정하였다.

수용자 분류의 의의

기본적 분류는 수용자에 대한 처우의 방법으로 설명되기보다 수용의 방식으로 이해된다. 대상자가 어느 정도의 위험성을 지니고 있는가를 기준으로 삼는 분류 기준이 마련된다. 즉, 전과의 유무 및 횟수라든지 행한 범죄의 중대성 정도 등을 기준으로 수용자를 분류하는 것이다.

수용자를 위험성의 정도 및 처우 프로그램의 적합성 등과 같은 성행을 기준으로 분류하는 이유는 다음과 같다. 첫째, 부정적인 요인을 제거하기 위함이다. 즉, 다른 수용자의 악영향을 배제하는 것인데, 이는 '오염과 위험의 감소이론'과 관련된다. 둘째, 긍정적인 기능을 증진시키기 위함이다. 즉, 같은 부류의 수용자를 같은 그룹에 분류함으로써 처우의 효과를 배가시키려는 취지인 것이다(이승호 등, 2015:175-176).

수용자 분류의 기준

분류classification란 대상자를 개인적 특성이 유사한 집단끼리 묶어서 여타의 집단과 구분하는 것을 말한다. 교정시설에서 행해지는 가장 기본적인 분류로는 성별에 따른 분류(남성과 여성), 연령에 따른 분류(소년과 성인 및 노인), 국적에 따른 분류(자국과 외국) 등이 있는데, 「최저기준규칙」에 규정하는 분류는 성행을 기준으로 하는 분류이다(최영신 등, 2014:220).

수용자 분류작업에서 초점을 맞추는 성행의 특성에 대해 「최저기준규칙」은 다음의 두가지 기준을 제시한다. 첫째, 범죄경력이나 나쁜 성격으로 인하여 다른 수용자에게 악영향을 줄 가능성과 둘째, 사회복귀를 위한 처우의 용이성이다. 성행특징의 분류는 처우 프로그램의 기획을 위한 지표로 사용하는 것이 바람직하다(이승호 등, 2014: 176).

여기서 전자가 위험성의 정도에 관련된 사항이라면, 후자는 처우 프로그램의 적합성에 관한 사항이라고 할 수 있다. 이러한 기준으로 수용자를 분류하는 이유는 통상 처우를 개인의 특성에 맞추어 실시하기기 위함이다. 하지만 「최저기준규칙」은 성행특징을 기준으로 하는 분류의 용도를 수용의 구분과 연결짓고 있다. 즉, 성행의 특징이 다르게 분류된 수용자들은 가능한 한 별개의 시설 또는 시설 내의 별개의 구역에 수용되어야 함을 강조한다(최영신 등, 2014: 220).

<표 1-2> 수용자 분류에 관한 국제규범

「피구금자 처우에 관한 최저기준규칙」 第67条
분류의 목적은 아래의 것이어야 한다.
a. 범죄경력이나 나쁜 성격으로 인하여 악영향을 줄 가능성이 있는 수형자를 다른 수형자로부터 격리하는 것.
b. 수형자의 사회복귀를 위하여 처우를 용이하게 하고자 수형자를 그룹으로 분류하는 것.

「피구금자 처우에 관한 최저기준규칙」 第68条
가능한 한 상이한 그룹의 수형자의 처우에는 별개의 시설 또는 시설내의 별개의 구역이 사용되어야 한다.

2) 우리나라 실제

「형의집행및수용자의처우에관한법률」 제57조 제1항에서 '수형자는 분류심사의 결과에 따라 그에 적합한 교정시설에 수용되며 개별처우계획에 따라 그 특성에 알맞은 처우를 받는다' 고 규정하고, 제2항에서 '교정시설은 도주방지 등을 위한 수용설비 및 계호의 정도("경비등급")에 따라 개방시설, 완화경비시설, 일반경비시설, 중경비시설' 의 4 유형으로 구분하도록 하였다. 각 경비등급의 특징은 다음과 같다.

- 개방시설(S1) : 도주방지를 위한 통상적인 설비의 전부 또는 일부를 갖추지 아니하고 수형자의 자율적 활동이 가능하도록 통상적인 관리 · 감시의 전부 또는 일부를 하지 아니하는 교정시설
- 완화경비시설(S2) : 도주방지를 위한 통상적인 설비 및 수형자에 대한 관리 · 감시를 일반경비시설보다 완화한 교정시설
- 일반경비시설(S3) : 도주방지를 위한 통상적인 설비를 갖추고 수형자에 대하여 통상적인 관리 · 감시를 하는 교정시설
- 중(重)경비시설(S4) : 도주방지 및 수형자 상호 간의 접촉을 차단하는 설비를 강화하고 수형자에 대한 관리 · 감시를 엄중히 하는 교정시설을 말한다.

우리나라 교정시설에 수용된 2013년도 경비처우급별 수용인원을 살펴보면, 일반경비처우급이

48.9%(14,532명)로서 전체 수용자의 절반 정도를 차지하며, 다음으로 완화경비처우급 수용자가 33.9%(10,067명), 개방처우급 수용자가 8.4%(2,478명), 중경비처우급 수용자가 6.9%(2,039명)로 높은 비율을 나타낸다(최영신 등, 2014:222).

〈표 1-3〉 교도소 경비처우급별 인원(2009~2013년)

구분	총인원	개방 처우급	완화경비 처우급	일반경비 처우급	중경비 처우급	제외 · 유예
2009년	29,607 (100.0)	721(2.4)	9037(30.5)	18,351(62.0)	845(2.9)	653(2.2)
2010년	30,372 (100.0)	1,863(6.1)	9,557(31.5)	16,690(55.0)	1,392(4.6)	870(2.9)
2011년	29,386 (100.0)	1,892(6.4)	9,334(31.8)	15,594(53.1)	1,710(5.8)	856(2.9)
2012년	29,452 (100.0)	2,086(7.1)	10,208(34.7)	14,763(50.1)	1,916(6.5)	479(1.6)
2013년	29,694 (100.0)	2,478(8.4)	10,067(33.9)	14,532(48.9)	2,039(6.9)	578(1.9)

주) 기준 시점: 연도 말 분류처우위원회의 종료시점.
자료: 법무부 교정본부(2014), 2014교정통계연보, 70면; 최영신 등(2014:223)에서 재인용.

수용자의 경비처우급 판정 기준에 변동이 없는 상태이므로 수용자 집단 내에서 상대적으로 범죄성향이 낮은 수용자와 범죄성향이 높은 수용자가 모두 증가하고, 상대적으로 범죄성향이 중간인 수용자의 비율은 낮아졌다는 것을 말한다. 특히 최근으로 올수록 중경비처우급 수용자의 비율이 높아졌다는 것은 누범 강력범죄자가 증가하고 있다(최영신 등, 2014:223).

범죄자를 분류하는 목적은 다양하다. 위험성 정도에 따른 보안등급을 정하기 위한 목적으로는 경비처우급 판정이 필요하다. 하지만, 범죄의 원인론 측면에서 형벌 보다는 치료대상을 선별 screening하는 것이 최근들어 점차 중요해 지고 있는 추세다. 사회적으로 정신질환자수가 증가하고 정신질환으로 인한 범죄가 증가하고 있기 때문에 교정처우에서 적절한 치료가 제공되어야 하기 때문이다.

이러한 추세가 우리나라 뿐 아니라, 전세계적 이슈로 인식되기에 「유럽교정시설규칙」은 모든 교정직원이 교정처우에 관한 제규범의 교육을 받아야 한다고 규정하고, 미성년자, 정신질환자, 여성 등 특수 수용자의 관리를 담당하는 교정직원은 해당 업무에 관한 교육을 추가로 받도록 요구하고 있다. 이런 맥락에서 교정현장에서 의사, 임상심리사 등 정신보건 전문가의 역할을 강화하고 정신질환 수용자의 치료 내실화를 정책과제로 삼아야 한다(최영신, 2015:272).

우리나라 교정당국에서도 이에 부응하여, 전국에 4개 교도소를 중점 교도소로 지정하여 지방

교정청별로 정신보건센터를 운영하고 있다. 새로이 시행되는 치료전문화 사업이 성과를 내기 위하여는 처우 대상자의 선별, 치료프로그램의 내용, 처우대상 수용자의 요구needs와 만족도에 기반을 둔 측정평가가 병행되어야 할 것이다(최영신, 2015:273).

〈표 1-4〉 수용자 분류에 관한 우리나라 법규

「형의집행 및 수용자의 처우에 관한 법률」
第59조(분류심사)
① 소장은 수형자에 대한 개별처우계획을 합리적으로 수립하고 조정하기 위하여 수형자의 인성, 행동특성 및 자질 등을 과학적으로 조사·측정·평가(이하 "분류심사"라 한다)하여야 한다. 다만, 집행할 형기가 짧거나 그 밖의 특별한 사정이 있는 경우에는 예외로 할 수 있다.

第57조(처우) ① 수형자는 제59조의 분류심사의 결과에 따라 그에 적합한 교정시설에 수용되며, 개별처우계획에 따라 그 특성에 알맞은 처우를 받는다.
② 교정시설은 도주방지 등을 위한 수용설비 및 계호의 정도(이하 "경비등급"이라 한다)에 따라 다음 각 호로 구분한다. 다만, 동일한 교정시설이라도 구획을 정하여 경비등급을 달리할 수 있다.
1. 개방시설 : 도주방지를 위한 통상적인 설비의 전부 또는 일부를 갖추지 아니하고 수형자의 자율적 활동이 가능하도록 통상적인 관리·감시의 전부 또는 일부를 하지 아니하는 교정시설
2. 완화경비시설 : 도주방지를 위한 통상적인 설비 및 수형자에 대한 관리·감시를 일반경비시설보다 완화한 교정시설
3. 일반경비시설 : 도주방지를 위한 통상적인 설비를 갖추고 수형자에 대하여 통상적인 관리·감시를 하는 교정시설
4. 중(重)경비시설 : 도주방지 및 수형자 상호 간의 접촉을 차단하는 설비를 강화하고 수형자에 대한 관리·감시를 엄중히 하는 교정시설
③ 수형자에 대한 처우는 교화 또는 건전한 사회복귀를 위하여 교정성적에 따라 상향 조정될 수 있으며, 특히 그 성적이 우수한 수형자는 개방시설에 수용되어 사회생활에 필요한 적정한 처우를 받을 수 있다.
④ 소장은 가석방 또는 형기 종료를 앞둔 수형자 중에서 법무부령으로 정하는 일정한 요건을 갖춘 사람에 대해서는 가석방 또는 형기 종료 전 일정 기간 동안 지역사회 또는 교정시설에 설치된 개방시설에 수용하여 사회적응에 필요한 교육, 취업지원 등의 적정한 처우를 할 수 있다. 〈신설 2015.3.27.〉
⑤ 수형자는 교화 또는 건전한 사회복귀를 위하여 교정시설 밖의 적당한 장소에서 봉사활동·견학, 그 밖에 사회적응에 필요한 처우를 받을 수 있다. 〈개정 2015.3.27.〉
⑥ 학과교육생·직업훈련생·외국인·여성·장애인·노인·환자·소년(19세 미만인 자를 말한다), 제4항에 따른 처우(이하 "중간처우"라 한다)의 대상자, 그 밖에 별도의 처우가 필요한 수형자는 법무부장관이 특히 그 처우를 전담하도록 정하는 시설(이하 "전담교정시설"이라 한다)에 수용되며, 그 특성에 알맞은 처우를 받는다. 다만, 전담교정시설의 부족이나 그 밖의 부득이한 사정이 있는 경우에는 예외로 할 수 있다. 〈개정 2015.3.27.〉

⑦ 제2항 각 호의 시설의 설비 및 계호의 정도에 관하여 필요한 사항은 대통령령으로 정한다. 〈개정 2015.3.27.〉

「수용관리업무지침」
제54조(기본분류) 수형자의 기본분류 대상은 다음 각 호와 같다.
1. 남성과 여성
2. 성년과 소년
3. 공범자간
4. 내국인과 외국인
5. 노인과 그 외의 사람

제67조(추가분류) 수형자의 추가분류 대상은 다음 각 호와 같다.
1. 개방처우급과 완화경비처우급
2. 직업훈련생은 직종별, 학과교육생은 과정별, 외부통근자는 작업장별
3. 40세 이상과 40세 미만
4. 그 밖에 소장이 개별처우를 위하여 분류수용이 필요하다고 인정하는 사람

2. 처우의 개별화

1) 국제규범

개별처우의 의의

수용자의 개별처우를 위해서는 각 사람의 개별적 특성을 파악하여 그에 적합한 처우계획을 수립하는 방식이 필요하다. 수용자의 성품과 경력 및 수용자가 처한 상황은 각기 다를 것이므로 개인적 특성을 고려한 처우가 행해져야 수용자를 변화시킬 수 있을 것이기 때문이다.

시설내 처우 뿐만 아니라 재사회화의 처우를 실행하기 위해서도 각 수용자의 개별적 특성을 실증적으로 파악하여 그에 적합한 처우계획을 수립하는 작업은 처우의 일관성을 확보한다. 수용자의 개별적 특성에 입각하여 실행되는 처우를 '개별처우' 라고 한다. 남상철(2005)은 개별처우는 "수용자의 재범을 방지하고 사회복귀를 용이하게 하며 인격을 개선하기 위하여 취해지는 개별적 조치"라고 하였고, 강영철(2005)은 수용자 개인의 고유한 인격과 특성을 기초로 처우가 행해져야 한다는 의미에서 개별처우를 '처우의 인격화' 라고 했다.

개별처우의 항목과 기준

수용자에게 맞춤형으로 수립되는 개별처우의 항목에는 교육과 작업에서부터 상담에 이르기까지 사회복귀의 준비를 위해 요구되는 다양한 프로그램이 모두 포함될 수 있다. 「최저기준규칙」 제66조는 개별적으로 설정되는 처우의 항목에 종교적 배려, 교육, 직업 보도와 훈련, 사회복지사업, 취업상담, 신체의 단련과 덕성의 강화가 포함되어야 한다고 규정한다. 처우내용을 개별적으로 기획하기 위하여 고려해야 할 수용자의 개별적 특성으로는 사회적 경력, 범죄적 경력, 신체와 정신의 능력과 적정성, 개인적 기질, 형기 및 석방 후의 전망 등을 참작하여 개별처우 계획을 수립하여야 한다. 뿐만 아니라 제69조에 의하면 '적당한 형기의 모든 수형자' 에게 개별처우의 계획 수립을 위한 보고가 되어야 하고, 수형자의 개인적 필요와 성격에 관한 정보를 참작하여 신속하게 처우계획을 수립하여야 한다(이승호 등, 2014: 180).

개별처우 계획의 수립 과정

개별처우의 계획은 수용자를 교정시설에 수용한 후 신속하게 수립해야 한다. 개별처우의 계획 수립 과정에서 의무관의 조사와 보고가 필수적이고, 이 보고에는 수용자의 신체와 정신상태에 관한 내용이 포함되어야 한다. 이러한 조사 및 보고를 수행하는 의무관은 가능하면 정신의학 분야의 자격을 갖출 것을 요구한다.

「유럽교정시설규칙」 제103조는 형 집행계획의 수립과정에 당해 수용자의 참여를 장려하는 규정을 두고 있다. 즉, 수용자와의 의사소통을 바탕으로 개별처우의 내용을 기획하라는 권고이다. 개별처우가 수용자의 자주성에 기초하여야 성공할 수 있다는 취지인 것이다(이승호 등, 2014: 181).

<표 1-5> 수용자처우에 관한 국제규범

「피구금자 처우에 관한 최저기준규칙」 제66조 ① 이 목적을 위하여 가능한 국가의 경우 종교적 배려, 교육, 직업 보도와 훈련, 사회복지사업, 취업상담, 신체의 단련과 덕성의 강화를 포함하는 모든 적당한 방법이 수형자 개개인의 필요에 따라 그 사회적 경력, 범죄적 경력, 신체와 정신의 능력과 적정성,개인적 기질, 형기 및 석방 후의 전망을 참작하여 활용되어야 한다. ② 소장은 적당한 형기의 모든 수형자에 대하여 수용 후 가능한 한 신속하게 전항의 사항 전부에 관하여 완전한 보고를 받아야 한다. 이 보고에는 반드시 수형자의 신체와 정신상태에 관하여 가능한 한 정신의학 분야의 자격 있는 의무관의 보고가 포함되어야 한다.

③ 보고서와 그 밖의 관계문서는 개별적 문서철에 편철되어야 한다. 이 문서철은 항상 최신의 정보를 담도록 유지되고 필요한 때에는 언제라도 책임 있는 직원이 참고할 수 있도록 분류되어야 한다.

「피구금자 처우에 관한 최저기준규칙」 제69조
적당한 형기의 수형자에 대하여는 수용 및 인성검사 후 가능한 한 신속하게 수형자의 개인적 필요와 성격에 관하여 얻어진 정보를 참작하여 처우에 관한 계획을 수립하여야 한다.

「유럽교정시설규칙」 제103조
① 기결수용자에 대한 교정처우는 해당 수용자가 기결수용자의 자격으로 교정시설에 수용됨과 동시에 시행되며, 이전부터 교정처우가 시작되었을 때에는 그러하지 아니하다.
② 그러한 수용 후에는 가능한 빠른 시간 내에, 기결수용자의 개인적 상황, 각 수용자에 대한 형 집행계획 및 석방준비를 위한 계획에 대한 보고서를 작성하여야 한다.
③ 기결수용자는 개인별 형 집행계획을 작성하는 데 참여하도록 장려되어야 한다.
④ 그러한 계획에는 가능한 한 다음에 열거하는 사항을 실질적으로 포함되어야 한다.
a. 작업
b. 교육
c. 그 밖의 활동
d. 석방준비

2) 우리나라 실제

개별처우의 원칙이란 수용자 개개인의 특성과 환경을 과학적으로 조사, 분류하여 이에 따라 처우를 개별화해야 한다는 원칙을 말한다(신양균, 2012).

「형집행법」 제57조 제1항에서 '수형자는 분류심사의 결과에 따라 그에 적합한 교정시설에 수용되며, 개별처우계획에 따라 그 특성에 알맞은 처우를 받는다'. 수용자에 대한 처우는 형기기간 중 교정성적에 따라 상향조정이 가능하도록 하고, 특히 그 성적이 우수한 수용자는 개방시설에 수용하여 사회생활에 필요한 적정한 처우를 받을 수 있도록 하고 있다.

우리나라 교정시설에서는 동법 제59조 제1항에 따라 개별처우계획을 합리적으로 수립하고 조정하기 위하여 수용자의 인성, 행동특성 및 자질 등을 과학적으로 조사·측정·평가하는 분류심사를 실시하고 있다. 동법 시행규칙 제63조에서 규정한 분류심사사항은 처우등급에 관한 사항, 작업, 직업훈련, 교육 및 교화프로그램 등의 처우방침에 관한 사항, 보안상의 위험도 측정 및 거실 지정 등에 관한 사항, 보건 및 위생관리에 관한 사항, 이송에 관한 사항, 가석방 및 귀휴심사에 관한 사항, 석방 후의 생활계획에 관한 사항, 그 밖에 수용자의 처우 및 관리에 관한 사항에 대한 것이다.

이 외에도 동법 시행규칙에서는 구체적인 분류조사와 분류검사 관련 규정을 두고 있다. 시행규칙 제69조에서 규정한 「분류조사」 사항은 성장과정, 학력 및 직업경력, 생활환경, 건강상태 및 병력사항, 심리적 특성, 마약·알코올 등 약물중독 경력, 가족 관계 및 보호자 관계, 범죄경력 및 범행내용, 폭력조직 가담여부 및 정도, 교정시설 총 수용기간, 교정시설 수용(과거에 수용된 경우를 포함한다) 중에 받은 징벌 관련 사항, 도주(음모, 예비 또는 미수에 그친 경우를 포함한다) 또는 자살기도企圖 유무와 횟수, 상담관찰 사항, 수용생활태도, 범죄피해의 회복 노력 및 정도, 석방 후의 생활계획, 그 밖에 수용자의 처우 및 관리에 필요한 사항 등이다. 그리고 분류심사를 보완하여 수용자의 인성, 지능, 적성 등의 특성을 측정·진단하기 위한 분류검사를 실시할 수 있다(시행규칙 제71조)(최영신 등, 2014:227-228).

수용자에 대한 교정처우의 대 전제는 '수용자의 재사회화를 위한 개별처우' 이다. 교정시설에서 이루어지는 모든 직업훈련, 학과교육, 생활지도, 작업지도, 관용작업, 의료처우, 자치처우, 개방처우, 집중처우는 재사회화 성과를 높이기 위하여 용자의 개별적 특성을 고려하여 실시되어야 한다.

그러나 최영신(2015:271) 연구에 의하면, 우리나라에서 개별처우의 수준이 아직도 미흡하다는 평가이다. 수용자의 개별처우를 위해서는 적합한 교정시설과 처우프로그램의 다양화 등 실무환경이 마련되어야 하는데, 현재 수용인원 규모가 1천명 이상 대규모시설이 대부분이기에 개선할 과제가 산적해 있다. 무엇보다도 개별처우를 위해서는 시설의 소규모화, 수용자의 과학적 분류 그리고 다양한 교정처우 프로그램의 개발 등이 향후 교정처우개선에 핵심적 과제로 지적된다.

〈표 1-5〉 수용자처우에 관한 우리나라 법규

「형집행법」 제56조(개별처우계획의 수립 등) ① 소장은 제62조의 분류처우위원회의 의결에 따라 수형자의 개별적 특성에 알맞은 교육·교화프로그램, 작업, 직업훈련 등의 처우에 관한 계획(이하 "개별처우계획"이라 한다)을 수립하여 시행한다. ② 소장은 수형자가 스스로 개선하여 사회에 복귀하려는 의욕이 고취되도록 개별처우 계획을 정기적으로 또는 수시로 점검하여야 한다.

「형집행법」 제57조(처우)

① 수형자는 제59조의 분류심사의 결과에 따라 그에 적합한 교정시설에 수용되며, 개별처우계획에 따라 그 특성에 알맞은 처우를 받는다.

「형집행법」 제59조(분류심사)

① 소장은 수형자에 대한 개별처우계획을 합리적으로 수립하고 조정하기 위하여 수형자의 인성, 행동특성 및 자질 등을 과학적으로 조사·측정·평가(이하 "분류심사"라 한다)하여야 한다. 다만, 집행할 형기가 짧거나 그 밖의 특별한 사정이 있는 경우에는 예외로 할 수 있다.

「형집행법」 제62조(분류처우위원회)

① 수형자의 개별처우계획, 가석방심사신청 대상자 선정, 그 밖에 수형자의 분류처우에 관한 중요 사항을 심의·의결하기 위하여 교정시설에 분류처우위원회(이하 이 조에서 "위원회"라 한다)를 둔다.

「형집행법 시행규칙」

제63조(분류심사 사항) 분류심사 사항은 다음 각 호와 같다. 〈개정 2010.5.31.〉

1. 처우등급에 관한 사항
2. 작업, 직업훈련, 교육 및 교화프로그램 등의 처우방침에 관한 사항
3. 보안상의 위험도 측정 및 거실 지정 등에 관한 사항
4. 보건 및 위생관리에 관한 사항
5. 이송에 관한 사항
6. 가석방 및 귀휴심사에 관한 사항
7. 석방 후의 생활계획에 관한 사항
8. 그 밖에 수형자의 처우 및 관리에 관한 사항

시행규칙 제69조(분류조사 사항)

① 신입심사를 할 때에는 다음 각 호의 사항을 조사한다. 〈개정 2014.11.17.〉

1. 성장과정
2. 학력 및 직업경력
3. 생활환경
4. 건강상태 및 병력사항
5. 심리적 특성
6. 마약·알코올 등 약물중독 경력
7. 가족 관계 및 보호자 관계
8. 범죄경력 및 범행내용
9. 폭력조직 가담여부 및 정도
10. 교정시설 총 수용기간
11. 교정시설 수용(과거에 수용된 경우를 포함한다) 중에 받은 징벌 관련 사항

12. 도주(음모, 예비 또는 미수에 그친 경우를 포함한다) 또는 자살기도(企圖) 유무와 횟수
13. 상담관찰 사항
14. 수용생활태도
15. 범죄피해의 회복 노력 및 정도
16. 석방 후의 생활계획
17. 재범의 위험성
18. 처우계획 수립에 관한 사항
19. 그 밖에 수형자의 처우 및 관리에 필요한 사항

② 재심사를 할 때에는 제1항 각 호의 사항 중 변동된 사항과 다음 각 호의 사항을 조사한다. 〈개정 2014.11.17.〉

1. 교정사고 유발 및 징벌 관련 사항
2. 제77조의 소득점수를 포함한 교정처우의 성과
3. 교정사고 예방 등 공적 사항
4. 추가사건 유무
5. 재범의 위험성
6. 처우계획 변경에 관한 사항
7. 그 밖에 재심사를 위하여 필요한 사항

시행규칙 제70조(분류조사 방법) 분류조사의 방법은 다음 각 호와 같다.

1. 수용기록 확인 및 수형자와의 상담
2. 수형자의 가족 등과의 면담
3. 검찰청, 경찰서, 그 밖의 관계기관에 대한 사실조회
4. 외부전문가에 대한 의견조회
5. 그 밖에 효율적인 분류심사를 위하여 필요하다고 인정되는 방법

시행규칙 제71조(분류검사)

① 소장은 분류심사를 위하여 수형자의 인성, 지능, 적성 등의 특성을 측정 · 진단하기 위한 검사를 할 수 있다.

② 인성검사는 신입심사 대상자 및 그 밖에 처우상 필요한 수형자를 대상으로 한다. 다만, 수형자가 다음 각 호의 어느 하나에 해당하면 인성검사를 하지 아니할 수 있다.

1. 제62조제2항에 따라 분류심사가 유예된 때
2. 그 밖에 인성검사가 곤란하거나 불필요하다고 인정되는 사유가 있는 때

③ 이해력의 현저한 부족 등으로 인하여 인성검사를 하지 아니한 경우에는 상담 내용과 관련 서류를 토대로 인성을 판정하여 경비처우급 분류지표를 결정할 수 있다. 〈개정 2010.5.31.〉

④ 지능 및 적성 검사는 제2항 각 호의 어느 하나에 해당하지 아니하는 신입심사 대상자로서 집행할 형기가 형집행지휘서 접수일부터 1년 이상이고 나이가 35세 이하인 경우에 한다. 다만, 직업훈련 또는 그 밖의 처우를 위하여 특히 필요한 경우에는 예외로 할 수 있다.

 재범위험성 평가의 시대적 변천

구미 학계에서는 1970년대에 교정처우가 범죄자 재활에 전혀 효과가 없다는 "Nothing Works" 주장이 주도하던 시기가 있었다. 이런 주장의 근저에는 인간의 행위를 예측하고 변화시키는 것은 가능하지 않다는 생각과 특히 범죄행위는 교정되지 않는다는 비관적 관점이 미국의 사회학자 및 범죄학자들에게 퍼져 있었다.

그러나 캐나다 학자들이 중심이 되어 교정무위론 주장을 비판적으로 거부하고, 보다 효과적인 교정성과를 내는 원리들을 실증적으로 제시하기 시작하였는데, 대표적인 학자로서 Andrews와 Bonta는 과학적 교정을 위한 세가지 원리, 즉 위험성(R), 요구(N), 반응성(R) 원리를 주창하여 현대 교정에서 주류 이론으로 자리잡고 있다(Andrews & Bonta, 2006). 위험성평가는 범죄인이 보이는 현재의 행동, 사회적 상호작용과 관계, 정신과정 등에 기초하여, 그가 미래에 행할 범죄가능성을 추정하려는 노력이다. 다시 말해 미래에 발생할 범죄의 위험성을 추정하는 것은 위험성 측정 당시의 조건이나 위험요인이 변하지 않고 지속된다고 가정할 때 미래에 범죄를 저지르게 될 잠재성을 반영하는 것이다(Rich, 2009; 김병민, 2011 재인용).

범죄인을 평가하고 분류하는 방법이 중요하다는 생각이 새로운 것은 아니고 19세기 초부터 꾸준히 개발되고 사용되어 왔다. 시대별로 이전 시대에 사용되던 범죄위험성에 관한 평가이론 및 평가도구들을 지속적으로 수정, 발전시켜 가는 중에 있다. 발전된 위험성 평가도구는 이전의 도구보다 더욱 '객관화objective' 되고 '예측력predictive' 이 높아지고 있다.

Andrews, Bonta, & Wormith(2006)는 구미 각국에서 범죄위험성 평가가 발전되어 온 시기를 4세대로 구분하여 각 시기별 특징을 다음과 같이 요약하였다.

1) 제 1기

제 1기에 범죄인의 위험성평가는 대부분 전문가가 주관적으로 진단하는 임상적 판단에 의존하였다. 임상적 판단이란 '전문교육을 받은 직관educated intuition'에 따라 판정을 내리는 것을 말하며, 결론에 이르기 위해서 주관적 자료방식, 즉 면담, 범죄인 과거력, 사법당국의 요구, 심리측정 결과 등에 의존하는 것이다(Meehl, 1954).

임상적 판단에 있어서도 타당한 평가를 하기 위하여는 이를 수행하는 보호관찰관이나 가석방 심사관이 질문을 개방형 또는 폐쇄형으로 할 것인지, 언제 더 심층적인 정보를 탐지해야 하는지, 면담에서 범죄인이 진술을 거부하지 않도록 어떻게 유지하는지, 비언어적 소통내용을 어떻게 해석해야 하는 지 등에 대한 기본적인 임상적 기술을 갖고 있어야 한다(Lemke, 2009:23).

임상적 판단은 전적으로 평가자의 신념에 의존하기 때문에 제 1기 위험성 평가는 체계적이지 않고, 객관적이 아니며, 무엇을 어떻게 측정평가하는 지에 관한 통합된 원칙이 명시되지 않은 특징을 갖는다. 그렇기 때문에 제 1기 평가내용 및 결과, 범죄를 예측하는 정보의 유형, 그 정보가 측정되는 과정 및 방식이 평가자에 따라 다르다.

이러한 주관성의 문제를 개선하기 위하여 위험성평가에 '보험계리적 평가actuarial assessment' 방식이 도입되기 시작하였다. 보험계리적 위험성 평가는 실증적 연구를 통해 개발된 표준화되고 객관적인 평가도구들을 사용하여 재범과 관련이 있는 요인들을 계량적으로 측정하는 방식이다(신기숙, 2017). 이 방식은 인간 행위의 다양한 측면을 예측하는 데 임상적 평가에 비해 평균 10% 이상의 예측력을 높인다고 보고되었다(Grove et al., 2000).

그러나 이런 시도를 제 1기에 분류하는 것은, 아직 완전한 주관성에서 탈피하지 못하고 부분적으로만 보험계리적 평가를 도입하여 주관적 평가와 혼용하였기 때문이다. 예를 들어, 평가도구로서 '구조화된 임상적 진단Structured Clinical Judgements'이나 폭력성에 대한 평가인 'HCR-20'이 여기에 속한다.

2) 제 2기

이 시기의 위험성 평가는 객관적이고, 실증적으로 도출된 평가도구를 개발하여 평가정보가 일관성있는 방식으로 수집될 수 있는 구조를 갖추게 되었다. 교정당국 또한 처음으로 '보험계리적 예측actuarial prediction' 을 하기 시작하였다. 다시 말해, 재범과 통계적으로 연관성이 높다고 검증된 위험성 요소들의 확률과 수학적 공식에 기초하여 미래 재범 행위에 대한 예측을 하는 것이다. 각 위험 요소와 범죄 결과 간의 통계적 관계는 적절하게 가중치를 주어 최종 재범예측 점수를 산출하였다. 각 범죄인의 최종 재범위험성 점수에 따라 위험성 상, 중, 하 집단으로 분류하여 이들에 대한 처우내용과 방식을 달리할 수 있다.

보험계리적 위험성평가 점수가 객관적이라 하더라도, 이 방식이 특정 개인이 재범을 저지를 가능성을 예측하는 것은 아니다. 다만, 특정 집단에 속한 사람들이 재범을 할 확률을 계산해 주는 것이다.

제 2기에 속하는 대표적인 위험성 평가는 1928년에 사회학자인 E. W. Burgess와 그 동료들이 수천명의 가석방 대상자 표집을 사용하여 개발한 것이다. 이들은 성공적인 가석방자와 실패자들을 구분해 주는 21개 요소들을 추출하여 'Burgess 예측표' 를 개발하였다. 예측에 사용된 요인들은 대부분 과거 범죄경력, 인구사회학적 요소로서 향후 재범을 예측하고자 하였다. 유사한 맥락에서 Glueck 부부(1950)는 남자청소년들의 재범을 예측하는 데 범죄경력 및 사회 배경 요인 등 402개 요소를 사용하는 예측모델을 제시하였다. 이 시기의 공통점은 변화시킬 수 없는 정적static 위험성 요소들을 사용한 것이다.

후속 연구들이 Burgess 프로젝트에서 사용했던 방식에 따라 일련의 평가도구들을 개발하였는데, 예를 들어 Hoffman(1983, 1994)이 개발한 '현저한 요인점수Salient Factor Score: SFS' 가 있고, Hanson과 Thonton(2000)은 'Static-99' 을 제안하였다. SFS는 인구통계학적 변수(초범 연령, 직업, 마약 경험 여부)와 범죄관련 변수(범죄 종류, 전과 횟수, 보호관찰 기록)로 문항이 구성되어 있다.

제 2기 평가도구들의 특징은 실증적으로 도출되었기는 하나, 이론에 근거를 두지 않았으며 '정적 위험성 요인' 에 전적으로 의존한다는 것이다. 따라서 재소자 분류에는 유용하지만 효과적인 처우계획 수립과 범죄자의 미래지향적 평가에는 유용하지 못하다는 평가를 받는다(김병민, 2011:5).

이론부재의 문제는 위험성 요소들을 평가에 포함시킨 원칙이나 일관성있는 이론이 없다는 것을 지적하는 것이다. 단지 위험성 요인들이 추후 재범과의 관련성에서 통계적 관련성(예컨대, 상관계수)이 높으면 평가항목으로 포함시켰다. 그렇기 때문에 평가자는 특정한 요소에 대한 정보가 재범에 대한 예측력이 높다는 것을 알지만, '왜 그런지' 는 설명할 수가 없다. 또한 이론부재 항목들이 재범에 대한 예측은 도와 주지만, 범죄인을 시설에 수감하는 것 이외에 그를 어떻게 교정치료해야 하는지에 대한 정보는 주지 못하는 것이다.

정적 위험성 요인의 문제는 미래 위험성이 높은 항목을 측정을 할 수는 있지만 그것을 바꿀 수는 없는 '과거의 사실' 이라는 점이다. 제 2기 위험성 평가에 정적 요인들만 포함된 것은, 기본적 인간관과 관련이 있다. 즉, 인간 (범죄)행위는 바뀌지 않는다는 전제가 내포되어 있는 것이다. 따라서 위험성 요소가 변하지 않는 '정적static' 인 것이라면 논리상으로 그러한 요인은 더 이상 재측정할 필요가 없다. 이것은 '교정correction' 과 '재활rehabilitation' 의 당위성을 부정하는 관점이고, 따라서 범죄인은 단순한 수감, 무능력화, 금지 등의 처벌만 필요하다고 보는 것이다(Lemke, 2009).

3) 제 3기

제 3기로 구분되는 위험성평가는 다음의 세가지 특징을 갖는다. 즉, ①평가도구의 표준화, ②평가도구의 이론적 근거, ③동적 위험성 요소의 포함 등이다. 동적dynamic 위험성 평가는 시간 경과에 따른 위험 상태의 변화를 측정하고 추적하도록 설계된 도구이다(신기숙, 2017). 여기에 해당되는 대표적인 교정평가 도구는 Andrews와 Bonta가 1995년에 개발한 '청소년처우 및 사례관리 척도' (LSI-R)[6] 와 Baird 등(1979)이 개발한 Wisconsin Risk Assessment이다. LSI-R은 범죄경력(10문항), 교육 및 직업(10문항), 재정상태(2문항), 가족 및 혼인관계(4문항), 적응(3문항)으로 구성되어 있으며, 본 장의 표20에 한국판 평가표를 제시하였다.

제 3기에는 구미 각국의 보호관찰 및 가석방을 담당하는 기관들에서 활발하게 위험성평가 도구들을 활용하기 시작하였다. 평가도구의 개발에 기반이 된 이론으로는, 일반 성격이론, 범죄에 관한 사회심리학이론, 특히 세부적으로는 사회학습이론과 사회인지이론이 크게 기여하였다(Andrews et al., 2006).

동적dynamic 위험성 요소는 범죄행위에 영향을 미치기 때문에 범죄발생 가능성에 대해 중요하게 예측할 수 있으며 변화가 가능한 위험 요소를 지칭한다. 예를 들어, 범죄인이 갖고 있는 태도,

6) LSI-R : Level of Service Inventory-Revised.

사회적 관계, 약물사용 여부 등은 범죄를 유발시키는 요구needs이기도 하지만 동시에 전문적 개입을 통하여 변화시킬 수 있는 요소인 것이다. 바로 이 변화가능성이 범죄인의 위험성과 범죄유발적 요구들을 반복해서 측정하는 것이 중요함을 시사한다. 즉, 교정당국에서는 동적 위험요소를 여러 시점 – 입소, 중간, 출소직전, 출소후 등 – 에 측정하여 위험성의 변화를 추적하는 것이 바로 교정에서 요구되는 일종의 '사례관리' 인 것이다.

이러한 접근의 이점은 위험 요소와 범죄행위 간의 관계를 설명해주는 이론적 틀이 제공된다면, 이러한 위험요소들을 범죄인의 심사평가에 포함시키는 합리적 근거를 제공받게 되는 것이다(Lemke, 2009:27).

이론적 기반으로부터 도출된 위험성 예측 요인들을 사용하면 범죄인의 사례관리에도 도움이 된다. 미래의 행동에 영향을 주는 메카니즘을 명백히 규명함으로써 범죄인의 위험성을 체계적으로 관리할 수 있는 개입전략을 찾을 수 있기 때문에, 교정에는 반드시 동적 요인의 탐색이 필요하다.

4) 제 4기

제 4기 위험성평가에서는 제 3기 평가의 모든 특징을 활용하고 추가로 다음의 사항들이 강조되었다. 즉, ①개별 범죄인에 대한 '사례관리case management' 개념을 도입하였다. ②'반응성' 요인들을 찾아내는 방법들을 개발하였는데, 이는 각 개인에 대한 개별적 교정처우의 효과를 높이는 것이다. ③범죄인의 결핍만 측정하는 것이 아니라, 그가 가진 강점strengths이나 심리적 탄력성resiliency 요소들을 통합하는 것이다. ④변화가능한 범죄유발성 요구needs을 찾는 것이다.

제 4기 평가에서 사용되는 도구의 특징은 구조화된 전문가의 판단을 도입함으로써 위험성과 범죄인 요구 측면에서 범죄인 개개인의 차이를 반영하려는 노력이라고 할 수 있다(Austin & McGinnis, 2004: 김병민, 2011 재인용).

범죄유발성 요구의 진단 및 해소가 중요하다는 생각의 배후에는, 인간이란 누구나 사회적 요구를 가진다는 인식이 있다. 어떤 사람은 반사회적 행동이나 범죄적 교우관계를 통해 그러한 요구를 충족시킨다. 이러한 요구는 범죄행위와 강한 상관을 가지며 각 사람이 가진 요구의 강도는 정서적 안정성, 태도, 직업적 성취, 자기규제능력, 충동성 등을 통해 알아 볼 수 있으며, 그 외에도 반사회적 태도, 약물사용, 가족문제, 교육문제 등이 범죄유발성 요구를 나타내는 요소들이다. 이러한 요소들은 경험적 연구를 통해 재범과 연관되어 있음이 입증되었고, 변화도 가능하기 때문에 교정적 재활의 성과를 예측하고 범죄예방을 하는데도 유용하다(Latessa et al., 2008).

Andrews 등(2006)은 여러 시기에 걸친 위험성 평가들에 대한 메타분석을 통하여, 각 시기별로 심사평가를 통해 재범을 예측하는 통계적 파워수준을 보고하였다. 제 1기 평가는 상관계수가 r=.12, 제 2기는 r=.30으로 올라가고, 제 3기 평가에서는 r=.36으로 다소 더 높아졌다.

요약하면, 외국에서 시행되는 현대의 범죄 위험성 평가도구들은 대체로 동적 위험 요인을 바탕으로 하고 정적 요인을 추가 고려하는 방식으로 이루어지고 있다(Kroner et al., 2007).

2. 교정적 심리평가의 R-N-R 모델

근래에 들어 각국의 형사사법체계는 범죄인의 과학적 교정을 위해서 직관에 의한 임상적 위험성 평가를 탈피하여 근거에 기반을 둔 보험계리적 위험성 평가를 채택하는 추세이다. 보험계리적 평가에는 객관적이고 정확하며 신뢰로운 평가도구가 필수적이고, 범죄인을 일정한 특성에 따라 분류classification한 후 교정처우에 들어가기 전에 그들이 가진 위험성과 교정치료적 요구 수준에 따라 정확하게 필요한 처우를 제공할 수 있게 된다(Andrews & Bonta, 2006).

보호관찰 또는 가석방 관리와 같은 지역사회내 교정에 있어서 재범을 감소시키는 실무작업에 효과를 내는 8가지 요건이 Latessa와 Lowencamp(2006)의 경험적 연구결과로 제시되었다. 즉, ①보험계리적 위험성 평가도구의 사용, ②범죄인의 변화하려는 동기의 강화, ③범죄인의 심리적 개입에 초점, ④보호관찰관과 가석방 관리관의 실무기술훈련, ⑤실제 지역사회내 삶에서 지원강화, ⑥교정과정에서 지속적인 변화의 측정, ⑦교정과정을 향상시키기 위한 지속적인 피드백 제공 등이다.

Andrews와 그의 동료들은 교정을 위한 R-N-R 모델을 제시하여 현재까지 전세계적으로 가장 영향력있는 교정심리학 이론으로 인정받고 있다. 여기서 R은 범죄 위험성Risk, N은 범죄인의 요구Need, R은 교정프로그램의 반응성Responsivity을 지칭하는 이니셜이다.

1) 위험성(Risk) 원리

위험성 평가를 우선적으로 해야 한다는 논리는 범죄인의 삶에서 범죄에 취약하게 만드는 사회적 결핍이나 심리적 결핍과 관련된 사항들을 측정해야 한다는 것이다. 이러한 결핍 요인들에 초점을 맞춤으로 인해, 불가역의 범죄경력에 기반을 둔 '정적 위험 요인' 에서 벗어나 변화가능한 요소로 교정의 범위를 확대하고 범죄인 사례관리를 더욱 기능적으로 만들게 되었다.

위험성 원리에 따르면, 교정처우와 처벌은 재범위험성이 높은 범죄인을 타겟으로 하여 치료와 돌봄의 수준을 높이는 경우에 더욱 효과적인 교정성과를 얻을 수 있다고 가정하기 때문에, 범죄인 측정 실무에 있어서 위험성 원리가 제 1 원칙이 되어야 한다고 주장한다. 왜냐하면 위험성이 높은 범죄인은 더 많은 요구를 갖고 있으며 교정되어야 할 더 많은 삶의 영역들이 있으므로 치료와 처우로 인해 향상될 소지가 더 많기 때문이다(Lemke, 2009:17).

Latessa 등(2008)이 제시한 범죄와 관련되는 위험성 요소들은 구체적으로 〈표 1-7〉에 제시되어 있다. 범죄위험성을 높이기 때문에 교정처우가 필요한 삶의 영역을 8가지로 구분하였다. 즉, 반사회적 행위 전력, 반사회적 성격 패턴, 반사회적 인지, 반사회적 교우관계, 가족 및 결혼 생활, 학교 및 직업 생활, 여가 및 레크리에이션, 약물 남용 등이다.

2) 요구(Need) 원리

Gendreau 등(2002)은 재범률을 낮추기 위해서는 범죄인이 갖고 있는 범죄유발적 요구need를 찾아내어 거기에 초점을 맞춘 교정이 중요하다는 연구결과를 보고하였다. 범죄인을 고위험상태로 악화시키는 것은 단일의 위험 요인이 아니라, 범죄인의 행위에 의미있는 영향을 미치는 다양한 위험 요인들이 축적되어 영향을 미치기 때문이다. 따라서, 재범률을 감소시키는 교정프로그램들은 단일한 범죄유발적 요구만을 교정의 목표로 삼지 않고, 복합적인 다양한 요구들을 교정하는데 초점을 맞춘 것이다.

범죄인 심사평가와 분류는 범죄와 재범을 예측하는 경험적 타당성을 가지며 변화가 가능한 요인들에 초점을 맞추어야 한다. 이러한 요인을 '동적 범죄유발성 요구dynamic criminogenic needs' 로 명명하고 여기에는 범죄인의 삶에서 범죄와 연관될 만한 가능성을 낮추고 의도적으로 변화시킬 수 있는 다양한 결핍deficits 요소들이 포함되어야 한다. 따라서 교정 처우 프로그램을 실시하기 위한 심사평가는 종래의 단순한 정적static 위험성 심사에서 벗어나서, 교정적 개입을 위해 범죄인의 삶 속에서 결핍적 요소들을 찾아내기 위한 일종의 '사례관리 도구'로서 기능해야 한다.

3) 반응성(Responsivity) 원리

반응성responsivity이란 교정프로그램이 교정 대상자의 특성과 얼마나 잘 맞는가를 의미한다. 우리가 흔히 쓰는 '맞춤형' 또는 '개별처우'와 일맥상통한다고 볼 수 있다. 다시 말해, 반응성 원리의 핵심은 각 범죄인이 갖는 위험요인과 범죄유발성 요구를 심사평가하였다 하더라도 개인은 자신만의 고유한 심리특성, 반응, 상황 등을 갖는 독특한 존재라는 것을 인정하는 데 있다.

'일반적 반응성'은 범죄인도 하나의 인간이고, 그렇기 때문에 교정 프로그램은 심리학의 일반이론에 부합하고 실증적으로 행동변화를 시킨 것으로 증명된 교정 프로그램을 제공하여야 한다는 개념이다. 이에 덧붙여 '특수한 반응성'은 범죄인일지라도 각 개인은 독특한 존재이고 교정처우 프로그램에 따라 상이한 반응을 하는 개별 특성들을 갖고 있음을 이해하여야 한다는 개념이다. 예를 들면, 특정 범죄인은 인지기능, 지능, 공감, 성숙도, 변화의 동기, 정서적 극복능력 등에서 결핍이 있음을 인정하는 것이다(Lemke, 2009:19).

최근의 위험성 평가는 더 이상 위험 자체에만 초점을 맞추지 않고 동적인 범죄유발성 요구들을 포함하고 실증적인 심리학 이론들에 기반을 두고 있으며, 광범위한 동적 범죄유발성 요인들을 'Big eight' 영역으로 구분하여 범죄행위를 교정하기 위한 전략적 개입방향을 제시한다. Latessa 등(2008)이 제시한 8가지 영역의 범죄유발성 요구와 그에 대한 교정개입 전략이 〈표 1-7〉에 제시되었다.

R-N-R모델을 성범죄자의 심리치료에 적용시킨 내용은 신기숙 박사가 본서 3장에 제시하였다.

〈표 1-7〉 범죄의 위험성 요인 및 요구 요인

영역별	정적/동적 위험성(Risk)	동적/범죄유발성 요구(Need) 해결 전략
반사회적 행위 전력	다양한 상황에서 다양한 반사회적 행위를 발달초기부터 반복적으로 개입	범죄위험 상황에서 범죄가 아닌 대안적 행위를 학습
반사회적 성격 패턴	무모한 쾌락 추구, 미약한 자기통제, 과도하게 공격적	문제해결기술, 자기관리 기술, 분노관리 및 극복 기술 학습
반사회적 인지	범죄를 지지하는 태도, 가치, 믿음, 합리화 등; 분노 및 반항의 인지 · 정서상태; 범죄적 정체성	반사회적 인지 축소, 위험한 생각 · 감정의 인식, 덜 위험한 사고 · 감정을 학습, 비범죄적 정체성의 채택
반사회적 교우관계	전과자와의 친밀한 교제, 비-범죄인과는 단절, 범죄 지지하는 사회관계	전과자와 교제 축소, 비-범죄적 교류촉진
가족 및 결혼 생활	두가지 핵심요소: 양육과 돌봄, 모니터링과 감독	갈등 줄이고 정적 관계형성, 모니터링과 감독 강화, 수행/보상/만족도 고양
학교 및 직업 생활	학교 및 직업에서 수행/만족도 저조	수행/보상/만족도 고양
여가 및 레크리에이션	비-범죄적 여가활동에 관여/만족도 저조	관여/보상/만족도 고양
약물 남용	술, 다른 중독성 약물의 남용	물질남용 축소, 물질탐닉 행위에 대한 개인적/대인간 지지의 축소

출처: Latessa et al.(2008).

3. 비행청소년의 위험성 평가

1) 진단 및 조사의 중요성

최근 교정처우 프로그램의 효율성에 관한 연구들은, 처우프로그램의 특성이 청소년 등 교정 대상자들의 범죄심리적 특성과 잘 들어 맞을 때 최상의 효과가 발생한다고 보고한다(Gendreau, 1996). 비행위험성 평가는 궁극적으로 대상 청소년의 재비행 예방을 목적으로 적절한 처우를 제공하기 위해 소년사법절차 상 여러 단계에서 다양한 방식으로 실시되고 있다.

청소년에 대한 분류심사 또는 조사가 시행되는 현행 실무를 보면, 우리나라 소년사법에 있어서 전문성 문제가 시급한 과제임을 알 수 있다. 분류심사 또는 조사는 소년의 신체, 성격, 소질, 환경, 관계성 등에 대한 조사를 통하여 비행 또는 범죄의 원인을 규명하고 심사대상 소년의 처우에 관한 최상, 최적의 대안을 제시하는 것이 목적이다.

우리나라의 경우 소년의 성격 및 환경적 문제를 조사진단하여 문제를 개선할 수 있는 적정한 처분결정을 할 수 있는 전문성이 사법절차의 여러 단계에서 충분히 보장되어 있지 않다. 경찰, 검찰은 물론이고, 법원판사 역시 순환보직으로 짧게 소년사건을 담당할 뿐이다. 다만, 법무부 '보호직' 만이 직렬이 정해져 있어서 보호관찰, 소년원, 분류심사원 등에서 처우를 담당하고 있으나, 보호관찰이 성폭력, 성매매, 가정폭력, 가석방자 등으로 확대되어 성인 대상자 수가 급증하고 여론의 관심이 집중됨으로 인해, 일선기관에서조차도 소년대상자[7]에 대한 관심이 상대적으로 약해지고 청소년전문 직원도 줄어들고 있다(원혜욱, 2009). 뿐만 아니라 각 단계마다 동일한 대상자에게 유사한 목적으로 비슷한 항목들을 조사하는 중복성의 문제가 있고, 조사 담당기관마다 진단결과가 상이하다는 비판 때문에 위험성 평가도구의 표준화 및 조사기관의 일원화가 요구되고 있다(이춘화, 2009).

법원소년부는 소년에 대한 심리를 할 때에 비행원인의 진단 및 처분에 관한 정보를 얻기 위하여, 소년분류심사원, 보호관찰소, 소년원 등에서 '분류심사', '환경조사' 등 각 기관마다 다양한 명칭으로 조사를 위탁하고 있다. 형사사건에 대하여는 검사가 의뢰한 피의소년을 대상으로 하는 '검사결정전 조사' 가 있고 법원의 불위탁 보호사건 대상소년에 대해서는 법무부 자체적으로 '(비수용) 상담조사' 를 실시하고 있다(오영희, 2010).

그러나, 현행의 조사제도는 유사한 기능을 기관별로 따로 수행함으로써 국가예산과 자원의 낭비, 처리의 지연, 낙인효과 및 인권침해 등 여러 가지 문제를 야기한다는 비판이 있으며, 조사인력과 조사방법에 있어서도 전문화가 미흡하다는 지적이 제기되고 있다(오영희, 2009:92).

뿐만 아니라, 여러 기관에서 각기 조사를 한다고는 하지만, 범죄소년 일부에 대해서만 부분적으로 실시하는 것도 문제다. 2009년 조사실시인원은 전체 소년범죄자의 11.3%(12,716명)에 불과하다. 법무부는 종전 4곳이던 소년분류심사원 3곳을 폐쇄하여 현재는 분류심사원이 있는 곳이

7) 우리나라 보호관찰제도는 1989년에 소년에 대한 제도로 시작되었으나 1994년부터 성폭력법률에 의해 성인대상자로 확대되어 현재는 보호관찰에서 성인대상자가 72.3%(2007년)를 차지하고 있다(원혜욱, 2009).

서울 1군데 밖에 없다. 나머지 지역의 분류심사는 소년원 분류보호과에서 심사업무를 대행하고 있어 전문인력부족, 법원과의 원거리 소재 등 심사조사를 위탁받아 제기능을 수행할 여건이 제대로 마련되어 있지 않다. 일본에서는 소년감별소가 지역별 가정법원에 대응하여 설치되어 있어, 그 수는 본소 52개소(2005 현재)가 운영되고 있다(김은경 등, 2007). 이탈리아에서도 소년구치소는 미결소년의 수용 및 소년법원의 심사조사기능 지원이라는 업무를 용이하게 하기 위해 반드시 소년법원 옆에 위치시키고, 판사가 구치소 상담실로 방문하여 조사를 수행한다.

우리나라에서도 소년사법의 전문화 차원에서, 조사기관이 상호연계하여 기관간 역할을 합리적으로 조정하고 조사전담요원의 확충과 조사 및 검사도구의 개발을 추진해 나가야 할 것이다(김용운, 2005; 오영희, 2009:92 재인용).

〈표 1-8〉 소년사법절차 단계별 위험성 평가

구 분	경찰 수사단계	검찰 기소단계	법원 재판단계	
	비행예측조사	결정전조사	결정전조사	판결전조사
관련 법령	소년경찰직무규칙 제7조	소년법 제49조의 2	소년법 12조	보호관찰 등에 관한 법률 제19조
조사목적	- 경찰단계에서의 선도 및 처우방안 마련의 근거자료로 활용 - 검사의 처분결정에 근거자료로 제공	- 검사의 처분결정에 근거자료로 제공 (소년부 송치, 기소유예, 공소제기) 등	- 법원의 처분결정에 근거자료로 제공 (양형의 합리화, 처우의 개별화)	
조사기관	관할 경찰서	보호관찰기관 소년보호기관	보호관찰기관 소년보호기관	보호관찰기관
조사대상	소년사건 피의자	소년사건 피의자	보호처분 대상자	형사처분 대상자 (성인, 소년)
결과물	소년범환경조사서 비행성예측자료표	결정전조사서	결정전조사서(보호관찰) 분류심사서(소년보호)	판결전조사서

출처: 서석교(2011).

2) 비행소년의 재범 위험성 평가 추세

소년 폭력사범에 대한 최근 외국의 연구들은 재범 위험성 요인으로서 인구학적 요인 및 범죄관련 요인 뿐만 아니라, 다양한 동적 위험요인들을 찾아내서 이를 사법 당국의 심사평가 업무에 반영하는 노력을 기울이고 있다. 노일석(2010) 연구에서 고찰한 외국의 청소년 재범위험성 요인들에 대한 연구 결과들을 정적 위험요인과 동적 위험요인으로 분류하면 다음과 같다.

- 정적 위험성 요인
  - 최초범죄 연령 (Loeber, 1982)
  - 주거환경 (Elliott, Huizing, & Menard, 1989)
  - 일반범죄 경력 (Lipsey & Derzon, 1998)
  - 학업성취도 (Farrington, 1989)
  - 자해 및 자살시도 (Flannery, Singer, & Wester, 2001)
  - 학대경험 (Cottle, Lee, & Heilbrun, 2001)
  - 부모의 반사회성 및 범죄성 (Eddy & Reid, 2002)
  - 약물사용 (Stoolmiller & Blechman, 2005)

- 동적 위험성 요인
  - 주의력결핍 및 과잉행동장애 (Campbell, 1990)
  - 비행적 또래관계 (Laird, Pettit, Dodge, & Bates, 2005)
  - 또래거부 (Coie, Lochman, Terry, & Hyman, 1992)
  - 스트레스 (Attar, Guerra, & Tolan, 1994)
  - 반사회적 태도 (Andrews & Bonta, 1995)
  - 부모양육문제 (Farrington, 2005)

〈표 1-9〉 외국의 아동청소년대상 폭력재범 위험성 평가도구

도구명	저자	내용
EARL-20B (Early Assessment Risk List for Boys)	Augimeri, Webster, Koegl, & Levene(1998)	- 적용대상: 12세 미만 남자 - 형식: SPJ, 20개 평가항목, 3점 척도 - 예측내용: 폭력재범 - 평가영역: 3개 영역(아동 개인, 가정, 반응성)
EARL-21G (Early Assessment Risk List for Girls)	Augimeri, Webster, Koegl, & Levene(1998)	- 적용대상: 12세 미만 여자 - 형식: SPJ*, 20개 평가항목, 3점 척도 - 예측내용: 폭력재범 - 평가영역: 3개 영역(아동 개인, 가정, 반응성)
SAVRY (Structured Assessment of Violence Risk in Youth)	Bartel, Borum, & Forth(2002)	- 적용대상: 12세~18세 남여 - 형식: SPJ, 30개 평가항목, 3점 척도 - 예측내용: 폭력재범 - 평가영역: 4개 영역 (과거력, 환경, 개인, 보호요인
YLS/CMI (Youth Level of Service /Case Management Inventory)	Hoge & Andrews(2002)	- 적용대상: 12세~17세 - 형식: 표준화 도구, 42개 평가항목, 2점 척도 - 예측내용: 일반재범 및 비행재발 - 평가영역: 8개 영역에 대한 위험요인 및 욕구요인
CARV (Child and Adolescent Risk for Violence)	Seifert et al(2001)	- 적용대상: 2세~19세 - 형식: 표준화 도구, 49개 평가항목 - 예측내용: 폭력재범 및 문제행동 재발 - 평가영역: 위험요인 및 욕구요인

출처: 노일석(2010). 남자청소년 폭력사범 재범 예측 요인. 형사정책연구, 83, 341면.

우리나라에서 비행소년에 대한 보호관찰제도는 소년을 소년원, 교도소 등 구금시설에 수용하지 않고 사회내에서 일상적인 생활을 하도록 하되, 법률에서 규정한 특정 처분 및 준수사항(예: 심야외출금지, 수강명령, 사회봉사명령, 보호관찰관 면담 등)을 지키면서 비행성을 개선하는 대표적인 지역사회 교정의 방식이다. 소년법에 따라 보호관찰을 받는 보호처분은 4호(보호관찰 1년) 및 5호(보호관찰 2년)가 기본이며 병합하여 수강명령(2호처분, 100시간 미만)과 사회봉사명령(3호처분, 200시간 미만)이 함께 부과될 수 있다.

최근 통계를 보면, 보호관찰을 받는 청소년의 범죄는 절도가 약 40%로 가장 많고, 그 다음이 폭력사범(30%), 교통사범(15%) 순으로 많다. 따라서, 보호관찰 처분을 받은 청소년 절도사범과

폭력사범 중에서 재범 위험이 특히 높은 청소년을 선별하여 이들에 대한 적절한 조기개입과 선도 프로그램을 실시하면 재범을 방지하는 효과가 있을 것이다. 2007년 경우에 소년 절도 재범자의 90% 이상이 2년 이내에 재범하고, 소년 폭력 사범 중 81.8%가 2년 이내 재범을 하는데 이 중에 폭력 동종범죄는 33.6%, 폭력 이외 범죄는 48.2%로 보고되었다(노일석, 2009; 2010).

국내 연구로서는 노일석(2009, 2010)이 우리나라에서 보호관찰을 받고 있는 청소년들을 대상으로 이들의 재범을 예측하기 위한 위험성 요인을 찾아내고, 재범위험성 평가를 위한 보험계리적 평가도구 개발을 위한 일련의 연구들을 보고하였다. 대표적인 연구로는 2009년에 청소년 절도사범의 재범 위험성을 예측하는 연구를 학계에 보고하였고, 2010년에는 청소년 폭력사범의 재범 위험성을 예측하는 연구를 보고하였다. 연구들에서 사용한 방법을 살펴보면, 정부 사법당국의 실무 업무를 활용하여 보험계리적인 방식으로 근거에 기반한 위험성 평가도구를 개발할 수 있다는 가능성을 보여준다.

위 연구에서 사용한 방법은, 전국 44개 보호관찰(지)소에서 2007년 한 해동안 재범한 절도사범(2009년 연구)과 폭력사범(2010년 연구)을 추출하여 이들과 대응matching한 '비재범 집단' 을 통제집단으로 표집한 후, '재범 집단' 과 '비재범 집단' 간에 유의한 차이가 있는 변인들을 찾아서 재범위험 요인으로 산출하였다. 분석자료로서 재범자에 대하여는 보호관찰관이 작성한 '재범자 평가표' 를 활용하였고, 비재범자에 대하여는 '비재범자 평가표' 에 기재된 내용을 분석하였다.

'재범자 평가표' 는 보호관찰 대상자가 재범을 하는 경우, 담당자가 보호관찰 개시시점과 재범 시점의 '기본 사항' 과 '범죄 사항' 을 각각 전산입력하여 작성된다. '비재범자 평가표' 는 재범하지 않고 보호관찰이 종료된 자를 대상으로 보호관찰 개시시점을 기준으로 수집한 것이다. 이 연구는 보호관찰 개시시점에 위험성 평가도구를 사용하여 초기분류를 효율적으로 하기 위한 목적에 초점이 맞추어져 있으므로, 보호관찰 개시시점 기준으로 재범 집단과 비재범 집단간 차이를 밝힌 것이다(노일석, 2010:354).

노일석(2009)에서는 보호관찰을 받는 절도사범 청소년의 재범위험성 요인으로서 범죄책임회피(5점), 범죄 개시연령(4점), 동종범죄 경력(3점), 학교중퇴 경험 여부(2점), 결손가정 여부(2점) 등을 찾아냈고, 이들 요인에 대한 점수를 배정하여 재범위험성 총점이 6점이하는 '위험성 하' 이고, 7~9점은 '위험성 중' 이고, 10~16점이면 '위험성 상' 으로 평가하였다. 그 결과는 '절도 소년보호관찰대상자 재범위험성 평가도구(LJP-RRAR)' 에 반영되었다〈표 1-10 참조〉.

이와 유사한 방식으로 노일석(2010)은 보호관찰을 받는 폭력사범 청소년의 재범을 예측하는 요인으로서 범죄책임회피(3점), 범죄 개시연령(4점), 동종범죄 경력(2점), 학교중퇴 경험 여부(3점)를 보고하였고, 단지 절도사범에서 재범예측요인으로 제시된 '결손가정 여부' 는 폭력사범의 재범 예측에서 제외하였다. 폭력사범에 대한 재범위험성 평가에서는 총점이 8~12점일 때 '위험성 상' 으로 규정하였다. 그 결과가 '남자 폭력소년 보호관찰대상자 재범위험성 평가도구(MVJP-RRAR)' 에 반영되었다〈표 1-11 참조〉.

국내에 희소한 한국형 재범위험성 평가도구를 개발하기 위해 노일석은 일련의 보험계리적 연구 및 분석을 통한 노력을 계속하고 있음이 높이 평가된다. 하지만 이 도구 역시 측정항목에 청소년재범과 관련된 정적 위험요인들만 포함되었을 뿐, 다양한 교정교육과 프로그램을 통해 개선가능한 동적 위험요인은 전혀 반영되지 않고 있다는 한계를 갖는다.

〈표 1-10〉 절도 소년보호관찰대상자 재범위험성 평가도구(LJP-RRAR)

대상자 이름		주민 번호	
사건 번호		죄 명	
평가 일자		평 가 자	
재범위험성 항목	평점 기준		평 점
1.본건 범행 책임성 수용여부	• 수용 • 회피	0 5	
2. 본건 보호관찰 개시 연령	• 18세 이상 • 18세 미만	0 4	
3. 동종 범죄 경력 횟수	• 0회 또는 1회 • 2회 이상	0 3	
4. 학교 중퇴 경험 유무	• 없음 • 있음	0 2	
5. 부모 형태	• 친부모 • 비친부모	0 2	
총 점			
재범 위험성 평가	0점 ~ 6점 : 7점 ~ 9점 : 10점 ~ 16점 :	하 (위험성 낮음) 중 (위험성 중간) 상 (위험성 높음)	

출처: 노일석(2009:470).

〈표 1-11〉 남자 폭력소년 보호관찰대상자 재범위험성 평가도구(MVJP-RRAR)

대상자 이름		주민 번호	
사건 번호		죄 명	
평가 일자		평 가 자	
재범위험성 항목	평점 기준		평 점
1. 본건 보호관찰 개시 연령	• 18세 이상 • 14세 미만 • 18세 미만	0 2 4	
2. 학교 중퇴 경험 유무	• 없음 • 있음	0 3	
3. 본건 범행 책임성 수용여부	• 수용 • 회피	0 3	
4. 동종 범죄 경력 횟수	• 0회 • 1회 이상	0 2	
총 점			
재범 위험성 평가	0점 ~ 4점 : 5점 ~ 7점 : 8점 ~ 12점 :	하 (위험성 낮음) 중 (위험성 중간) 상 (위험성 높음)	

출처: 노일석(2010:373).

제4절 우리나라 위험성 심사평가의 실제

1. 학교의 위기학생 평가

1) 청소년 정신건강 및 문제행동 선별검사 (AMPQ)

「청소년정신건강 및 문제행동 선별 설문지(AMPQ)[8]」는 청소년을 대상으로 비행과 관련된 탈선적인 문제행동 뿐만 아니라 성인기까지 이어질 수 있는 비교적 심각한 정신건강의 문제를 안고 있는 청소년을 각급 학교에서 조기에 선별할 수 있기 위한 도구로 개발되었다. 이 선별도구는 임상전문가의 개입이 없이도 교육현장의 교사나 지역정신보건센터 등에서 실무자가 가급적 간편하게 실시할 수 있도록 실시, 채점 등이 용이하게 구조화되어 있다. 실무적 활용도와 용이성에 초점 맞추어, 먼저 이론적 관점에서 가급적 기존 문헌을 고찰하여 청소년 문제행동의 대표적인 범주를 설정한 후, 경험지향적 방식으로 이 범주 내에 포함되는 우리나라 청소년들의 문제행동 사례들을 수집하여 적절한 문항으로 구성하는 방식을 취하여 〈표 1-12〉에 제시된 최종 문항을 선정하였다(정승아 등, 2008).

이론주도적 평가도구 개발은 'Top-down' 방식으로 청소년 문제행동에 대한 이론 혹은 그 이론이 담고 있는 주요 개념에 의거하여 문제의 범주와 개별 문항을 정하는 방식이다. 이와는 반대로, 경험지향적 평가도구 개발은 'Bottom-up' 방식으로서 현장조사를 통해 평가대상 집단이 실제 갖고 있는 문제들을 광범위하게 수집하여 빈도가 높은 문항을 중심으로 요인분석 등 통계적 방법을 활용하여 유사한 문항끼리 묶어 공통된 요인을 추출하는 것이다.

〈표 1-12〉에서 제시된 AMPQ 설문지의 주요 8개 요인은 크게 내재화 문제internalized problem

8) AMPQ : Adolescent Mental Health and Problem-behavior Questionnaire.

영역과 외현화 문제externalizing problem 영역으로 구분된다. 청소년의 내재화 문제 영역에는 세부적으로 정신의학적 문제, 학습문제, 가족관계, 통제력 상실의 4개 요인이 속하고, 외현화 문제 영역에는 비행1, 비행2, 성욕구, 성행위 등 4개 요인이 포함되어, 총 34개 문항(5점 리커트 척도)으로 구성된다.

상담 및 심리치료가 필요한 고위험군 청소년을 선별하는 기준이 실무에서는 중요하다. 신뢰도 및 타당도 연구에서 AMPQ는 성별에 따른 점수차이가 없었으며, 중학생과 고등학생에서는 유의미한 점수 차이가 있어서 중학생과 고등학생의 선별점수cut-off가 상이하다.

선별점수를 구하기 위해서 연구팀(정승아 등, 2008)은 원점수를 T점수[9]로 변환시킨 후, 평균으로부터 표준편차의 1.5배를 벗어난 점수(+1.5D)를 '고위험군' 으로 선별하는 기준으로 정하였다. 이 기준에 의하면 중학생은 원 점수 총점이 65점, 고등학생은 원 점수 총점이 72점 이상이 되면 고위험 집단으로 분류된다. 일선 교육 현장에서 사용할 때는 다소 완화된 기준(+1.0SD)을 적용하여 '경미한 위험군' 을 선별하거나 더욱 강화된 기준(+2.0SD)을 적용하여 '초-위험군' 을 선별할 수도 있다. 즉, AMPQ 원점수가 중학생 59점, 고등학생 66점 이상이면 '경미한 위험군' 으로 보고, 원점수가 중학생 71점, 고등학생 79점 이상으로 나오면 시급한 치료과 지도가 필요한 '초-고위험군' 으로 분류되는 것이다. AMPQ의 원점수는 최대 136점이다.

〈표 1-12〉 청소년 정신건강 및 문제행동 선별검사 (AMPQ) : 중고등학생용

정신의학적 문제 (10문항) - 내재화 문제	
44	원치 않는 불길한 생각이나 장면이 자꾸 떠올라 괴롭다.
52	불필요한 행동(손 씻기, 문 잠그기, 숫자세기 등)을 자꾸 반복하게 된다.
51	사람들이 나를 감시하고 수근대는 것처럼 느껴진다.
45	일상생활이 힘들 정도로 슬프고 절망적이다.
48	뚜렷한 이유없이 여기저기(두통, 메스꺼움, 소화불량, 어지러움 등)이 자주 아프다.
40	내 생각을 다른 사람들이 다 알고 있는 듯하다.
35	지속적으로 자살을 생각하거나 구체적인 계획을 세운 적이 있다.
46	친구들이 나를 싫어하지 않을까 걱정을 많이 한다.
6	나와 친한 친구가 다른 친구와 친해지는 것을 견디기 어렵다.
47	괴롭히는 친구가 있거나 집단 따돌림을 당한 적이 있다.

9) T점수 : 원점수를 평균 50이고 표준편차 10으로 변환한 점수.

학습 (5문항) – 내재화 문제

16 수업시간에 배우는 내용을 거의 이해하지 못하겠다.
30 수업시간에 집중을 못하고 딴 짓을 많이 한다.
22 성적이 늘 최하위권이다.
3 무슨 일을 하건 정신을 집중하기 어렵다.
28 인터넷(게임, 채팅, 정보검색 등) 때문에 학교성적이 떨어졌다.

가족관계 (3문항) – 내재화 문제

23 우리 가족은 불화가 많다.
21 부모님은 내게 신체적 혹은 언어적 폭력을 행사한다.
29 우리 가족은 서로 대화를 하지 않는다.

통제력 상실 (4문항) – 내재화 문제

9 경련을 일으키거나 쓰러진 적이 있다.
13 남들은 듣지 못하고 나만 듣는 것 같은 말소리가 들린다.
11 배고프지 않아도 한번 먹기 시작하면 구역질이 날 정도로 먹는다.
15 다이어트를 위해 무리하게 단식을 하거나 살 빼는 약을 먹어 본 적이 있다.

비행 I (5문항) – 외현화 문제

33 취할 정도로 술을 자주 마시곤 한다.
4 하루에 반갑 이상의 담배를 피운다.
49 청소년 유해업소에 자주 출입한다.
7 결석을 하고 친구들과 어울려 지낸다.
8 가출한 적이 있다.

비행 II (2문항) – 외현화 문제

34 지금까지 소위 불법약물(마약, 본드, 가스, 각성제 등)을 사용해 본 적이 있다.
39 원조교제나 성 매매를 한 적이 있다.

성욕구 (2문항) – 외현화 문제

26 자위행위나 성적 호기심이 지나쳐서 고민이 많다.
38 음란물(동영상, 사진, 책) 때문에 공부에 집중이 안된다.

성 행위 (3문항) – 외현화 문제

42 여자(남자) 친구와 성행위를 하고 있다.
43 타인에게 성폭력을 가한 적이 있다.
50 성폭력을 당한 적이 있다.

출처: 정승아 등(2008), 청소년정신건강 및 문제행동 선별검사 개발 연구. 정신신경의학, 47(2), 168-176 재구성.

2) (개정판) 청소년 정서행동발달검사 II (AMPQ II)

교육부는 2008년에 개발, 실시된 설문지 형식AMPQ의 평가도구에서 더 나아가 위기학생을 사전에 선별할 수 있는 표준화된 심리검사로서 발전시키기 위해 국내 정신건강 의학자들에게 연구를 의뢰하여 그 결과가 방수영 등(2011)의 논문에 요약되어 있다.

정승아 등(2008)이 개발한 원래의 '청소년 정신건강 및 문제행동 선별검사AMPQ' 는 내적 합치도 및 공존 타당도 등이 우수하다는 평가를 받지만, 문제행동이나 공격성과 같은 외현화 문제가 저평가되는 경향이 있다는 지적이 있었다.

방수영 등(2011)이 개발한 '개정판 정서행동발달검사AMPQ-II' 는 리커트 4점 척도로 측정하는 38문항의 자기보고식 청소년용 설문지와 교사 보고식 8문항으로 구성되어 있고, 각 문항은 0~3점으로 채점된다. 38개 문항은 5개 위험 영역으로 구분되는데, '걱정과 생각' '기분 및 자살' '학습과 인터넷' '친구문제' '규칙위반(가해)' 등이다. 개정판 AMPQ-II는 원래의 AMPQ가 측정하는 학생의 외현화 문제와 내재화 문제를 다루면서도 추가하여 청소년기에 흔히 발생하는 정신병리를 포괄하는 것으로 평가된다. 또한 과거 외현화 문제가 심각한 학생이나 문제가 심각함에도 성실하게 응답하지 않은 경우를 보완하기 위하여 교사보고 8문항을 개발하여 선별기준에 포함시켰다. 교사 설문은 주요한 외현화 문제와 내재화 문제를 재차 확인하기 위한 것이다. 종래의 5점 척도를 4점 척도로 바꾼 것은, 성의없이 응답하는 경향성을 최소화하기 위한 것이다(방수영 등, 2011:277, 279).

AMPQ-II가 측정하는 5개 문제 영역별에 포함된 세부적 정서 및 행동관련 문제들은 다음과 같다(방수영 등, 2011:274).

① 「걱정 및 생각」: 걱정, 구근댐, 강박사고, 열등감, 강박행동, 사고전파, 사회공포, 피해사고, 환청 경험 등 사고장애와 불안증상을 포함한다.

② 「기분 및 자살」: 우울, 신체화, 기분기복, 절식, 무쾌감, 자살사고, 폭식, 분노조절문제, 거부적 문제 등 우울 및 기분장애와 자살사고를 포함한다.

③ 「학습과 인터넷」: 집중문제, 수업이해, 인터넷 문제, 거짓말, 충동성 등을 포함한다.

④ 「친구문제」: 따돌림, 괴롭힘, 폭력피해 경험 등을 포함한다.

⑤ 「규칙위반(가해)」: 규칙 위반, 금지약물의 사용, 갈취, 가해 경험 등을 포함한다.

〈표 1-13〉 (개정판) 청소년 정서행동발달검사 II (AMPQ II) : 중고등학생용

이 설문은 청소년들을 대상으로 하는 설문입니다. 각 문항들을 읽고
만약 지난 한달간 자기 자신에게 해당된다고 생각하는 문항 번호에 ○표 해 주십시오.
이 검사에는 옳고 그른 답이 없으므로 자신의 의견 그대로를 대답하시면 됩니다.
성별 : 남/여 연령: 만( )세 이름: ( ) 학년: 중1 중2 중3 고1 고2

문 항	전혀 아니다	조금 그렇다	그렇다	매우 그렇다
1. 집중을 해야 할 때(수업시간, 공부, 책 읽기) 집중을 못하고 딴 짓을 한다.	0	1	2	3
2. 인터넷이나 게임으로 인해 일상생활에 어려움이(부모와의 갈등, 학교생활에 지장 등) 있다.	0	1	2	3
3. 원치 않는 생각이나 장면이 자꾸 떠오른다.	0	1	2	3
4. 잠들기 어렵거나 깊이 자지 못하고 자주 깬다.	0	1	2	3
5. 화가 나면 참기 어렵다.	0	1	2	3
6. 단식, 운동, 약물을 사용하여 단기간에 무리하게 체중을 줄이려 한 적이 있다.	0	1	2	3
7. 지속적으로 자살을 생각하거나 구체적인 계획을 세운 적이 있다.	0	1	2	3
8. 누군가로부터 신체적, 언어적 폭력을 당한 적이 있다.	0	1	2	3
9. 만사가 귀찮고 재미가 없다.	0	1	2	3
10. 부모님이나 선생님의 지시에 거부감이 생겨 잘 따르지 않는 편이다.	0	1	2	3
11. 친구들이 괴롭히거나 따돌림을 당한 적이 있다.	0	1	2	3
12. 수업시간에 배우는 내용을 이해하기 어렵다.	0	1	2	3
13. 사람들이 나를 감시하거나 해칠 것 같다.	0	1	2	3
14. 성에 대하여 지나치게 많이 생각한다.	0	1	2	3
15. 뚜렷한 이유없이 자주 여기저기 아프고 불편하다(예: 두통, 복통, 구토, 메스꺼움, 어지러움 등).	0	1	2	3
16. 학생에게 금지된 약물을 사용한다(예: 담배, 술, 본드, 엑스터시 등).	0	1	2	3
17. 내 생각을 다른 사람들이 다 알고 있는 것 같다.	0	1	2	3
18. 나를 괴롭히는 친구가 있다.	0	1	2	3
19. 경련을 일으키거나 정신을 잃고 쓰러진 적이 있다.	0	1	2	3
20. 나는 남보다 열등감이 많다.	0	1	2	3
21. 우리 집은 가족간의 갈등이 있다.	0	1	2	3
22. 심각한 규칙 위반을 하게 된다(예: 무단결석, 가출, 유흥업소 출입 등).	0	1	2	3
23. 이유 없이 기분이 며칠간 들뜬 적이 있거나 기분이 자주 변하는 편이다.	0	1	2	3
24. 성적인 충동을 자제하기 어렵다(예: 자위행위, 야동, 야설 등).	0	1	2	3
25. 기다리지 못하고 생각보다 행동이 앞선다.	0	1	2	3
26. 다른 사람의 물건을 부수거나 빼앗거나 훔치게 된다.	0	1	2	3
27. 다른 사람들이 나에 대해 수군거리는 것 같다.	0	1	2	3
28. 가만히 앉아 있지 못하고 손이나 발을 계속 꼼지락거린다.	0	1	2	3
29. 원치 않는 행동을 자꾸 반복하게 된다(예: 손 씻기, 확인하는 행동, 숫자세기 등).	0	1	2	3
30. 사람이나 동물을 괴롭히거나 폭력을 휘두른다.	0	1	2	3
31. 이유없이 일주일 이상 우울하거나 짜증이 난다.	0	1	2	3
32. 친구 사귀기가 어렵거나 친한 친구가 없다.	0	1	2	3
33. 다른 사람이 듣지 못하는 말소리 같은 것이 들린다.	0	1	2	3
34. 사람들 앞에서 말하기가 두렵다.	0	1	2	3
35. 누군가로 인해 성적 수치심을 느낀 적이 있다.	0	1	2	3
36. 거짓말을 자주 한다.	0	1	2	3
37. 토할 정도로 단시간에 폭식한 적이 있다.	0	1	2	3
38. 쓸데없는 걱정을 한다.	0	1	2	3

출처: 방수영 등(2011). 청소년용 정신건강 선별검사 개정 연구: 청소년 정서행동발달 검사의 개발. J. Korean Acad Child Adolesc Psychiatry, 22, 285.

〈표 1-14〉 (개정판) 청소년 정서행동발달검사 II (AMPQ II) : 교사용

이 설문은 청소년들을 대상으로 하는 설문으로 선생님께서 추가로 답변하는 문항입니다. 각 문항들을 읽고 만약 지난 한달간 해당 학생에게 해당된다고 생각하는 문항 번호에 ㅇ표 해 주십시오. 선생님의 노고에 감사드립니다. 성별 : 남/여 연령: 만( )세 이름: ( ) 학년: 중1 중2 중3 고1 고2 담당교사: ( )

문 항	전혀 아니다	조금 그렇다	그렇다	매우 그렇다
1. 반항적이거나 대든다.	0	1	2	3
2. 수업시간에 집중하지 못하고 딴 짓을 한다.	0	1	2	3
3. 우울해 보인다.	0	1	2	3
4. 규칙위반(지각, 무단조퇴, 무단결석 등)을 한다.	0	1	2	3
5. 또래들을 때리거나 괴롭힌다.	0	1	2	3
6. 거짓말을 한다.	0	1	2	3
7. 또래들로부터 따돌림을 당하거나 친구가 없다.	0	1	2	3
8. 예상보다 학습능력이 떨어진다.	0	1	2	3

출처: 방수영 등(2011). 청소년용 정신건강 선별검사 개정 연구: 청소년 정서행동발달 검사의 개발.
J. Korean Acad Child Adolesc Psychiatry, 22, 286.

학교폭력과 AMPQ-II 점수의 관계

학교폭력의 경험은 피해 청소년의 자살과 우울, 불안, 심리사회적 적응에 깊은 영향을 미친다. 우리나라에서 학교폭력을 당한 초등학생들이 우울과 불안이 높고 자존감은 낮은 특징을 보였고(Yang et al, 2006), 중학생 피해 집단에서는 자살시도나 자살사고가 비교집단에 비해 1.9배 증가한다고 보고하였다(Kim et al, 2005). 이러한 위험성은 미국에서도 발견된다. 2002~2004년 기간에 뉴욕주 고등학생 중에서 학교폭력 피해 학생들은 우울증, 자살사고나 자살시도의 위험이 증가하였다(Brunstein et al., 2007). 뿐만 아니라 피해 학생들의 학업 성취나 학교에 대한 애착 정도도 낮았다.

최근에 수행한 방수영 등(2012)의 전국단위 연구에서 우리나라 중고등학생 중에서 최근 한 달간 학교폭력 피해를 받은 학생들의 비율은 28.9%로 나타났다. 세부적으로는 신체적, 언어적 폭력 피해자가 21.7%, 배제(소외)를 경험한 학생이 12.9%, 괴롭힘을 당한 학생이 11.0%로 조사되었고, 폭력 피해자의 연령이 어릴수록 폭력을 많이 당했고, 여자보다는 남학생 비율이 높았다.

〈표 1-15〉에서는 학교폭력 피해를 입은 학생집단과 피해경험이 없는 집단간에 AMPQ-II 총점과 4가지 하위 문제영역 간의 유의미한 차이를 검증한 결과이다. 즉, 학교폭력 피해집단은 당시 측정되었던 모든 정신건강 요인에서 피해없는 집단에 비해 위험성이 높은 점수를 나타냈다. 뿐만 아니라, 학교폭력의 피해 정도가 증가할수록 AMPQ-II에서 나타난 정신과적 증상의 심각성이

높아지는 결과를 보였다(방수영 등, 2012:26).

학교폭력의 피해는 단지 괴롭힘을 당한 시기에만 국한되지 않고 이후의 정신건강에도 영향을 미친다는 보고가 외국의 전향적 연구prospective study들에서 보고된다. Meltzer 등(2011)에 따르면 영국에서 16세이전에 학교폭력을 당한 경험이 있는 피해청소년이 성인이 되어 두 배나 높은 자살 시도율을 보였고, 핀란드 연구에서는 1981년에 태어난 여자 아이들을 대상으로 8세 때 학교폭력 피해경험을 조사하고 그 여성이 25세가 되었을 때 정신건강을 측정한 결과, 어린시기의 학교폭력 경험이 성인기의 우울증, 자살 시도 및 자살 사망에 영향을 준다고 보고하였다(Klomec et al., 2009).

세계 각국에 따라 학교폭력 발생 유병률이 상이한 것은 이에 대한 국가정책과 문화적 영향을 받기 때문이다. 세계보건기구는 1993년부터 세계 40여개국과 협력하여 지금까지 5차례에 걸쳐 유럽과 북미 학생들의 건강행동을 조사하는 '학교청소년 건강행동 조사(HBSC)[10]'를 진행하고 있다. HBSC의 2005~2006년 4차 조사에서 40여개국 11세, 13세, 15세 청소년들의 학교폭력 유병률은 나라에 따라 5~7배 정도 차이가 난다. 그 중에서 학교폭력 유병률이 가장 낮은 나라는 스웨덴(6.8%) 등 스칸디나비아 국가들이다. 이 나라들은 학교폭력에 대한 국가적인 프로그램이 있고, 학교폭력이나 괴롭힘의 문제를 문화적으로 중요하게 해석하여 세심한 지도를 한 결과로 보인다. 학교폭력을 인지하고 대처하는 국가적 노력이 증가하고 동시에 학교폭력의 심각성을 사회전체가 인지하여 이에 대한 민감도를 높이는 것이 학교폭력 감소의 요인으로 보고되었다(방수영 등, 2012:28).

〈표 1-15〉 학교폭력 피해집단의 AMPQ-II 점수

AMPQ-II	학교 폭력				
	피해 없는 집단		피해자 집단		P 값
	평균	표준편차	평균	표준편차	
총점(학생용)	11.09	8.50	21.05	11.70	<.001
걱정 및 생각	2.98	3.11	2.60	4.20	<.001
기분 및 자살	3.56	3.38	5.79	4.14	<.001
학습 및 인터넷	2.84	2.03	4.01	2.38	<.001
규칙위반	0.24	0.70	0.63	1.37	<.001
총점(교사용)	2.55	2.99	3.22	3.36	<.001

출처: 방수영 등(2012). 청소년정서행동발달검사 표준화연구 자료를 활용한 학교폭력 피해 전국유병률 및 관련요인 조사. J. Korean Acad Child Adolesc Psychiatry, 23, p.26 〈표4〉 중 일부.

10) HBSC : Health Behavior in School-Aged Children.

2. 경찰의 청소년 비행위험성 평가

1) 소년범 조사의 전문가 참여제

경찰 수사단계에서는 범죄자의 후속단계 처리를 결정하기 위한 목적으로 위험성을 평가한다. 특히 소년사건의 경우 형사사법기관의 개입 필요성과 개입 시기 및 정도를 결정하고 비행원인을 정확히 조사하여 개별적으로 타당한 선도 및 처우를 행할 목적으로 비행위험성 평가를 실시한다. 범죄발생 후 조기에 개입하는 것이 재범 방지에 더욱 효과적이기 때문에 일부 선진국에서는 범죄소년에 대하여 경찰단계에서부터 전문가들이 조사ㆍ선도하는 제도를 시행하고 있다(이수정, 2007).

우리나라에서는 소년경찰직무규칙 제7조에 근거하여 소년의 성행 및 환경, 기타 비행의 원인을 조사하기 위한 목적으로 '피의자신문조서'와 '소년범환경조사서'를 작성하고 이를 대상자와 함께 검찰에 송치하도록 되어 있다. 하지만 과거 이러한 과정들이 비전문적인 인력에 의해 임의적ㆍ주관적ㆍ자의적 방식으로 수행되어 조사결과의 신뢰도와 타당도를 보장할 수 없었다.

이러한 문제점들을 해결하기 위해 2003년에는 '소년범 조사시 전문가 참여제도'[11]를 도입하여 전국적으로 확대해 가고 있다. 이 제도는 범죄심리사 등 민간전문가들이 표준화된 조사절차와 객관적인 위험성 평가도구(비행촉발요인조사서, PAI)를 사용하여 소년범의 비행위험성을 평가하고, 개별적으로 타당한 선도 및 처우를 수행하기 위해 전문가의 개입수준 및 방향을 설정하는 것이다. 조사방법은 가정, 학교 등 환경에 관하여 진단하는 43개 항목으로 구성된 '비행촉발요인조사서'[12] 및 공격성, 반사회성 등 청소년의 인성을 평가하는 344개 항목으로 구성된 '인성평가도구(PAI)'[13]를 활용하여 조사하고 있다.

2003년 9월부터 2005년 7월까지 조사과정에 전문가가 참여한 소년범(386명)에 대하여 재범여부를 확인한 결과, 전문가가 재범 가능성이 높다고 판단한 고위험군 소년범의 실제 재범률은 40%

11) '03년에 2개 경찰서에서 시범운영한 이후 '15년에는 251개 경찰서로 확대운영 중이다(경찰청, 2016).

12) 소년범의 위험성 평가를 목적으로 가족의 구조, 가족의 기능적 역할, 학교생활, 가출경험, 비행전력 및 환경(총 전과수 포함), 개인적 위험요인 등 6개 요인에 대해 43개 항목으로 측정한다(서석교, 2011).

13) 성격과 정신병리를 평가하기 위한 객관적 검사로서 4개 타당성척도, 11개 임상척도, 5개 치료고려척도, 2개 대인관계척도로 구성되며, 총 344개 문항으로 측정한다(서석교, 2011).

로 매우 높게 나타났다. 이에 비해, 저위험군이라고 판정한 청소년의 재범률 4.5%로 낮았다. 따라서 전문가의 분석결과가 재범여부에 대하여 비교적 정확히 예측하는 것으로 확인되었으므로, 재범 위험성 분석결과는 경미한 소년범에 대한 훈방 · 즉결심판 등 처분 시에 활용되며, 사랑의 교실 등 선도프로그램에 연계하며 개별 소년범 특성에 맞는 선도 교육을 실시하고 있다(경찰청, 2016:120).

재범률 심사평가의 효과성이 있음을 인정하여 경찰당국에서는 2015년에 전국 251개 경찰서로 전문가 참여제를 확대하고, 2/3급지 경찰관을 대상으로 2급 범죄심리사 자격취득 교육을 실시하고 있다. 그 성과로서는 전체 소년범의 12.9%에 해당하는 10,401명의 청소년들이 전문가가 참여하는 조사를 받았다(경찰청, 2016:120).

〈표 1-16〉 최근 5년간 소년범 조사 시 전문가 참여제 운영현황

	2011년	2012년	2013년	2014년	2015년
운영관서	100개	120개	137개	180개	251개
참여 소년범	7,639명	10,258명	11,548명	8,968명	10,401명
전체 소년범	86,643명	107,018명	90,694명	78,794명	80,321명
참여비율	8.8%	9.6%	12.7%	11.4%	12.9%

출처: 경찰백서(2016:120).

전문가 참여 조사제도는 청소년개인별 조사결과를 바탕으로 이후의 선도방향 및 재범가능성을 판단하여 전문적인 선도프로그램과 연결시켜주는 시스템이라고 소개하고 있다. 경찰백서(2016)에 의하면, 경찰은 소년범 특성을 고려한 맞춤형 선도프로그램으로서, 관서별 실정에 따라 「사랑의 교실[14](청소년 전문단체 연계)」과 「표준 선도프로그램[15](신경정신과 병원 연계)」, 「자체 선도프로그램[16](경찰관서 자체 개발)」 운영을 병행하여 경찰단계에서 절차가 종료되는 입건, 훈방 ·

14) 사랑의 교실 : 청소년상담복지센터 등 전문단체와 연계하여 청소년상담사 등 전문가가 진행하는 집단상담 · 미술치료 · 법교육 등 선도프로그램을 말한다. 사랑의 교실은 전국 지방경찰청별로 청소년상담지원센터, 청소년수련관, 종합사회복지관 등 전문교육단체와 협력하여 불량행위소년 또는 소년풍기사범을 훈계방면하면서 실시하는 일종의 인성교육 프로그램이다. 연간 5~6천명이 몇시간 정도 교육에 참여한다.

15) 표준 선도프로그램 : 대한신경정신의학회에서 지정한 신경정신과 전문의 · 임상심리사가 진행하는 자기통제 · 인간관계 형성 프로그램을 말한다.

16) 자체 선도프로그램 : 학교전담경찰관이 지역사회 전문단체(전문가) 및 경찰치안시스템을 활용하여 진행하는 경찰체험 및 선도프로그램을 말한다.

즉결심판 청구 대상자를 중심으로 선도프로그램에 연계한다. 선도프로그램을 이수한 소년범 사건에 대해서는 수사서류에 결과보고서 또는 수료증을 편철하여 송치, 사법처리 단계에서 참고자료로 활용할 수 있도록 조치하고 있다.

그러나, 전문가 조사제도는 현재로서 개인별 진단 단계에 그치고 있을 뿐, 실제로 진단결과에 기초하여 청소년의 선도와 보호에까지는 적극적으로 활용되지 못하는 실정이라고 평가된다. 경찰에서 시행하는 '불량행위소년' 또는 '소년풍기사범' 에 대한 적극적인 개입형 다이버전은 상당히 미흡한 실정이다.

저위험군으로 진단된 청소년은 '사랑의교실' 과 같은 집단 수강프로그램을 몇시간 실시하는 정도이고, 고위험군 청소년은 법원 또는 검찰이 운영하는 선도프로그램에 연결해 주고 있다고 경찰백서(2010)에는 기술되어 있으나, 실제로 검찰 · 법원에는 형사입건되거나 보호처분 결정을 받은 청소년에 대한 선도프로그램이 제대로 마련되어 있지 않은 실정이다.

2) 경찰의 재범위험성 평가의 방향

범죄와 관련된 위험성은 사법기관의 업무 성격에 따라 매우 달리 정의하고 있다. 최근 경찰에서는 환경범죄학이 모태가 되어 도시공학, 건축학, 심리학 등 다양한 학문 분야와 범죄를 접합시켜 '위험' 이라는 문제로 접근한다. 경찰활동policing도 사후적 대응보다는 범죄위험을 사전에 인지, 분석하고 이에 대처하는 범죄예방정책을 실시하고 있다. 따라서 경찰에서 사용하는 '범죄위험성' 개념은 물리적 환경요소에 중점을 두어 '미래 특정지역에서 특정 범죄의 발생확률과 그 발생된 범죄가 발생시키는 사회적 손실을 하나의 절대적 수치로 나타내거나 일정한 등급을 부여하는 것' 이라고 정의할 수 있다(박준휘, 김도우, 2015:80).

경찰단계에서 활용되는 범죄위험성 평가는 범죄발생현황, 상황적 · 물리적 환경진단 등 정량적 평가자료와 함께 잠재적 범죄자와 피해자들이 갖고 있는 범죄 및 범죄발생환경에 대한 인식과 평가 등 정성적 자료가 종합적으로 반영되는 위험성 평가자료로 발전되어야 할 것이다(박준휘, 김도우, 2015:78).

그런 관점에서 경찰이 아직 성인 범죄자에 대해서는 범죄행위에 대한 사실조사 수준에 머무르고 있으나, 보호의 대상이며 선도가능성이 높은 비행청소년에 대하여는 비행을 유발하는 생태계 생활환경 및 청소년과 가족들의 인식 등을 평가하는 '비행촉발요인조사서' (표 1-17 참조)를 적극적으로 활용하고 있다. 이는 청소년이 비행(특히 재범)을 저지를 가능성이 얼마나 되는지를 객관적 도구로 측정하고자 하는 노력인 것이다.

앞에서 언급했듯이, 범죄를 일으킬 위험성이 있는 개인적, 환경적 위험요인들은 정적 요인과 동적 요인으로 구분할 수 있다. 정적 위험요인static risk factor은 성별, 전과, 가정결손, 가출경험 등과 같이 과거에 발생한 사건이기 때문에 이후에 바뀔 수 없는 '회고적 사실retroactive fact' 들로 구성된다. 이런 평가요인은 장기간의 위험성를 평가하는데 미우 유용하다고 보고된다(Hanson & Thornton, 2000; 박준휘, 김도우, 2015 재인용).

이에 비해, 동적 위험요인dynamic risk factor은 가정분위기, 약물사용, 심리정신적 문제, 성격특성 등과 같이 교정적 처우를 통하여 변화가능한 '미래적 구성개념proactive construct' 인 것이다. 특히 재범위험성을 줄이기 위한 교정처우 단계에서 유용한 진단 및 효과성 지표가 될 수 있다.

경찰에서 청소년에 대해 작성하는 '비행촉발요인조사서' 항목은 대부분 정적인 위험요인들을 조사하고 있다. 예를 들어, 가족의 구조, 가족의 기능적 역할, 학교생활, 가출경험, 비행전력 및 환경, 개인적 위험요인 중에서 약물 및 성경험 등은 지나간 과거 경험과 환경에 대한 진단인 것이다. 그러나 개인적 위험요인으로서 일부 문항(예: 본범에 대한 책임의식, 분노경험, 상담, 조사에 임하는 태도 등)은 향후 비행을 일으킬 가능성을 예측하고 동시에 선도를 통해 변화시킬 수 있는 동적 요인으로 볼 수 있다〈표 1-17 참조〉.

〈표 1-17〉 경찰의 비행촉발요인조사서

비 행 촉 발 요 인 조 사 서			
이름:　　성별:　　주민번호:		나이: 만　　세	총점:(　)점
1. 가족의 구조 (　　)점		5. 비행전력 및 환경 (　　)점 총전과수(　　)회	
1) 가정결손여부: 친부 혹은 친모사망	아니다(0) 그렇다(1)	1) 본 비행 전 지구대 혹은 경찰서 입건	없음(0) 있음(1)
부모 이혼, 별거 혹은 가출	아니다(0) 그렇다(1)	2) 유죄 판결 전력	없음(0) 있음(1)
독거	아니다(0) 그렇다(1)	3) 소년원 혹은 소년교도소 경력	없음(0) 있음(1)
2) 생계를 책임지는 보호자	없음(0) 있음(1)	4) 보호관찰 위반경력	없음(0) 있음(1)
2. 가족의 기능적 역할 (　　)점		5)대인피해전력(본범제외) 폭력, 성범죄,강도, 살인 등	없음(0) 있음(1)
1) 가정불화 · 냉담	심하지 않음(0) 심함(1)	6) 본 비행내용	대물피해(0) 대인피해(1)
2) 가족 간 신체 및 언어적 폭력	심하지 않음(0) 심함(1)	7) 본 범 사전모의 혹은 계획여부	없음(0) 있음(1)
3) 가족 간 심리적 학대	정상(0) 비정상(1)	8) 비행수법(장물처리 등)	모름(0) 앎(1)
4) 보호자의 애착 및 관심정도	정상(0) 비정상(1)	9) 비행전력의 점진적 심각성	없음(0) 있음(1)
5) 가족 구성원 중 전과자	없음(0) 있음(1)	10) 최초 비행연령이 만 10세	이상(0) 이하(1)
3. 학교생활 (　　)점		6. 개인적 위험요인 (　　)점	
1) 학력	중졸이상 혹은 재학중(0) 중졸이하 혹은 고퇴(1)	1) 술을	마시지 않음(0) 자주 마심(1)
2) 장기결석 혹은 잦은 무단결석	없음(0) 있음(1)	2) 본드나 가스 등을	해본 적이 없음(0) 있음(1)
3) 학교생활 적응에 문제 (왕따 피해 혹은 가해경험)	없음(0) 있음(1)	3) 술이나 약물에 대한 중독, 남용여부	없음(0) 있음(1)
4) 학교에서의 경고나 정학경험	없음(0) 있음(1)	4) 인터넷 게임 혹은 음 란싸이트 중독여부	없음(0) 있음(1)
5) 상급학교 진학예정	없음(0) 있음(1)	5) 성경험으로 인한 문제	없음(0) 있음(1)
6) 교우관계:비행을 저질 러 경찰서에 출입하는 친구	없음(0) 있음(1)	6) 성매매 경험	없음(0) 있음(1)
		7) 본범에 대한책임의식	없음(0) 있음(1)
		8) 피해자의 입장이해	잘 이해(0) 이해 못함(1)

4. 가출경험 ( )점		9) 행위의 결과에 대한 인식	인식함(0) 인식 못함(1)
1) 가출경험	상습적이지 않음(0) 상습적(1)	10) 준법의식	없음(0) 있음(1)
2) 가출하여 어울릴 친구들	없음(0) 있음(1)	11) 인생목표의 현실성 및 노력정도	열심(0) 노력 없음(1)
3) 가출하여 집단으로 생활해 본 경험	없음(0) 있음(1)	12) 인지능력손상	없음(0) 있음(1)
		13) 정서상태	안정(0) 불안정(1)
		14) 어려운 일에 대한 대처능력	대물피해(0) 대인피해(1)
		15) 충동적 행위 탐닉	없음(0) 있음(1)
		16) 분노경험	잘 조절(0) 폭발(1)
		17) 상담 및 조사에 임하는 태도	우량(0) 불량(1)

3. 검찰 및 법원의 조사

1) 소년범의 결정전조사 및 판결전 조사

검찰 기소단계에서 활용될 수 있는 비행위험성 평가는 '검사 결정전조사제도'를 들 수 있다. 이는 개정 소년법 제49조의 2에 따라, 검사의 처분결정(소년부 송치, 공소제기, 기소유예 등)에 앞서 필요한 경우 소년의 품행, 경력, 생활환경이나 기타 필요한 사항에 대한 조사를 해당 보호관찰소장 및 소년보호기관장에게 요구할 수 있도록 한 것이다. 검사 결정전조사는 검사가 소년사건을 보호사건 혹은 형사사건으로 처리할지 선의권을 행사하기 위한 요보호성의 판단자료, 다이버전의 결정을 위한 판단자료, 공소제기시 판사의 양형을 위한 판단자료 등을 얻기 위해 전문 조사기관에 조사를 의뢰할 수 있는 절차로써 소년사법절차에서 소년의 특성을 조기에 파악하기 위한 제도로 평가받는다(이춘화, 2009).

검사 결정전조사 건수는 '06년 61건 → '07년 1,003건 → '08년 1,994건으로 늘고 있으며, 70% 정도를 보호관찰소에서 수행하고 있다. 보호관찰관이 인적사항(성명, 주소, 학력, 직업, 가족관계 등), 신체 및 정신상태(신체특징, 건강상태, 병력진단, 심리검사 등), 범죄관련 사항(범행개요 및 동기, 피해회복 여부, 범죄경력 등), 생활환경(가족사항, 성장과정, 생활정도, 학교생활, 교우관계 등), 보호자의 관심도 및 보호능력정도, 소년의 진술태도 및 향후계획 등을 조사하는 것이다.

〈표 1-18〉 검찰 · 법원단계 소년범대상 전문적조사 현황

연도별	전체 소년범	조사 인원 (소년범죄대비 %)	분류심사원, 보호관찰소				소년원
			소계	분류심사위탁 (수용)	상담조사 (비수용)	결정전조사 (비수용)	환경조사
2007	88,104	10,691(12.1%)	9,077	4,640	4,437	-	1,614
2008	134,992	13,206(9.8%)	11,729	5,198	5,952	579	1,477
2009	113,022	12,716(11.3%)	11,028	5,627	5,106	295	1,688

*출처: 법무부 범죄예방정책국(2010), 오영희(2010).

법원 재판단계에서의 비행위험성 평가는 법원 결정전조사와 판결전조사 두 가지로 나누어볼 수 있다. 하지만 실질적으로 이 두 가지 조사는 공통적으로 양형의 적정성 · 공평성 · 합리성을 확보하기 위해 법관의 재량권 행사의 합리적 기준을 마련하고, 처우의 개별화를 통해 대상자의 재범을 가장 효과적으로 예방하기 위한 것이다(법무부, 2010). 법원의 결정전조사는 소년법 제12조에 근거하여 소년보호사건에 대한 조사 또는 심리를 위하여 필요하다고 인정되면 해당 보호관찰소장 및 소년보호기관장에게 소년의 품행, 경력, 가정상황, 그 밖의 환경 등 필요한 사항에 관한 조사를 의뢰하는 것이다. 검사 결정전조사와 법원 결정전조사는 조사방법과 내용은 거의 유사하다고 볼 수 있다. 다만 차이가 있다면 조사 목적이 다르다는 것이다. 검사 결정전조사가 기소를 위한 판단근거 마련이 목적이라면 법원 결정전조사는 재판을 위한 판단근거 마련이 목적이다.

소년보호사건에 대한 법원의 「결정전조사」에서 특히 소년보호기관에서 수행하는 조사업무를 별도로 '소년분류심사'라 지칭한다. 분류심사는 소년법의 하위법인 '보호소년등의 처우에 관한 법률' 제24조 및 제27조에 근거하여 분류심사관(보호직 공무원)이 심리학 · 교육학 · 사회학 · 사회복지학 · 범죄학 · 의학 등의 전문적인 지식과 기술에 근거하여 보호소년의 신체적 · 심리적 ·

환경적 측면 등을 조사 · 판정하고, 그 결과를 작성(분류심사서)하여 법원소년부에 통지하는 일체의 조사업무를 의미한다. 보호관찰소에서 수행하는 법원 결정전조사와는 다르게 분류심사는 이탈의 위험이 있는 소년범을 소년보호기관에 위탁하여 조사를 수행한다.

법원의 「판결전조사」는 형사사건에 대하여 '보호관찰 등에 관한 법률' 제19조에 근거하여 법원은 피고인(대부분 성인)에 대하여 보호관찰, 사회봉사, 또는 수강을 명하기 위하여 필요하다고 인정되면 해당 보호관찰소장에게 범행동기, 직업, 생활환경, 교우관계, 가족상황, 피해회복여부 등 필요한 사항에 관한 조사를 의뢰하는 것이다. 법원 결정전조사와 판결전조사는 그 대상자가 청소년만 해당되는지 아니면 성인과 청소년을 모두 포함하는지의 차이가 있을 뿐 조사담당기관 및 조사방법과 내용은 거의 동일하다고 볼 수 있다(서석교, 2010).

2) 위탁소년 분류심사 실무

법무부 산하 소년분류심사원 또는 소년원의 분류심사 부서는 법원 소년부의 위탁을 받아 보호소년의 특성에 관한 '소년분류심사서' 〈표 1-19 참조〉를 작성하기 위하여 상담, 행동관찰 등 다양한 자료수집 절차를 거친다. 그 중 대표적인 평가도구는 '청소년 처우 및 사례관리 평가도구(YLS/CMI)'[17]이다. 이 검사는 8개 하위 영역별 위험성 수준을 평가하고 전체점수를 산출하여 '낮음(0~8점)', '중간(9~22점)', '높음(23~24점)', '매우 높음(35~42점)' 의 4 수준으로 등급을 분류한다. 8개 하위영역은 ①이전 및 현재의 범행 및 처분(0~5점), ②가정환경 및 양육방식(0~6점), ③교육 및 취업(0~7점), ④또래관계(0~4점), ⑤음주 및 약물남용(0~5점), ⑥레저 및 여가(0~3점), ⑦성격특징 및 행동(0~7점), ⑧태도 및 경향(0~5점)으로 구성된다. 총 42개 문항 각각에 대하여 '예' 응답은 1점, '아니오' 응답은 0점으로 처리된다〈표 1-20 참조〉.

각 소년의 개인별 점수는 T점수로 환원하여 비행청소년 집단 안에서 상대적 위험성을 평가한다. T점수로 표준화하는 통계절차는 비행으로 인하여 소년보호사건으로 법무부에서 처리된 비행소년 전체를 모집단으로 하여, 모집단의 평균이 50이고 표준편차가 10인 분포로 각 청소년의 원

17) 청소년 처우 및 사례관리 평가도구(YLS/CMI) : Youth Level of Service/Case Management Inventory.

점수를 변환하는 것이다. 법무부에서는 위탁된 보호소년의 재범위험성 평가에 기초하여 보호처분의 종류에 관한 의견을 제출한다. 법무부 분류심사의 가이드라인 중 YLS/CMI에 관한 기준은 표 21에 제시하였다.

〈표 1-19〉 소년 분류심사서 (견본)

1. 기본 사항

성 명	***	주민등록번호	******* _ ******* (만 세)
직 업	없음	학 력	**고 1년 자퇴 (‘14년4월)
위탁일	2014.**.**	위탁기관	**지방법원
주 소	서울 **********		
거 소	위와 같음		
연락처	(부) ***_****_**** (조부) ***_****_****		
신체 특징	신체 건강 (신장 174cm, 몸무게 62kg), 갈비뼈 골절		
특이 사항	특수분류심사 대상자 (3회 위탁)		

가족사항	관 계	이름	나이	학력	직업	동거여부	비 고
	부	***				동거	건어물상
	모	***				별거	‘95 이혼
	조부	***				별거	
	계조모	***				별거	

※ 구속 (수원구치소, 14. **. **. ~ **. **./ 256일)

2. 환경 조사

가. 가 정

【생활환경】
○
○

【가족관계】
○
○

【보호자상담】
○
○

나. 학교 및 사회

【학교생활】
○
○

【사회생활 및 일탈행동】
○
○

3. 행동 관찰

【생활태도】

관찰일	관찰 내용	비 고
** ** . (2일)	○감성일기를 꽉채워 쓰며 6호, 8호, 9호 처분을 받기를 희망한다고 기술함.	담임
** ** . (3일)	○본 비행에 대해, 퇴원후 마음을 잡지 못하고 철없는 마음에 뒤에 일어날 결과를 생각지 않고 타인에게 상처를 주어, 반성하고 있습니다.	자기 기술서

【면담태도】
○덥수룩한 사자머리를 한 모습이었으며, 조용한 어조로 말하는 등 차분한 인상을 주는 소년임. 검사자의 지시에 긴 시간을 들여 열심히 진행하였으며 지시에 순응적인 태도를 보임. 눈 맞춤은 양호했으며 언변이 좋은 편임(심리검사 시 행동관찰).

4. 심리적 특성

【지능 및 적성】
○ 지능 : 112 (보통 수준)
○ 진학적성 : *** 에 높은 관심을 보임
○ 직업흥미적성 : 탐구형과 진취형에 높은 흥미를 나타냄

【성 격】
○ 자신의 생각, 의도, 감정, 동기 등을 설득력있게 전달하는 능력이 뛰어나고, 상대방의 의견도 순응하는 식으로 대응하는 것으로 보여, 소년을 따르는 무리가 있을 것을 판단됨.

5. 비행 분석

가. 비행력
ㅇ 범죄경력자료 조회 : 해당 자료 기록 없음
ㅇ 수사경력자료 조회 : 15건(이번 사건 포함, '14년 이전 비행력 생략)

※ 처분경력
ㅇ 심사원 위탁 : 세 번째
ㅇ 보호처분 및 보호관찰전력 : 3회

- 특수절도	1,2,3호	ㅇㅇ지방법원
- 특수절도	5,8호(대선원)	ㅇㅇ지방법원
- 보호관찰법위반	5,6호	서울ㅇㅇ지법

나. 이번 비행

【비행 개요】

【비행 동기】

【공범 관계】

【피해 회복】

다. 비행성 진단

【비행요인 분석】
ㅇ 부모의 이혼에 따른 모의 부재와 부가 생업을 이유로 별거하면서 조손가정에서 외롭게 성장하였으며, 구조적, 기능적 결손에 따른 가정내 훈육기능이 미약하여 올바른 가치관 형성 및 기본적인 인성교육이 이루어지지 못하였음.

【비행성 정도 및 재비행 예측】
ㅇ 비행성 정도는 '매우 심화' 단계로 보임
- 본 비행의 내용이 계획적이고 구체적이며, 피해금액이 크고, 5/8호에서 5/6호로 처분 변경 되었음에도 불구하고 유사, 동종의 비행을 반복하였고, 이전 공범과 어울리며 재비행을 저지르는 등 비행이 고착화, 생활화되고 있는 점.

6. 분류심사관 처분의견

소년을 장기로 소년원에 송치하는 것이 바람직하겠음.
(소년법 제32조 제1항 제10호 의견)

작성자 : *** (인)
확인자 : *** (인)

〈표 1-20〉 청소년처우 및 사례관리 척도(YLS/CMI; 청소년용 LSI-R)

이름		생년월일
Part I. 재범위험성과 욕구평가 (Assessment of Risk and Needs)		
1. 이전 및 현재의 범행/처분	예/아니오	Comments(가중 및 완화요소 포함)
a. 유죄전과 3회이상	□	
b. 준수사항위반 2회이상	□	
c. 보호관찰 경력있음	□	
d. 구금(시설수용) 경력 있음	□	
e. 본 건 유죄인정 3건이상	□	
합계		
위험성 수준 낮음(0)		내용의 출처(Source of information)
보통(1~2)		
높음(3~5)		
2. 가정환경/양육방식		Comments
a. 부적절한 감독	□	
b. 행동통제 곤란	□	
c. 부적절한 훈육	□	
d. 비일관적 양육태도	□	
e. 부-자 관계불량	□	
f. 모-자 관계불량	□	
합계		
위험성 수준 낮음(0)		
보통(1~2)		
높음(3~5)		
3. 교육/취업		
a. 교실에서의 문제행동	□	
b. 학교(기물)에 대한 문제행동	□	
c. 낮은 학업성취	□	
d. 또래관계의 문제	□	
e. 교사와의 문제	□	
f. 수업태만, 무단결석	□	
g. 무직/구직노력 없음	□	
합계		
위험성 수준 낮음(0)		내용의 출처(근거)
보통(1~2)		
높음(3~5)		
4. 또래관계		Comments
a. 비행성이 있는 지인 약간명	□	
b. 비행성이 있는 친구 약간명	□	
c. 좋은 지인 거의 없음	□	
d. 좋은 친구 거의 없음	□	
합계		
위험성 수준 낮음(0~1)		내용의 출처(근거)
보통(1~2)		
높음(3~5)		

5. 음주/약물남용	예=1 아니오=0	Comments(가중 및 완화요소 포함)
a. 가끔 약물을 사용	□	
b. 약물사용 만성화됨	□	
c. 음주가 만성화됨	□	
d. 음무/약물로 생활에 장애	□	
e. 음주/약물이 범행과 관련	□	
합계		
위험성 수준 낮음(0) 보통(1~2) 높음(3~5)		내용의 출처(Source of information)
6. 레저/여가		Comments
a. 제한된 단체활동	□	
b. 여가시간 활용의 개선 필요	□	
c. 개인적 관심사가 없음	□	
합계		
위험성 수준 낮음(0) 보통(1~2) 높음(3~5)		내용의 출처(근거)
7. 성격특징/행동		
a. 낮은 자존감	□	
b. 물리적 공격행동을 보임	□	
c. 분노통제가 안됨	□	
d. 주의산만, 주의력 결핍	□	
e. 타인에 대한 배려 결핍	□	
f. 부적절한 죄책감	□	
g. 언어적 공격(욕설), 뻔뻔함	□	
합계		
위험성 수준 낮음(0) 보통(1~2) 높음(3~5)		내용의 출처(근거)
8. 태도/경향		Comments
a. 반사회적/범죄친화적 태도	□	
b. 원조를 구하지 않음	□	
c. 원조를 적극적으로 거절함	□	
d. 권위에 도전	□	
e. 타인에 무관심, 무정	□	
합계		
위험성 수준 낮음(0~1) 보통(1~2) 높음(3~5)		내용의 출처(근거)

Part II. 위험성과 욕구요인의 요약 (Assessment of Risk and Needs)									
구 분	범죄/ 전과 내용	가 족	교 육	또 래	음주/약물 남용	레저/여가	성격 행동	태도 경향	전체 점수
점 수									
낮 음									
중 간									
높 음									

전체 위험성 수준					
□	낮 음	(0~8)	□	높 음	(23~24)
□	중 간	(9~22)	□	매우 높음	(35~42)

출처: 한국형사정책연구원(2009). 소년범의 결정전 조사제도를 위한 위험성 평가도구 개발.

〈표 1-21〉 비행청소년 심사평가의 법무부 가이드라인

처분 종류	판정 기준	비 고
1호 처분	· 특성인성검사의 비행척도가 안정범위이고, Teams*(LSI-R**)의 '가정환경점수' 가 87점이상인 경우	보호자 감호위탁
2호 처분	· 비행별 교육 외에 별도 전문 수강이 필요하다고 보이는 경우 (예: 인터넷중독, 약물중독, 알코올치료 등) · 2호 및 3호 처분은 반드시 보호관찰 처분과 병합	수강명령
3호 처분	※ 사회봉사명령 부적합 대상자 · 마약/알코올 중독으로 범죄를 범한 경우 · 상습적으로 심한 폭력/성도착에 의한 범죄를 범한 경우 · 정신질환/정신장애 상태에 있는 경우	사회봉사 명령
4호 처분	· Teams(LSI-R) 종합점수 60~86 · Teams(LSI-R)의 '가정환경점수' 가 20~86인 경우	보호관찰 1년
5호 처분	· Teams(LSI-R) 종합점수 20~59 · Teams(LSI-R)의 '가정환경점수' 가 20~86인 경우	보호관찰 2년
6호 처분	· 비행성향이 심화되지 않았으나 보호환경이 매우 열악한 경우 · 비행력 보다는 보호필요성과 연령에 초점을 두고 판정 · Teams(LSI-R) 종합점수 4~19	복지시설 6개월위탁
7호 처분	· 시설내 처우 대상자 중 신체/정신질환로 인해 의료 및 재활치료가 필요한 경우 · 약물중독이 심하여 치료가 필요한 경우 · 사회내 처우 대상자 중 보호환경이 열악하여 의료서비스 받을 수 없는 경우	의료시설 6개월위탁
8호 처분	· 비행력은 없으나, Teams(LSI-R) 종합점수 4~19 · 8호는 반드시 5호처분과 병합하고, 야간외출제한 명령을 부가	소년원수용 1개월
9호 처분	· 비행력은 없지만 Teams(LSI-R) 종합점수 0~3 (재비행가능성이 매우 높음) 또는 · 보호처분 이상의 비행력이 있고, Teams(LSI-R) 종합점수 4~19 (재비행가능성이 상당히 높음) 또는 Teams(LSI-R)의 '가정환경점수' 가 4~19	소년원수용 6개월
10호 처분	· 비행력은 없지만 살인, 치사, 강도, 강간 등 매우 중대한 비행을 의도적으로 범한 경우 · 동종 비행으로 기소유예 또는 보호처분 사회내 처우를 3회이상 받는 등 특정 비행이 습관적으로 고착화된 경우 또는 · Teams(LSI-R)의 '가정환경점수' 가 0~3	소년원수용 2년이내

출처: 한영선(2015:8-20) 재구성.
*Teams 점수는 낮을수록 비행위험성이 높은 것을 의미한다.
**본래의 LSI-R 점수는 높을수록 비행위험성이 높은 것을 의미하나, Teams(LSI-R)는 변환절차로 인해 그 점수가 낮을수록 비행비행성이 높은 것으로 해석한다.

4. 소년보호기관의 진단 및 평가

1) 비행위험성 평가체계(Teams)

표준화된 측정에서는 특정집단만을 비교의 준거로 삼는 국지적 규준local norm도 자주 사용되는데, 대표적인 예로서 법무부 소년보호기관에서 개발, 사용 중인 '비행위험성 평가체계Teams' 는 전국청소년과의 비교가 목적이 아니라 '사법체계내 들어온 비행청소년' 을 모집단으로 삼아 표준화시킨 측정치를 산출한다. Teams를 통하여 비행소년 개개인의 특성별로 백분위 점수와 T점수를 얻을 수 있다. 백분위 규준percentile norms은 특정 개인의 점수를 그 사람보다 점수가 낮은 사람들의 비율로 나타낸 것이다. 백분위는 청소년 개인의 점수가 규준집단(사법처리된 전체 비행소년) 내의 다른 청소년들과 비교해서 어느 수준에 있는지를 가장 이해하기 쉽게 알려준다는 장점이 있다. 표 22에서는 Teams에서 산출하는 결과표에 포함된 측정치를 예시하였다.[18)]

(1) Teams 개요

1963년 개정된 소년법 제11조에 보호소년에 대한 분류심사의 법적근거가 마련된 이후, 초기 소년감별소(현재 소년분류심사원)라 칭해지던 소년보호기관에서는 법원소년부로부터 심리대상 소년을 위탁받아 분류심사를 실시하여 왔다. 소년법 제12조 및 '보호소년등의 처우에 관한 법률' 제24조에 따라 법원소년부는 심리대상 소년을 전문가 또는 소년보호기관(소년분류심사원, 소년원, 보호관찰소 등) 등에 위탁하여 신체, 성격, 소질, 환경, 학력 및 경력 등에 대한 진단 또는 조사를 통해 비행의 원인을 규명하고 소년의 처우에 관한 결정을 한다. 하지만 현재까지는 소년에 대해 민간 전문가의 진단을 받는 경우는 거의 없고, 일부 소년에 대하여만 소년보호기관에 조사를 위탁하고 있다. 최근에는 연간 1만 여명의 비행소년이 법무부 기관의 사전 조사 및 진단을 받은 후 법원의 보호처분 결정을 받고 있다(서석교, 2011:114).

18) 출처: 법무부 내부자료. "Teams 비행위험성 평가체계: 업무매뉴얼 및 타당도 검증".

법무부는 수십 년간 누적된 자료들과 노하우를 보유하기 위해 기존의 분류심사 도구들을 최대한 유지하되 범죄학 이론에 근거하여 문제점을 분석, 이를 수정 · 보완함으로써 체계화 · 계량화시킨 Teams 진단체계를 2008년에 개발하여 소년분류심사에 활용하고 있다.

Teams는 청소년의 비행을 일으키게 하는 위험요인을 8대 진단영역과 27개 하위요인으로 구분하고 기존의 분류심사에서 활용되던 진단도구들을 대폭 수정하여 총 107개 문항, 5개 진단도구[19]로 통합하였다. Teams 진단결과는 청소년 각자의 영역별, 하위요인별 점수 프로파일로 산출된다.

Teams 비행위험성 진단체계는 학자들이 공통적으로 주장하는 비행위험요인들과, 타당성이 인정되어 현장에서 활용도가 높은 국내외 비행위험성 평가도구들의 측정요인들을 유목화 · 구조화함으로써 가정환경, 인성, 비행성, 약물남용, 여가활동, 직업능력, 친구관계, 학교생활 등 8개 영역을 평가한다. 또한 5종의 비행위험성 진단도구에 포함된 107개 세부문항들에 대한 심층적인 내용분석을 토대로 27개 하위요인 점수들을 구성하였다(표 22 참조).

(2) Teams 5대 심리척도

소년분류심사는 크게 환경요인, 심리요인, 행동요인을 평가/진단하는 것이다.

Teams 비행위험성 진단체계에서는 환경요인 평가를 위하여 '분류심사설문지' 를 활용하고, 행동요인 평가를 위하여는 '위탁생 행동평가척도' 를 포함하고, 심리요인 평가를 위하여는 특수지능적성검사, 특수인성검사, 직업흥미검사 등 3종의 심리검사를 세부검사로 포함하여 총 5종의 심리척도로 구성된다. 이하 내용은 서석교(2011)가 소개한 세부척도에 관한 것이다.

19) Teams 진단체계에 포함된 비행위험성 진단도구 5종은, 비행위험성의 환경적 측면을 측정하는 '분류 심사설문지', 행동적 측면을 측정하는 '위탁생행동평가척도', 그리고 심리적 측면을 측정하는 3종의 심리검사(특수지능적성검사, 특수인성검사 – R, 직업흥미검사)로 구성된다(서석교, 2011).

분류심사설문지

위탁소년의 환경적 측면을 평가하기 위해 기존의 분류심사설문지(75문항)를 범죄학 이론 중 경험적 연구에 의해 청소년 비행을 가장 잘 설명하는 이론(Andrews & Bonta, 2006)에 근거하여 비행위험성의 정적 요인 뿐만 아니라 동적 요인까지 파악할 수 있도록 수정한 것이다. 수정 · 보완된 분류심사설문지는 기초조사, 비행경력/위험성, 학교생활, 부모 및 가정환경, 주변환경, 친구관계, 재정 및 고용관계, 흡연 및 약물복용, 여가생활 등 9가지 요인, 총 73개의 문항[20]으로 구성되었다.

위탁생 행동평가척도

위탁소년의 행동적 측면을 평가하기 위해 소년원에서 생활성적을 산출하는데 사용하고 있는 '상 · 벌점 체크리스트', 중 · 고등학교 교사의 경험적 연구에 의해 개발된 '학교부적응 행동지표', 그리고 '미국 공립학교의 인성 및 사회성 지표' 등의 세부문항들을 비행위험성 진단에 적절한 형태로 수정하여 위탁생 행동평가척도를 개발하였다.

이 척도는 규범 · 예의 · 책임감을 측정하는 생활태도(5문항), 조사 · 교육에 임하는 충실도 및 성실성을 측정하는 교육태도(3문항), 동료 및 교사와의 관계를 측정하는 대인관계(4문항), 개선의식 및 노력을 측정하는 개선가능성(4문항), 우울 · 불안을 측정하는 정서적 반응(4문항) 등 총 5개 요인, 20개 문항[21]으로 구성되어 있다.

특수인성검사 – R

특수인성검사–R은 비행청소년의 인성(성격)을 과학적으로 측정 · 평가함으로써 재비행 성향과 비행유형별 특성 및 비행 가능성 정도를 진단 · 예측할 목적으로 1999년에 법무부에서 자체 개발한 특수인성검사를 2006년에 재표준화한 집단 성격검사이다. 이 도구로 비행청소년과 일반청소년의 검사결과를 비교해본 결과 11개 하위척도 모두에서 두 집단 간 유의미한 차이를 보여 변

20) 분류심사설문지의 각 문항은 대체로 명명척도로 구성되어 있어 비행위험성을 평가하기 위해 '0'과 '1'의 더미코드(dummy code)로 표준화하였는데 '0'은 비행위험성이 높고, '1'은 비행위험성이 낮음을 의미한다. 예를 들어 비행종류에서 대인비행은 '0', 대물 등 기타비행은 '1', 비행전력에서 과거 사회내처분이나 시설내처분의 경험이 있으면 '0', 없으면 '1' 등이다. 이 설문지의 문항 간 내적일치도(Cronbach-α)는 .76으로 나타나 높은 신뢰도 계수를 보이고 있다(서석교, 2011).

21) 각 문항은 '전혀 아니다', '아니다', '그렇다', '매우 그렇다'의 4점 리커트 척도로 평정하고 있다. 이 척도의 문항 간 내적일치도(Cronbach-α)는 .89로 나타나 높은 신뢰도 계수를 보이고 있다.

별타당도가 높은 것으로 나왔다(법무부, 2006).

특수인성검사는 2개의 타당도척도(검사자반응신뢰도, 검사수행신뢰도), 5개의 성격척도(불안, 우울, 성실성, 자아존중감, 자기효능감), 4개의 일탈행동척도(반사회성, 공격성, 충동성, 주의력결핍) 등 총 11개의 하위척도, 220개 문항[22]으로 구성되어 있다.

특수지능 · 적성검사

특수지능 · 적성검사는 법무부가 다중지능이론을 접목하여 비행청소년들이 자신의 지적 수준 및 적성을 파악함으로써 자신의 특성에 알맞은 진로 선택에 필요한 정보를 제공받아 합리적인 의사결정을 할 수 있는 기초자료를 제공할 목적으로 개발되었다.

이 검사[23]는 객관식 선다형인 능력형 검사와 자기평가식 태도형 검사의 두 부분으로 구분되어 있다. 심리측정적 접근에 기초하여 지능을 평가하는 능력검사는 어휘, 언어사용, 수문장, 수추리, 나무토막세기, 도형유추, 논리적사고, 지각속도의 8개 소검사, 186개 문항으로 이루어져 있다. 소년보호기관의 교육과정을 고려하여 다중지능이론을 근거로 제작된 태도검사는 음악, 운동, 미술, 컴퓨터, 기술, 대인관계의 6개 소검사 105개 문항으로 구성되어 있다.

청소년 직업흥미검사

청소년 직업흥미검사는 전세계적으로 진로 및 직업상담 장면에서 가장 많이 활용되고 있는 Holland의 흥미이론에 기초하여 한국고용정보원이 제작한 것이다.

이 검사[24]는 개인의 흥미를 보다 넓은 관점에서의 일반흥미유형(6개 유형 : 현실형, 탐구형, 예술형, 사회형, 진취형, 관습형)과 이보다 좁고 구체적인 측면에서의 기초흥미분야(13개 분야)로 나누어 단계적으로 측정할 수 있도록 구성되어 있다. 직업흥미를 측정함에 있어서도 단순히 특정

22) 각 문항에 대하여 '예', '아니오'로 응답하는 2지선다형 검사이다. 검사의 문항 간 내적일치도(Cronbach-α)는 .768~.915로 안정된 신뢰도 계수를 보이고 있으며, 하위검사별 검사-재검사 간 상관계수 역시 .601~.753으로 안정된 상관관계를 보이고 있다(서석교, 2011).

23) 이 검사의 문항 간 내적일치도(Cronbach-α)는 .769~.971로 나타나 양호한 신뢰도 계수를 보이고 있으며, 하위검사별 검사 - 재검사 간 상관계수는 능력검사 .524~.787, 태도검사 .780~.838로 논리적사고와 지각속도만 .547, .524로 다른 하위검사에 비해 낮게 산출되었을 뿐 모두 .60이상으로 나타나 비교적 안정된 상관관계를 보이고 있다.

24) 이 검사의 문항 간 내적일치도(Cronbach-α)는 6개 일반흥미유형의 모든 하위척도에서 .90 이상으로 높게 나타나 안정된 신뢰도 계수를 보이고 있으며, 타당도 역시 각 유형 간 통계적으로 유의미하지 않은 상관을 보여 각각 독립적인 영역을 측정하는 것으로 확인되었다(한국고용정보원, 2008; 서석교, 2011 재인용).

활동들에 대한 좋고 싫음이 아닌 자신감과 직업선호를 함께 측정하기 위해 활동영역(70문항), 자신감영역(63문항), 직업선호영역(71문항) 등 총 204개 문항으로 구성되어 있다.

(3) Teams 재비행률 예측

Teams의 타당도

서석교(2011) 연구는 Teams 비행위험성 진단체계가 개발된 2008년 8월부터 2010년 7월까지 법무부 소년보호기관(소년분류심사원, 소년원 등)에서 분류심사를 받은 위탁소년들을 분석하였다. 여기에는 남자 7,228명(16세 미만 37.2%, 16세 이상 62.8%)과 여자 1,595명(16세 미만 47.2%, 16세 이상 52.8%)이 포함되었다. 이 연구에서는 이전 비행으로 소년보호기관에 분류심사를 받고 출원한 소년이 이후 재비행으로 다시 분류심사를 받기 위해 소년보호기관에 재입원한 기록을 기준으로 재비행률을 산출하였다. 즉, 소년보호기관(위탁) 재입원율로 재비행률을 산정하고, Teams 진단점수가 평균에서 분산된 정도(표준편차)에 따라 모집단을 5개 집단으로 구분하고 집단별 재비행률을 〈표 1-22〉과 같이 산정하였다.

〈표 1-22〉 표준화된 Teams 진단점수에 따라 구분된 비행위험성 수준

표준화된 최종진단점수(T점수)	29점 이하	30~39점	40~60점	61~70점	71점 이상
평균에서 이탈된 정도	-2SD 이하	-2~-1SD	-1~+1SD	+1~+2SD	+2SD 이상
백분위	2% 이하	2~16%	16~84%	84~98%	98%이상
비행위험수준(재입원률)	최고위험	고위험	보통수준	저위험	최저위험

*자료: 범죄예방정책국(법무부, 2010)
*SD : 표준편차

Teams의 재비행률 예측

서석교(2011)는 성별, 연령별에 따라 구분된 4개의 규준집단별 비행위험수준에 따른 평균 재입원율을 제시하고 있다. 성 및 연령에 따른 4개 규준집단 모두에서 Teams 척도에서 위험수준이 높은 집단일수록 재입원율 또한 통계적으로 유의미하게 높은 것으로 나타났다. 다만, 소년원 또는 소년분류심사원을 나가는 시점(출원기준)부터 그후 1년이내 재비행하여 들어오는 재입원 비율을 산출한 '전향적 조사prospective survey' 방식보다는, 현재 보호기관에 위탁된 입원시점(신수용기준)에서 과거에도 보호기관에 재입원했던 전력이 있는지 여부를 조사하는 '회고적 조사retrospective survey' 방식에서 위험수준에 따른 재비행률상에 더욱 큰 편차를 보였다.

〈표 1-23〉 소년보호기관의 비행위험성 진단체계 결과표

Teams 비행위험성 진단체계 결과표(예시)

▣ 개인정보

진단일	기관명/학교명	생년월일(나이)	성별	이름
0000. 00. 00.	00소년원	17세	남	000

▣ 최종진단점수

T점수(백분위)	등급	해당 등급 평균 재입원율(%)[1]	
		전체 대상자 기준	연령 및 성별 기준
27	최고위험	49.6%	54.5%

1) 현 재입원율은 신수용 기준으로 산출된 것임. 향후자료가 축적되면 출원기준으로 전환할 필요가 있음.

▣ 진단영역별 점수

척도명	T점수	(백분위)	등급
가정환경	25	0.9%	최고위험
인 성	32	4%	고위험
비 행 성	11	0.2%	최고위험
약물남용	46	40%	보통
여가활동	41	21%	보통
직업능력	56	76%	보통
친구관계	35	8%	고위험
학교생활	48	46%	보통

■ 하위요인별 점수

	척도명	T점수	(백분위)	등급
가정 환경	가족유대	39	16%	고위험
	가정결손	38	14%	고위험
	가정폭력	34	7%	고위험
	가정문제	29	3%	최고위험
	가출경험 등	29	3%	최고위험
인성	반항성	56	0.1%	최고위험
	부적응성	44	33%	보통
	긍정적성향	53	66%	보통
	불안 · 우울	57	79%	보통
	반사회 · 주의결핍	35	8%	고위험
비행성	비행력	38	14%	고위험
	개선의지	15	0.3%	최고위험
	공격 · 충동	52	63%	보통
	일탈력	45	0.3%	최고위험
약물 남용	약물	34	63%	보통
	음주 · 흡연	60	36%	보통
여가 활동	여가활용	34	7%	고위험
	인터넷중독	60	86%	보통
직업 능력	지능	54	70%	보통
	직업흥미	54	70%	보통
	적성	51	55%	보통
친구 관계	친화성	17	0.4%	최고위험
	긍정적교우	55	75%	보통
	비행친구교류	43	30%	보통
학교 생활	교정교육충실도	17	0.4%	최고위험
	학교적응력	57	79%	보통
	학업전념도	41	21%	보통

*Teams 점수가 낮을수록 비행위험성이 높은 것을 의미한다.

Teams 비행위험성 진단체계로 평가한 비행위험성 점수와 실제 재입원율과의 정적 상관이 유의미한 것은 Teams 비행위험성 진단체계가 재입원율을 변별하거나 예측하는데 상당히 타당한 도구임을 증명하는 결과이다.

〈표 1-24〉 규준집단(성×연령)별 비행위험성 수준에 따른 평균 재입원율

(단위 : 재입원자수/전체사례수(재입원율%)

	위험수준 (T점수)		최고위험 (29점이하)	고위험 (30~39점)	보통 (40~60점)	저위험 (61~70점)	최저위험 (71점이상)	χ^2 점수
신수용 기준 재입원율	남자	16세미만 (N=2,690)	31/70 (44.3)	100/337 (29.7)	505/1,904 (26.5)	35/342 (10.2)	0/37 (0.0)	72.4***
		16세이상 (N=4,538)	73/134 (54.5)	254/557 (45.6)	1,114/3,192 (34.9)	101/642 (15.7)	0/13 (0.0)	161.8***
	여자	16세미만 (N=753)	8/17 (47.1)	28/94 (29.8)	122/526 (23.2)	15/103 (14.6)	0/13 (0.0)	16.0**
		16세이상 (N=842)	11/27 (40.7)	37/93 (39.8)	202/601 (33.6)	26/112 (23.2)	0/9 (0.0)	12.1*
	전체 (N=8,823)		123/248 (49.6)	419/1,081 (38.8)	1,943/6,223 (31.2)	177/1,199 (14.8)	0/72 (0.0)	251.8***
출원 기준 재입원율	남자	16세미만 (N=1,211)	16/36 (44.4)	69/150 (46.0)	334/839 (39.8)	28/168 (16.7)	1/18 (5.6)	46.3***
		16세이상 (N=1,974)	18/73 (24.7)	51/237 (21.5)	248/1,378 (18.0)	24/279 (8.6)	0/7 (0.0)	22.4***
	여자	16세미만 (N=348)	6/13 (46.2)	18/44 (40.9)	85/229 (37.1)	6/52 (11.5)	1/10 (10.0)	17.1**
		16세이상 (N=413)	5/17 (29.4)	13/51 (25.5)	52/272 (19.1)	6/64 (6.3)	0/9 (0.0)	11.7*
	전체 (N=3,946)		45/138 (32.6)	151/482 (31.3)	719/2,717 (26.5)	62/563 (11.0)	2/44 (4.5)	86.6***

* $p < .05$, ** $p < .01$, *** $p < .001$

※ '신수용기준 재입원율'은 2008년 8월부터 2010년 7월까지 분류심사를 받은 위탁소년 8,823명을 대상으로, 현재 입원시점에서 분류심사를 목적으로 과거 소년보호기관에 재입원한 전력이 있는지 여부를 조사한 결과임

※ '출원기준 재입원율'은 2008년 8월부터 2009년 7월까지 분류심사를 받고 출원한 위탁소년 3,946명을 대상으로, 출원 이후 1년 이내 재비행으로 인해 다시 소년보호기관에 재입원하였는지를 조사한 결과임. 출원 후 1년 이내 재입원기간을 확보하기 위해 대상자를 2009년 7월까지 출원자들로 제한하였음

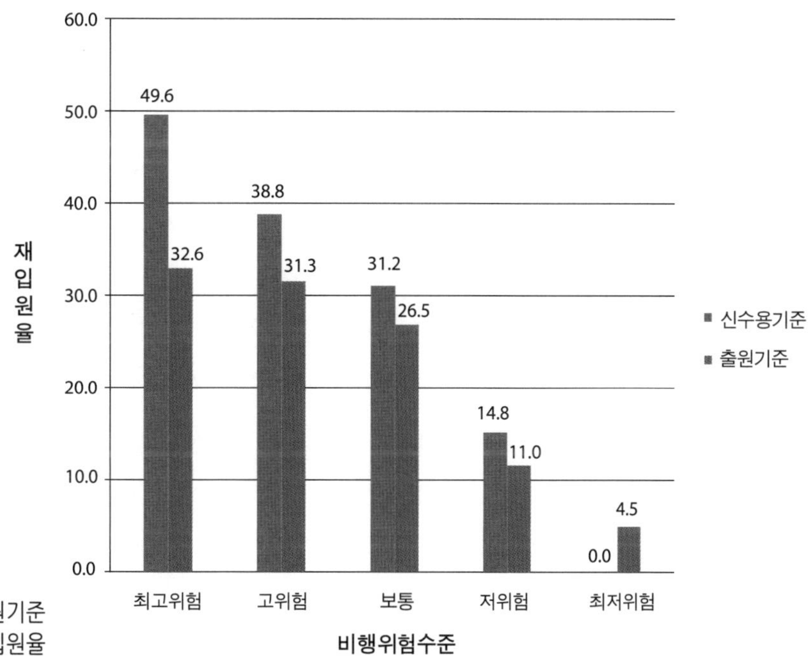

[그림 1-1] 신수용 및 출원기준 비행위험수준별 재입원율

첫 비행연령과 Teams 점수 상관관계

서석교(2011) 연구에서는 청소년의 첫 비행연령에 따라 '13세 이후 첫 비행' 집단과 '12세 이전 첫 비행' 집단으로 구분하고, 이 두 집단 간 최종진단점수, 8대 진단영역점수, 27개 하위요인 점수의 평균차이검증 (t검증)을 실시하였다〈표 1-25 참조〉. 그 결과를 해석하면 다음과 같다.

첫째, 두 집단의 Teams 진단점수 평균 간 차이검증 결과는, '13세 이후' 집단이 '12세 이전' 집단에 비해 유의미하게 높은 점수가 나왔다. 즉, 12세 이전에 처음 비행을 시작한 집단의 Teams 점수평균(66.45)이 13세 이후 처음 비행을 시작한 집단의 평균(74.68)에 비해 낮게 나왔다. 즉 '12세 이전 비행 시작' 집단의 위험성 수준이 더 높은 것을 의미한다.

둘째, 두 집단의 8대 진단영역점수 평균 간 차이검증 결과는, 직업능력을 제외한 다른 7개 영역에서 모두 유의미한 차이를 보였다. 그 중 비행성에서 '13세 이후' 집단(86.39)과 비교해서 '12세 이전' 집단(74.82)의 점수평균에서 가장 큰 차이가 나왔고, 다음으로 가정환경, 친구관계, 학교생활, 인성 순이다. 반면 약물남용은 상대적으로 유의도 수준이 낮은 편이다.

셋째, 진단영역별 하위요인에서 두 집단 간 평균점수 차이검증 결과는, 27개 하위요인 가운데 반항성, 공격 · 충동, 음주 · 흡연, 직업흥미와 적성, 친화성, 교정교육충실도 등을 제외한 나머지 20개 하위요인에서 '12세 이전' 집단의 평균점수가 '13세 이후' 집단에 비해 유의미하게 낮은 것으로 나타났다. 즉 12세 이전에 첫비행을 시작한 청소년들이 재비행을 할 위험성이 더 높은 것이다.

끝으로, Teams 진단점수를 비롯한 대부분의 진단영역과 하위요인들에서 12세 이전에 처음 비행을 시작한 집단이 13세 이후 처음 비행을 시작한 집단에 비해 낮은 Teams 점수을 보였다. 이는 처음 비행 연령이 어릴수록 비행위험성 및 재비행가능성이 증가한다는 선행연구들(김헌수, 김현실, 2001; 서동혁 등, 2001; 양계민, 김의철, 2003)의 결과와 일치하는 것이며, Teams 비행위험성 진단체계가 비행위험성 혹은 재비행가능성이 높은 집단을 타당하게 변별해낸다는 사실을 입증하는 결과이다(서석교, 2011).

〈표 1-25〉 첫 비행연령에 따른 Teams 진단점수 차이검증결과

요인 \ 집단구분	첫 비행연령				t 검증
	12세 이전 첫비행 집단 (N=496)		13세 이후 첫비행 집단 (N=8,327)		
	M	SD	M	SD	
Teams 진단점수	66.45	9.97	74.68	9.50	-18.67***
가정환경	55.02	19.89	70.26	18.51	-17.74***
가족유대	66.38	32.45	85.52	22.92	-17.59***
가정결손	33.05	38.96	50.04	42.40	-8.71***
가정폭력	53.53	44.07	62.78	41.78	-4.78***
가정문제	74.51	25.84	84.68	22.79	-9.58***
가출경험 등	45.52	27.00	65.45	23.08	-18.50***
인성	84.02	13.62	87.76	12.39	-6.50***
반항성	91.98	18.79	93.54	17.72	-1.89
부적응성	83.82	24.99	89.27	21.29	-5.48***
긍정적성향	92.76	17.84	94.86	14.34	-3.13**
불안 · 우울	70.67	38.16	75.19	36.22	-2.69**
반사회성 · 주의결핍	78.33	26.57	83.57	24.75	-4.56***
비행성	74.82	10.04	86.39	9.99	-25.05***
비행력	24.76	30.00	45.00	35.13	-12.56***
개선의지	86.95	28.22	89.61	25.67	-2.23*
공격 · 충동	97.48	11.84	97.23	12.82	0.42
일탈력	72.97	14.28	96.42	11.33	-44.05***
약물남용	84.92	10.37	86.02	8.49	-2.78**
약물	98.14	7.79	98.97	5.84	-3.01**
음주 · 흡연	71.69	18.12	73.08	15.55	-1.91
여가활동	65.08	24.70	69.88	23.94	-4.33***
여가활용	57.06	41.81	60.95	40.42	-2.08*
인터넷중독	73.11	20.93	78.81	20.81	-5.93***
직업능력	48.17	6.19	48.64	5.61	-1.82
지능	43.11	6.59	44.87	6.55	-5.83***
직업흥미	49.36	9.12	48.88	8.41	0.80
적성	51.17	7.61	51.36	6.96	-0.59
친구관계	76.50	17.30	85.14	14.88	-12.43***
친화성	92.63	19.99	93.90	18.01	-1.51
긍정적교우	67.64	36.32	84.42	28.40	-12.56***
비행친구교류	61.09	23.09	68.15	26.20	-5.87***
학교생활	42.91	24.96	55.65	25.70	-10.74***
교정교육충실도	91.19	20.64	92.69	19.37	-1.67
학교적응력	53.98	42.86	71.94	36.79	-10.45***
학업전념도	27.24	23.33	35.86	30.09	-6.27***

* p 〈 .05, ** p 〈 .01, *** p 〈 .001
※ Teams 점수가 낮을수록 비행위험성은 높은 것을 의미한다.

(4) Teams 개선점

소년분류심사원 또는 소년원에 근무하는 분류심사관들은 최근까지도 몇가지 표준화된 심리검사들(MMPI, 특수지능적성검사, 직업흥미검사 등)을 활용하는 것 외에는, 분류심사관의 직관에 의한 주관적이고 자의적인 판단에 근거하여 분류심사가 이루어져 왔다. 그런데, 분류심사관들은 직관적인 진단을 할 정도의 전문성을 갖추지 못한 경우가 많고 또한 보직순환에 의해 오랜 경험을 쌓을 기회가 제한되어 있다고 지적되고 있다(서석교, 2011). 더군다나, 근래에 법무부는 종래의 '소년보호직' 이라는 전문직으로 임용해 오던 직렬을 '보호관찰직' 과 통합하여 현재는 '보호직' 으로 일원화하여 보호관찰소와 소년원 등에 보직순환시키고 있는 실정이라서, 더더욱 실무자의 청소년전문성 또는 심사평가의 전문성이 확보되기 어려운 실정이다.

법무부 범죄예방정책국에서는 미국의 '청소년용 처우 및 사례관리 척도LSI-R' 를 모델로 삼아, '소년보호 교육종합관리 시스템Teams' [25]를 개발하여, 2008년부터 소년분류심사원과 소년원에서 활용하고 있으며, 이를 위한 분류심사 매뉴얼 및 사례집을 발간하고 정기적으로 분류심사 사례회의도 개최하고 있다.

현재까지는 Teams에서 산출되는 개인별 점수가 원점수raw score에 지나지 않아서, 개인내 변화를 말해 주는 재비행위험성 평가 및 처우수준 결정에 반영할 만큼의 신뢰도와 타당도가 확보되지 못하고 있다. Teams 진단체계를 더욱 발전시켜서 청소년의 재비행예측 및 처우프로그램 결정 등에 적극적으로 활용하기 위해서는 다음과 같은 후속 조치들이 뒤따라야 할 것이다(서석교, 2011).

첫째, 현재에는 표준화절차를 거치지 않아 진단결과물로 원점수가 그대로 출력되는 진단점수들[26]을 규준집단별(성, 연령) 평균과 표준편차가 반영된 표준화된 T점수로 대체함으로써 청소년 개인간 또는 개인내 상대비교가 가능하도록 하여야 한다.

---

25) Teams: Total Education and Management System.

26) 개인별 최종 결과물: 최종진단점수, 8대 영역점수, 27개 하위요인점수.

둘째, 최종진단점수의 급간(평균에서 이탈된 정도)별로 산정된 평균 재입원율을 개인점수에 대응시킴으로써 평가자가 대상청소년의 재비행 위험성(혹은 가능성)을 예측할 수 있도록 시스템에 반영하여야 한다.

셋째, 법원소년부 판사에게 제출하는 분류심사관의 처분의견서에 Teams 진단체계의 개인 점수를 제시하면서 이에 근거한 심사관의 주관적 기술 및 처분의견을 제출하는 제도적 개선이 되어야 한다. 이를 위해서는 지속적인 Teams진단체계의 활용 및 타당성 제고를 위한 연구가 병행되어야 한다.

2) 협업 정보포털 시스템 구축 : 소년분류심사원 – 소년원 – 보호관찰심사위원회

법무부에서는 소년원 학생들의 신상정보와 처우를 위한 자료를 체계적으로 관리하기 위하여 1994년에 서울소년원과 서울보호관찰소에 '전산실' 을 설치하였고, 2014년에는 범죄예방정보화센터를 정식 직제로 신설하여 서울보호관찰소에서 통합 관리하고 있다.

앞에서 상세히 기술한 Teams(교육종합관리시스템)는 Total Education And Management System의 첫글자를 조합하여 만든 용어이며, 현재 소년원, 소년분류심사원, 청소년비행예방센터 등에서 데이터베이스를 활용하고 있다. 주된 기능은 소년원 학생의 신상정보, 처우 자료, 교육관리 자료, 직원 실적과 업무관리, 각종 통계자료와 외부정보 시스템과의 연계 등을 위한 것이다.

소년원 학생에 대해서는 소년원에서 별도로 각종 심리 검사를 하는 것이 아니라 소년원 입원 이전 단계인 소년분류심사원에서 조사한 검사 데이터를 활용하는데, 그 내용들이 법무부 내부 전산망 Teams에 저장되어 있다. Teams을 기반으로 하여 소년원 학생의 개별처우 계획을 수립한다. 소년원의 교육목표는 소년원 학생이 사회에 성공적으로 정착하는 것이다. 이를 위하여 소년원에 들어오는 입원 시점부터 소년원내에서의 교육내용, 출원과 사회정착을 위한 세부적인 교육 목표가 수립된다. 소년원생의 입원부터 퇴원까지 거치는 과정은 [그림 1-2]의 흐름도에 나타나 있다. 입원시 처분명과 Teams 진단결과, 본인의 희망 등에 따라 교과교육과정 또는 직업훈련과정, 기본교육과정이 구분 · 배치되고 인성교육은 모든 청소년에게 실시된다. 처우과정별 개별처우 수행기준은 〈표 1-26〉에 따른다. 보호소년에 대한 교정처우는 필수처우와 선택처우로 구분된다.

〈표 1-26〉 보호소년의 개별처우 수행 기준

구분			9호/7호	10호
교과교육	계		4~6개	7~12개
	필수처우		학업유지(1)	학업유지(1)
	선택처우	자격취득	기타자격취득(1)	기타자격취득(2)
		인성교육	프로그램수료(1)	프로그램수료(2)
		가정기능회복	A(2), B(2) C(2), D(2)	A(4), B(5) C(2), 5D(7)
직업훈련	계		3~5개	7~12개
	필수처우		기타자격취득(1)	해당자격취득(1)
	선택처우	자격취득	-	기타자격취득(1)
		인성교육	프로그램수료(1)	프로그램수료(2)
		가정기능회복	A(2), B(2) C(1), D(3)	A(4), B(5) C(2), D(7)
인성교육 (9호)	계		4~6개	
	필수처우		프로그램수료(2)	
	선택처우	자격취득	기타자격취득(1)	
		가정기능회복	A(2), B(2) C(2), D(2)	
의료재활 (7호)	계		4~6개	
	필수처우		학업유지(1)	
	선택처우	인성교육	프로그램수료(1)	
		가정기능회복	A(2), B(2) C(2), D(2)	

출처: 법무부 범죄예방정보화센터 미발간자료(2016).

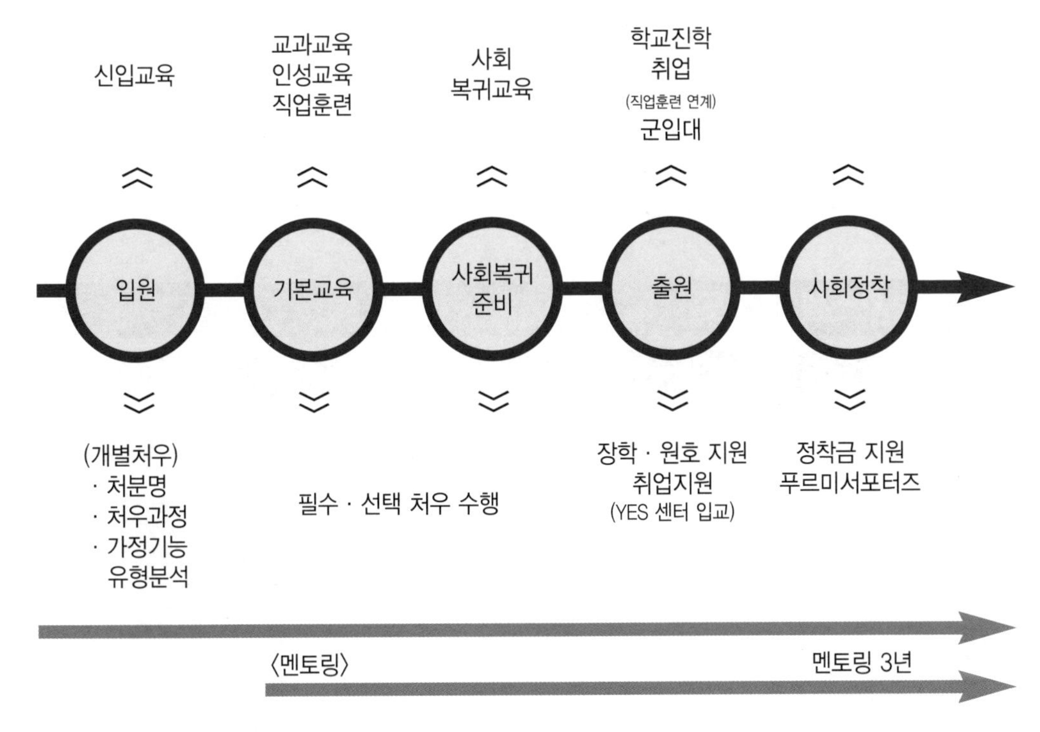

[그림 1-2] 소년원생 사회정착 흐름도

Teams(교육종합관리시스템)은 소년원 학생들의 '교육상황을 지원' 하기 위한 시스템이고, 이는 상위의 정보시스템인 「소년보호정보시스템」에 속해 있다. 「소년보호정보시스템」은 특정한 청소년이 소년원에 들어오고 나가는 입출원 기록, 비행력 조회 등 범죄와 관련된 신상 관리, 관련 증명서 발급 등의 민원 업무 등을 처리하는 사법적 정보 시스템으로서 이는 상위의 체계인 「형사사법시스템KICS」과 연동되어 있다. 형사사법시스템과의 연동을 통하여 특정 범죄경력을 조회하고, 소년분류심사원의 분류심사 데이터도 소년원, 보호관찰소, 비행예방센터 등과 공유하며, 임시퇴원신청시에는 보호관찰심사위원회와도 데이터를 공유하고 있다.

「소년보호정보시스템」은 사법부전산센터에서 제공하는 재판지원서비스인 「소년보호정보시스템」과도 연계되어 있어서, 법무부 기관에서는 법원의 위탁결정, 처분결정 정보 등을 검색할 수 있고, 법원 측에서는 법무부 기관에서 제공하는 분류심사결과통지, 처분변경신청 등에 관한 정보를 활용할 수 있다. 보다 상세한 기관간 정보협업 체계는 [그림 1-3]에 자세히 제시되었다.

형사사법정보시스템(KICS)

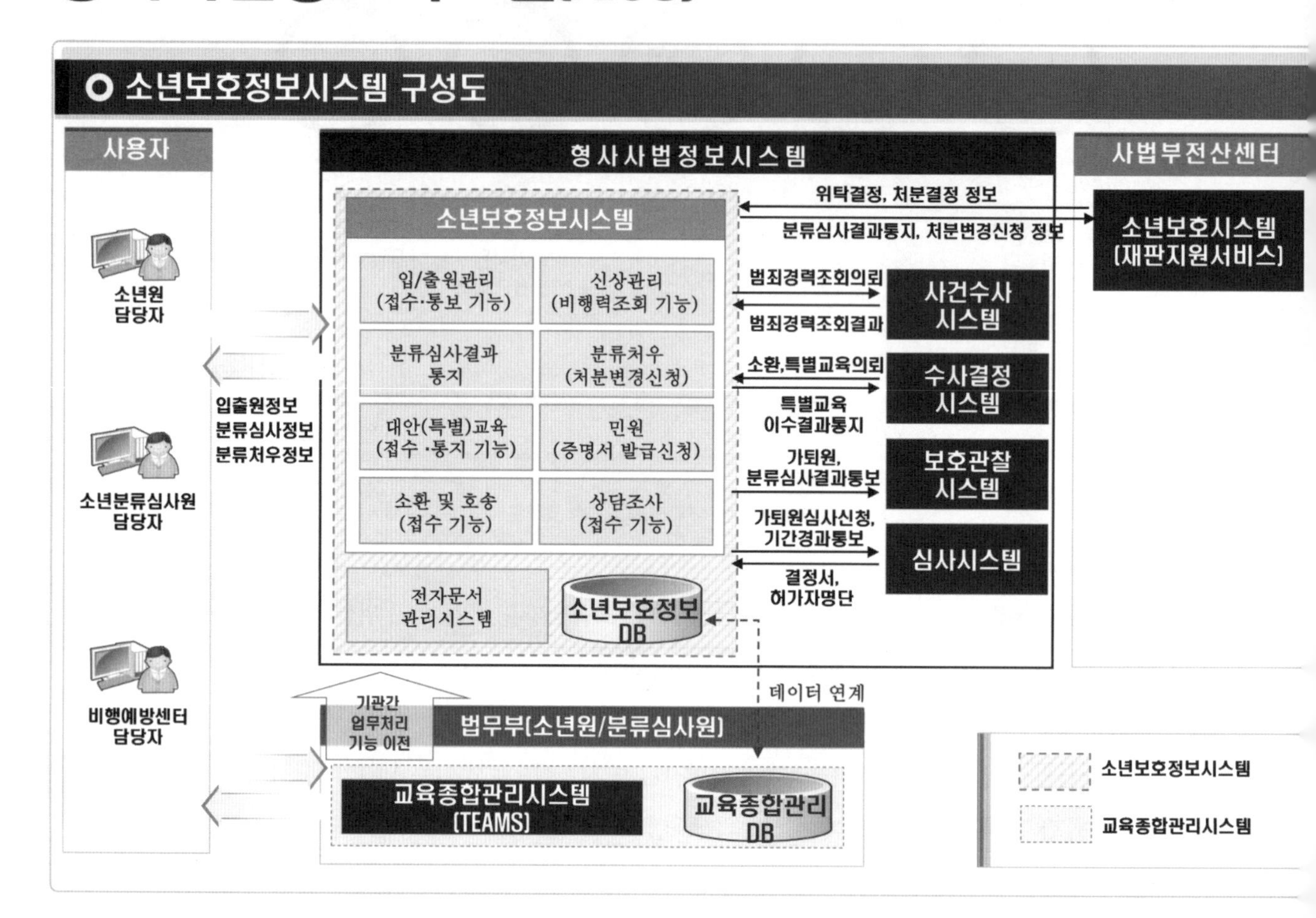

출처: 법무부 범죄예방정보화센터 미발간자료(2016).

[그림 1-3] 사법기관 간 정보 협업체계 구성도

5. 교정시설의 심사평가

1) 성범죄 위험성 평가

범죄로 인해 교정기관에 현재 수용되는 단계에 있는 범죄자에 대하여는 향후 사회복귀하여 재범을 하지 않게 하는 것이 교정의 궁극적 목적인 것이다. 이를 위하여는 과거 범죄로 이끌었던 다양한 범죄 유발 위험 요인들을 찾아내어 이에 대한 교정을 하여야 한다. 이미 지나간 과거의 '회고적 사실' 에 대하여는 교정할 수가 없고 앞으로 다가올 '미래적 심리기능' (사고, 정서, 행동 등)을 개선시키는 데 초점을 맞추어야 할 것이다. 즉, 개인별로 범죄와 관련된 동적dynamic 위험요인을 진단하여 치료하는 것이 과학적 교정처우의 원칙이 되어야 할 것이다.

외국에서는 범죄자의 재범 예측을 위한 심리학 기반의 위험성 평가도구들이 다양하게 개발되어 사용중에 있다. 대표적으로 LS/CMILevel of Service/Case Management Inventory는 모든 형사절차에서 포괄적으로 사용될 수 있도록 개발되었고, 폭력행위에 특화시켜 재범위험성을 잘 예측하는 것으로 알려진 도구로는 HCR-20Historical Clinical Risk Management, PCL-RPsychopathy Checklist-Revised 등이 있으며, 성범죄의 재범위험성을 예측하는 도구로는 Static-99, SORAGSex Offender Risk Appraisal Guide 등이 소개되었다(이수정, 2010).

우리나라 교정실무에서도 최근 과학적 근거를 기반으로 한 교정처우를 위하여 외국 평가도구를 한국화하여 사용하기 시작하였다. 대표적으로 성범죄자를 대상으로 진단과 치료를 담당하는 교정 기관에서는 KSORAS를 개발하여 사용하고 있다. 이는 정적static 위험요인을 진단하는 도구로 볼 수 있다(표 1-27 참조).

〈표 1-27〉 성범죄자 위험성 평가도구 KSORAS 개별문항 및 채점기준

문항	위험 요인	채점 기준	점수
K1	피의자의 연령(만)	18-25세 미만 25-40세 미만 40-50세 미만 50세 이상	3 2 1 0
K2	혼인관계	혼인경험이 없음 혼인경험이 있음	1 0
K3	최초 경찰 입건 연령(만)	13세 미만 13-19세 미만 19-25세 미만 25세 이상	3 2 1 0
K4	본 범죄의 유형	직접적 성범죄 비 직접적 성범죄	3 1
K5	이전 성범죄 횟수	5회 이상 4회 3회 2회 1회 0	5 4 3 2 1 0
K6	폭력 범죄 횟수	3회 이상 1-2회 해당사항 없음	2 1 0
K7	총 시설수용 기간	5년 이상 2년 이상 - 5년 미만 2년 미만	2 1 0
K8	본 범죄 피해자의 연령	장애인 혹은 13세 미만 13-18세 미만 18세 이상	3 1 0
K9	본 범죄 피해자와의 관계	완전히 낯선 사람 친족 친족은 아니나 알던 사람	1 1 0
K10	봄 범죄 피해자의 성별	남성 여성	1 0
K11	본 범죄 피해자의 수	2인 이상 2인 미만	1 0
K12	본 범죄 피해자와의 나이 차	10세 이상 현저한 차이 그 외 큰 차이없음	1 0
K13	본 범행의 현저한 폭력 사용	해당사항 있음 해당사항 없음	1 0
K14	수용기간 동안의 문제행동 여부	해당사항 있음 해당사항 없음	1 0
K15	본 범행에 대한 책임수용	책임 회피 책임 수용	1 0

출처: 윤정숙 등(2012:67).

2) 정신병질성 평가

정신병질성 사이코패스Psychopath 개념을 심리학계 및 법률계 등에 널리 알린 학자는 영국의 Hare이다. 사이코패스의 가장 두드러진 특징은 '정서적 공허emotional emptiness' 와 '사회적 공허 social emptiness' 로 규정하고 범죄자 집단에서 사이코패스를 식별하기 위한 검사로는 '사이코패스 체크리스트(PCL)' 가 전세계적으로 많이 사용되고 있다. 우리나라 사법당국에서도 범죄위험성 진단도구로 사용하고 있다. PCL에 포함된 문항들을 보면, '그럴듯하게 말 잘하고 표면적으로 매력적임', '자아중심적이고 과대하게 자기가치감이 높음', '권태를 잘 느끼고 좌절에 대한 인내심이 낮음', '병리적인 거짓말과 속임수', '후회감과 죄책감이 없다', '사람에 대한 애정과 정서적 깊이가 없다' 등 22개 문항이다〈표 1-28 참조〉.

〈표 1-28〉 범죄자용 사이코패스 진단 체크리스트(PCL)

문항	내 용	예 (1점)	아니오 (0점)
1	말잘함, 입심좋음/ 피상적으로는 매력적		
2	이전에 정신병질로 진단받은 적 있음		
3	자아중심적/ 자기가치감이 과다		
4	쉽게 지루해 함/ 좌절인내심이 낮음		
5	병적인 거짓말과 속임수		
6	교활함/ 진실성 결여		
7	후회나 죄책감 결여		
8	애정 및 정서적 깊이 결여		
9	냉담/ 공감 결여		
10	기생적 생활양식		
11	성마르고/ 행동통제 부족		
12	난잡한 성관계		
13	어린시기의 행동문제		
14	현실적인 장기계획의 결여		
15	충동성		
16	부모로서 무책임한 행동		
17	빈번한 결혼		
18	청소년기 비행		
19	보호관찰/ 가석방 위험도		
20	자신의 행동에 대한 책임인정의 실패		
21	다양한 유형의 범죄		
22	약물/ 알콜 중독		

출처: Hare(1980).

참고문헌

강영철 (2005). 행형의 목적과 처우의 인격화. **교정연구, 제28호**, 7-30.

경찰청 (2016). **경찰백서**.

김병민 (2011). **절도 소년범들의 재범 예측요인 연구**. 경기대학교 대학원 석사학위 논문.

김용운 (2005). **소년법상 조사제도의 개선방안에 관한 연구**. 동국대학교 대학원 석사학위 논문.

김은경, 김지선, 이승현, 김성언, 원혜욱, 이호중, 평화여성회 갈등해결센터 (2007). **21세기 소년사법 개혁의 방향과 과제(I): 제1부 청소년비행 및 소년사법정책현황분석**. 한국형사정책연구원.

김헌수, 김현실 (2001). 재범 비행 청소년의 예측인자 분석. **신경정신의학, 40(2)**, 279-291.

남상철 (2005). **교정학개론**. 서울: 법문사.

노일석 (2009). 청소년 절도사범 재범 예측 요인: 절도 소년보호관찰대상자 재범위험성 평가도구(LJP-RRAR)개발 연구. **한국심리학회:일반, 28(2)**, 449-470.

노일석 (2010). 남자청소년 폭력사범 재범 예측 요인: **남자 폭력소년 보호관찰대상자 재범위험성 평가도구(MVJP-RRAR)개발 연구**.

박준휘, 김도우 (2015). 심리평가를 활용한 범죄위험성 평가도구의 개발. **한국범죄심리연구**. 11(1), 77-97.

방수영 등 (2011). 청소년용 정신건강 선별검사 개정 연구: 청소년 정서행동발달 검사의 개발. *J. Korean Acad Child Adolesc Psychiatry, 22*, 271-286.

방수영 등 (2012). 청소년정서행동발달검사 표준화연구 자료를 활용한 학교폭력 피해 전국유병률 및 관련요인 조사. *J. Korean Acad Child Adolesc Psychiatry, 23*, 23-30.

법무부 (2006). **소년보호교육기관 심리검사 요강**.

법무부 범죄예방정책국 (2010). **범죄예방정책국 직무분석**.

서동혁, 정선주, 손창호, 김원식, 고승희, 함봉진, 조성진, 김영기, 이중재 (2001). 구속된 비행청소년들의 석방 후 6개월 이내 재범의 예측요인. **신경정신의학, 40(3)**, 463-476.

서석교 (2011). Teams 비행위험성 진단체계 평가규준 개발에 관한 연구. **소년보호연구, 16**, 107-164.

신기숙 (2017). 성범죄자 위험성 평가 및 심리치료. 신기숙 등(2017), **교정의 심사평가론(제3장).** 서울: 솔과학.

신양균 (2012). **형집행법.** 서울: 화산미디어.

양계민, 김의철 (2003). 청소년기 제한형 및 평생 지속형 범죄청소년의 판별변인 분석. **한국심리학회지: 일반, 22(1),** 63-88.

오영희 (2009). **국제인권규약상 청소년의 권리에 관한 고찰: 소년사법제도를 중심으로.** 연세대학교 법무대학원 석사학위 논문.

오영희 (2010). 소년보호제도의 최근 동향 및 발전방안: 법무부 소년보호기관을 중심으로. **한국범죄학, 4(1),** 79-112.

원혜욱 (2009). 소년 보호관찰의 성과와 과제. 보호관찰제도 도입 20주년 기념 국제세미나, **『세계속의 보호관찰 그 성과와 과제』.** 법무부 · 한국형사정책연구원 · 한국보호관찰학회.

윤정숙, 박정일, 여운철 (2012). 성범죄자 재범방지를 위한 치료프로그램 개발연구:프로그램 개발을 위한 실태조사. **한국형사정책연구원 보고서.**

이수정 (2007). 경찰단계에서의 범죄소년 다이버전을 위한 비행성 평가절차의 재범예측력 연구. **한국심리학회지: 사회 및 성격, 21(2),** 47-57.

이수정 (2010), **최신범죄심리학.** 서울: 학지사.

이승호, 윤옥경, 금용명 (2014). 재범방지를 위한 교정보호의 선진화 방안 연구(III): 교정처우 관련 국제규범에 관한 연구. **한국형사정책연구원 보고서 14-CB-06.**

이춘화 (2009). 소년범상의 검사 결정전조사제도에 관한 연구. **형사정책연구, 20(2),** 59-91.

정승아 등 (2008), 청소년정신건강 및 문제행동 선별검사 개발 연구. **정신신경의학, 47(2),** 168-176.

최영신 (2015). 교정처우의 피구금자최저기준규칙 이행실태와 개선방안. **교정담론, 9(3),** 255-277.

최영신, 이승호, 윤옥경, 금용명 (2014). 재범방지를 위한 교정보호의 선진화 방안 연구(III): 교정처우의 국제규범이행실태와 개선방안. **한국형사정책연구원 보고서 14-CB-07.**

최정윤 (2010). **심리검사의 이해(제2판).** 서울: 시그마프레스.

한국고용정보원 (2008). **청소년 직업흥미검사 실시요람.**

한국심리학회 편 (1998). **심리검사 제작 및 사용지침서.** 서울: 중앙적성출판사.

한국형사정책연구원 (2009). **소년범의 결정전 조사제도를 위한 위험성 평가도구 개발.** 연구보고서.

한영선 (2015). **한국의 소년보호제도 및 보호행정.** 한국교정교육상담포럼 회원전문연수자료.

Andrews, D., & Bonta, J. (1995). *LSI-R the level of service inventory revised user's manual.* North Tonawanda, NY: Multi-Health Systems Inc.

Andrews, D., & Bonta, J. (2006). *Psychology of criminal conduct.(4th ed)* Cincinnati: Anderson.

Andrews, D., Bonta, J., & Wormith, S. (2006). The recent past and near future of risk and/or need assessment. *Crime and Delinquency, 52(1),* 7-27.

Attar, B., Guerra, N., & Tolan, P. (1994). Neighborhood disadvantage, stressful life events, and adjustment in urban elementary-school children. Journal of *Clinical Child Psychology, 23,* 391-400.

Augimeri, L., Koegl, C., Webster, C., & Levene, K. (1998). *The early assessment risk for boys (EARL-20B) (version 1) consultation edition.* Toronto: Earlscourt Child and Family Center.

Austin, J. & McGinnis, K.(2004). *Classification of high-risk and special management prisoner: A National assessment of current practices.* Washinton, DC: National Institute of Corrections.

Baird, S., Heinz, R & Bemus, B. (1979). Project Report #14: A two year follow-up. Madison, WI: Department of health and social services, case classification/staff deployment project. Bureau of Community Corrections.

Bartel, P, Borum, R., & Forth, A. (2002). *Structured Assessment of Violence Risk in Youth(SAVRY).* San Diego, CA: Specialized Training Services.

Brunstein, K.A., Marrocco, F., Kleinman, M., Schonfeld, IS., & Gould, M.S.(2007). Bullying, depression, and suicidality in adolescents. *J Am Acad Child Adolesc Psychiatry, 46,* 40-49.

Campbell, A. (1990). Female participation in gangs. In C. Huff (Ed.), *Gangs in America (pp. 163-182).* Newbury Park, CA: Sage.

Coie, J., Lochman, J., Terry, R., & Hyman, C. (1992). Predicting early adolescent disorder from childhood aggression and peer rejection. *Journal of Consulting and Clinical Psychology, 60,* 783–792.

Cottle, C., Lee, R., & Heilbrun, K. (2001). The prediction of criminal recidivism in juveniles: A meta–analysis. *Criminal Justice and Behavior, 28,* 367-394.

Eddy, J., & Reid, J. (2002). The antisocial behavior of the adolescent children of incarcerated parents: A developmental perspective. Paper prepared for *"From Prison to Home" Conference,* U.S. Department of Health and Human Services.

Elliott, D. S., Huizinga, D., & Menard, S. (1989). *Multiple problem youth: Delinquency, substance use, and mental health problems.* New York: Springer–Verlag.

Farrington, D. (1989). Early predictors of adolescent aggression and adult violence. *Violence and Victims, 4,* 79-100.

Farrington, D. (2005). Childhood origins of antisocial behavior. *Clinical Psychology and Psychotherapy, 12,* 177-190.

Flannery, D., Singer, M., & Wester, K. (2001) Violence exposure, psychological trauma and suicide risk in a community sample of dangerously violent adolescents. *Journal of the Academy of Child and Adolescent Psychiatry, 40(4),* 435-442.

Gendreau, P.(1996). Offender rehabilitation: What we know and what needs to be done. *Criminal Justice and Behavior, 23,* 144–161.

Gendreau, P., French, S., & Taylor, A. (2002). *What works (what doesn't) revised 2002: The principles of effective correctional treatment.* Unpublished manuscript, University of New Brunswick: Canada.

Glueck, S & Glueck, E.(1950). *Unraveling juvenile delinquency.* Cambridge, MA: Harvard University Press.

Grove, W., Zald, D., Lebow, B., Snitz, B., & Nelson, C. (2000). Clinical versus mechanical prediction: A meta-analysis. *Psychological Assessment, 12,* 19-30.

Hanson, R., & Thornton, D. (2000). Improving risk assessments for sex offenders: A comparison of three actuarial scales. *Law and Human Behavior, 24,* 119-136.

Hare, R.D(1980). A research scale for the assessment of psychopathy in criminal population. *Personality and Individual Differences, 1(2),* 111-119.

Hoffman, P. B. (1994). Twenty years of operational use of a risk prediction instrument: The United States Parole Commission's Salient Factor Score. *Journal of Criminal Justice, 22(6),* 477-494.

Hoffman, P.B. (1983). Screening for risk: A revised salient factor score (SFS 81). *Journal of Criminal Justice, 11(6),* 539-547.

Hoge, R., & Andrews, D. (2002). *Youth Level of Service/Case Management Inventory (YLS/CMI). User's manual.* North Tonawanda, New York: Multi-Health Systems.

Kim YS, Koh YJ, Leventhal, B.(2005). Schoold bullying and sucidal risk in Korean middle school students. *Pediatrics, 115,* 357-363.

Klomek, A.B., Sourander, A., Niemela, S., Kumpulainen, K., Piha, J., Tamminen, T., et al.(2009). Childhood bullying behaviors as a risk for suicide attempts and completed suicides: a population-based birth cohort study. *J Am Acad Child Adolesc Psychiatry, 48,* 254-261.

Kroner, D. G., Mills, J. F., Reitzel, L. R., Dow, E., Aufderheide, D. H., & Railey, M. G. (2007). Directions for violence and sexual risk assessment in correctional psychology. *Criminal Justice and Behavior, 34(7),* 906-918.

Laird, R., Pettit, G., Dodge, K., & Bates, J. (2005). Peer relationship antecedents of delinquent behavior in late adolescence: Is there evidence of demographic group differences in developmental processes? *Development and Psychopathology, 17,* 127-144.

Latessa, E. R., & Lowenkamp, C.(2006). What works in reducing recidivism? *University of St. Thomas Law Journal,* 521-535.

Latessa, E. R., Lemke, M. M., & Lowenkamp, C.(2008). The Creation and Validation of the

Ohio Risk Assessment System. *Federal Probation, 74(1),* 1−66.

Lemke, R.J.(2009). *The Construction and Validation of an Institutuional Release Risk and Needs Assessment.* Doctoral dissertation of University of Cincinnati.

Lipsey, M., & Derzon, J. (1998). Predictors of violent or serious delinquency in adolescence and early adulthood: A synthesis of longitudinal research. In R. Loeber & D. Farrington (Eds.), *Serious and violent juvenile offenders: Risk factors and successful interventions (pp. 86-105).* Thousand Oaks, CA: Sage.

Loeber, R. (1982). The stability of antisocial and delinquent child behavior: A review. *Child Development, 53,* 1431-1446.

Meehl, P. (1954). *Clinical vs statistical prediction: A theoretical analysis and a review of the evidence.* MN: University of Minnesota Press.

Meltzer, H., Vostanis, P., Ford, T., Bebbington, P., & Dennis, M.S.(2011). Victims of bullying in childhood and suicide attempts in adulthood. *Eur Psychiatry, 26,* 498−503.

Rich, P.(2009). *Juvenile Sexual Offenders: A Comprehensive Guide to Risk Evaluation.* NJ: John Wiley and Sons,Inc.

Seifert, K., Phillips, S., & Parker, S.(2001). Child and Adolescent Risk for Violence (CARV) : A Tool to assess juvenile risk. *The Journal of Psychiatry and Law, 29(3),* 329−346.

Stoolmiller, M., & Blechman, E. (2005). Substance use is a robust predictor of adolescent recidivism. *Criminal Justice and Behavior, 32,* 302-328.

Yang SJ, Kim JM, Kim SW, Shin IS, Yoon JS(2006). Bullying and victimization behaviors in boys and girls at Sout Korean primary schools. *J Am Acad Child Adolesc Psychiatry, 45,* 69−77.

CORRECTIONAL ASSESSMENT

제 2 장

성폭력 피해자의 심리 특성 및 치유

– 집필 김설희

제1절 성폭력의 정의

1. 성폭력과 피해자의 개념

우리나라에서 성폭력이 대표적 사회 문제로 대두되었던 사건은 1991년 김부남 사건과 1995년 서울대 조교 성희롱 사건으로 이후 많은 현장에서 성폭력 문제들이 대두되었고 성폭력의 개념도 학자별로 다양하게 규정되고 있다. 가장 많이 사용되고 있는 통상적인 개념은 성폭력은 성을 매개로 하여 가해지는 모든 신체적, 언어적, 심리적 폭력을 의미하고, 행위의 유형이나 수준, 그리고 일반적인 인식에 따라 성희롱, 성추행, 성폭행 등으로 사용되고 그 가운데 성폭력은 이들을 포함하는 가장 넓은 개념이라고 밝히고 있다. 조현빈(2006)은 언론의 사건보도에서 강간을 우회적으로 표현하는 '성폭행' 이란 말과 달리 '성폭력' 은 사회적 개념과 법률적 개념으로 나뉘어서 혼재되고 있다. 다만 그 유형이나 형태, 범위에 있어 통설은 서로간의 힘의 균형이 제대로 작동되지 않고 개인의 성적자기결정권을 침해하는 일체의 행위로 간주된다고 볼 수 있다고 하였다.

한국성폭력상담소는 성폭력은 강간, 윤간, 강도강간뿐 아니라 성추행, 언어적 희롱, 음란전화, 성기노출, 어린이 성추행, 아내강간 등 상대방의 의사에 반하여 가하는 성적 행위로 모든 신체적, 언어적, 정신적 폭력을 포괄하는 광범위한 개념으로 보고 있다(성폭력전문상담, 2004:12).[27]

성폭력방지 및 피해자보호 등에 관한 법률[28]에서는 성폭력이란 「성폭력범죄의 처벌 등에 관한

27) 성폭력 전문상담(2004년초판), 성폭력전문상담원 교육 교재, 시그마프레스.

28) 「성폭력방지 및 피해자 보호등에 관한 법률」 이 법은 2010년 4월 15일 법률 10261호로 제정된 법률이다. 폐지된 「성폭력범죄의 처벌 및 피해자보호 등에 관한 법률」 의 내용 중 성폭력피해자 보호 · 지원에 관한 사항을 분리하여 규정하고, 성폭력피해자의 보호 · 지원을 위한 국가 및 지방자치단체의 책무, 성폭력피해자 등에 대한 취학 지원, 성폭력 피해자를 위한 성폭력통합지원센터의 설치 · 운영의 법적 근거 등을 규정하여 성폭력 방지 및 성폭력피해자의 보호 · 지원을 중심으로 하는 법률을 규정하려는 목적으로 하고 있다.

특례법[29]」 제2조제1항에 규정된 죄에 해당하는 행위를 말하고, 성폭력행위자란 「성폭력범죄의 처벌 등에 관한 특례법」 제2조제1항에 해당하는 죄를 범한 사람을 말하고 있다.

또한 성폭력피해자란 성폭력으로 인하여 직접적으로 피해를 입은 사람을 말하는 것으로 명시화 되어 있다.

성폭력피해아동 심리치료 전담센터인 서울해바라기아동센터[30]에서는 "임상학적으로는 발달단계가 앞선 사람이 발달단계가 늦은 사람에게 성적 만족을 취하기 위해 일어나는 성적행위를 아동 성폭력으로 정의하고 있다. 이러한 정의 안에는 정신지체 장애인이 포함되므로 법적 개념보다 포괄적이다.

WHO의 정의에 의하면 아동성폭력은 아동이 충분히 이해하지 못하고 성행위에 대한 동의를 표할 수도 없고 또는 동의를 할 만큼 충분히 발달하지 않았거나 불법적이고 사회적으로 금기시되는 상황에서 이루어지는 성적활동에 노출되었을 때를 의미한다고 하였다(http://www.child1375.or.kr/index.asp,이신영, 박선영, 2010:28).

2. 성폭력의 유형

1) 성폭력의 유형에 따른 분류

(1) 아동 성폭력

13세 미만의 아동에게 행해지는 폭력으로 주변에 인식되지 않는 한 어릴 때부터 성인이 될 때까지 성폭력에 노출되어 있는 경우가 많은 것이 그 특징이다. 미국의 정신의학자 Leonard Shengold는 성폭력을 포함한 아동학대를 일컬어 '영혼살인' 이라 했다.(홍선영, 김희영, 2013). 실제

29) 「성폭력범죄의 처벌 등에 관한 특례법」 제1장 총칙, 제2장 성폭력범죄의 처벌 및 절차에 관한 특례, 제3장 신상정보 등록 및 등록정보의 공개 등 4장으로 나누어진 전문 44조와 부칙으로 이루어져 있다.-성폭력범죄에 대하여는 형사소송법 제224조(고소의 제한)에도 불구하고 자기 또는 배우자의 직계존속을 고소할 수 있다(제17조). 미성년자에 대한 성폭력범죄의 공소시효는 해당 성폭력범죄로 피해를 당한 미성년자가 성년에 달한 날부터 진행한다(제20조).
성폭력범죄의 수사 또는 재판을 담당하거나 이에 관여하는 공무원은 피해자의 주소, 성명, 나이, 직업, 용모, 그 밖에 피해자를 특정하여 파악할 수 있게 하는 인적사항과 사진 등을 공개하거나 다른 사람에게 누설해서는 안 된다(제22조).
법무부장관은 관할 경찰관서의 장 또는 교정시설 등의 장에게서 송달 받은 정보와 등록대상자의 등록대상 성폭력범죄 경력정보를 등록하고(제34조), 최초 등록일(등록대상자에게 통지한 등록일을 말함)부터 10년간 보존 · 관리해야 한다(제35조).

30) 현재 서울해바라기아동센터는 서울해바라기센터(아동)으로 명칭이 변경되었다.

살인을 하지는 않았지만, 그 영혼을 죽임으로써 실제로는 살인한 것과 다름없는 피해를 남긴다는 말로서 그 심각성이 매우 크다는 것이다.

아동성폭력은 모르는 사람에 의한 피해와 아는 사람에 의한 피해, 일회성과 지속적 피해에 따라서도 후유증은 다를 수 있으며, 장기적으로는 성인과 사람에 대한 믿음을 파괴하고 심각한 후유증을 평생 동반하는 경우가 많아 사회적으로 다른 성폭력 보다 심각한 범죄행위로 받아들여지고 있다.

(2) 또래 성폭력

또래관계나 선후배들 사이에서 장난이라는 명분으로 피해자에게 가해지는 폭력으로 최근 증가하고 있는 추세이며 대표적인 폭력의 유형으로 학교폭력[31]으로 나타나는 현상을 보이고 있다. 학교 현장에서 발생하는 폭력들 중에서 피해자와 가해자가 혼재되는 특징들도 있다.

2016년 교육부에 따르면 '학교폭력예방 및 대책에 관한 법률' 제11조 등에 따라 지난 4월부터 10월 말까지 학교폭력 관련 경험과 인식 내용을 담은 조사를 실시하여 초등학교 4학년부터 고등학교 2학년까지의 전체 재학생 394만 명 중 94.7%인 374만명이 온라인 조사에 참여했다.

이중 학교폭력 피해를 경험했다는 응답률은 전체 0.8%(2만 8000명)로 지난 2015년 2차 조사 결과와 비교해 0.1%p(6000명) 감소했다. 학교 학급별 피해응답률은 초등학교 1.3%(1만 6600명), 중학교 0.5%(7400명), 고등학교 0.4%(4400명)로 지난해 2차 조사 때와 비교해 중학교의 감소폭(0.2%p)이 가장 크다는 자료를 발표하였다.[32]

이 결과에서 주목해야 하는 것은 수치적으로 보여지는 학교폭력은 줄어들고 있지만 폭력 유형 중 성폭력 비중이 갈수록 높아지고 있다는 사실이다.

2016년 국회가 "교육부로부터 제출받은 〈2012~2015학년도 학교폭력 현황〉 자료에 따르면

31) 학교폭력예방 및 대책에 관한 법률(법률 제14162호 일부개정 2016. 05. 29.) "학교폭력"이란 학교 내외에서 학생을 대상으로 발생한 상해, 폭행, 감금, 협박, 약취 · 유인, 명예훼손 · 모욕, 공갈, 강요 · 강제적인 심부름 및 성폭력, 따돌림, 사이버 따돌림, 정보통신망을 이용한 음란 · 폭력 정보 등에 의하여 신체 · 정신 또는 재산상의 피해를 수반하는 행위를 말한다.
1의2. "따돌림"이란 학교 내외에서 2명 이상의 학생들이 특정인이나 특정집단의 학생들을 대상으로 지속적이거나 반복적으로 신체적 또는 심리적 공격을 가하여 상대방이 고통을 느끼도록 하는 일체의 행위를 말한다.
1의3. "사이버 따돌림"이란 인터넷, 휴대전화 등 정보통신기기를 이용하여 학생들이 특정 학생들을 대상으로 지속적, 반복적으로 심리적 공격을 가하거나, 특정 학생과 관련된 개인정보 또는 허위사실을 유포하여 상대방이 고통을 느끼도록 하는 일체의 행위를 말한다.

32) 교육부에서 실시한 '2016년 2차 학교폭력 실태조사' 결과를 참고하였다.

학교폭력대책자치위원회에서 심의한 성폭력 건수는 해마다 증가하여 2012년 642건에서 2015년 1,842건으로 3년간 3배 가까이 늘었다"고 설명하며 "피해학생수도 2012년 806명에서 2015년 2,632명으로 3배 이상 증가했다

(3) 데이트 성폭력

연인관계의 남녀가 서로 만나는 관계 중에 상대방이 원하지 않는 성적인 행동을 하거나 강요하는 것을 말하며, 상대방과의 합의, 유도나 의사를 제대로 확인하지 않아 발생하는 경우가 많다. 데이트 폭력은 사랑이 아니라 집착과 괴롭힘, 학대임에도 불구하고 폭력을 당하면서도 헤어지지 못하고 보복을 당할까봐, 더 큰 피해를 당할까봐 두려움을 느껴 어떻게 대처를 해야 할 지 몰라 혼란스러워 하는 피해자들이 다수이다. 서로 좋아하는 감정을 가지고 있기 때문에 피해자 상당수는 자신이 받고 있는 부당한 대우가 바로 폭력 피해임을 인지하지 못하고 경우에 따라서는 자신이 잘못해서 가해자가 폭력을 휘두른다고 생각하기도 하는 것이 특징이다. 데이트 폭력을 근절하지 않으면 가정폭력, 아동학대로 이어질 수 있다는 의견도 많은 학자들이 공통적으로 이야기하는 부분이다.

(4) 친족 성폭력

'친족 성폭력 피해자' 란 친족의 범위에 속하는 가해자로부터 일회성 혹은 반복적인 성폭력 피해를 입은 개인으로 가족 · 친척 관계에서 일어나는 강제적인 성적 행동으로 피해자와 가해자가 같은 공간에서 머무르는 상황이 비교적 지속되며, 외부에서 발견하기도 어려운 것이 그 특징이다. 피해자가 아동이거나 청소년일 경우 그 후유증은 다른 성폭력보다 크게 잔재로 남는다.

성폭력 피해 중 특히 친족 성폭력 피해의 경우 지속 기간이 길고 피해의 횟수가 잦을수록, 가해자와의 친밀도가 가까울수록 피해자에게서 보여지는 증상 및 예후가 더 좋지 않다고 알려져 있다. 가정 내에서 일어나는 성폭력의 경우 가정 외에서의 성폭력과 비교하여 피해자들의 연령이 어리고 물리적인 손상 및 학대의 강도가 더욱 강하며, 학대 기간 역시 더욱 길다는 점(Fischer & Mc-Donald, 1998)에서 친족 성폭력으로 인한 정서적, 신체적 손상의 심각성을 유추할 수 있다(여성아동폭력피해중앙지원단, 2011:20).

(5) 사이버 성폭력

사이버 공간에서의 익명성을 가장하여 채팅이나 이메일 등을 통해 원하지 않는 성적이야기를 하거나 영상을 보여주거나 보게 하는 일체의 행위를 통칭하며 성적 수치심이나 위협을 느끼게 하는 행위이다. 사이버 성폭력은 사이버상의 성희롱, 사이버상의 스토킹, 사이버상의 명예훼손 등을 모두 지칭하며 음란한 글, 사진, 동영상 등을 이용하여 다양한 방법으로 나타나고 있으며, 그 유형은 일방적 성적메시지를 게시하거나 보내는 것, 사이버 공간에서 집요하게 스토킹을 하는 것, 다른 사람의 사생활을 폭로하는 것 등으로 매우 다양하고 상대방의 의사와 무관하게 타인에게 성적메시지를 전달하여 분노나 위압감 등의 피해를 주는 행위일체를 말한다. 현실 세계의 성폭력과 마찬가지로 피해자에게 가해지는 성적자기결정권에 대한 침해로서 현대인이 많이 노출되어 있는 폭력이란 점이 그 특징이다.

(5) 직장내 성희롱

직장내 성희롱이란 직장 상사, 동료, 계열사 직원 등이 채용과정이나 근무기간 중에 상대방의 의사에 반하여 행하는 성적인 언동 등으로 성적굴욕감 또는 혐오감을 느끼게 하거나 성적 언동 그 밖의 요구 등에 대한 불응을 이유로 고용상의 불이익을 주거나 언행 피해자에게 성적인 불쾌감을 주는 것을 말한다.

직장내 성희롱이나 성폭력은 분위기를 위한 농담 정도로 여겨지기도 하지만, 피해 자들에게는 안전한 일터를 위협받게 됨으로써 경제활동과 관련된 생존권에도 위협을 주는 심각한 범죄이다.

단, 직장내 성희롱은 성폭력 범죄와는 다른 법률[33]의 적용을 받는 것이 그 특징으로 직장 내 성희롱 판단기준은 행위자의 성적 언동 등으로 인하여 피해자가 성적 굴욕감을 느끼는 것을 말하기 때문에 당시 행위자가 성적 만족을 느끼거나 성적 만족을 위해서 한 행동이 아니고 단순한 호기심이나 친밀감에서 비롯된 것이라도 성희롱에 해당된다고 법과 판례는 명시하고 있다.

---

33) 남녀차별금지 및 구제에 관한 법률 제2조 제2호, 남녀고용평등과 일 · 가정 양립 지원에 관한 법률에서 성희롱 전제요건으로 규정한 성적언동 등의 의미 및 판단기준에 대해 판시하고 있다.

3. 성폭력 피해 실태

매년 경찰청과 여성가족부는 성폭력 피해 등의 공식통계를 발표하고 있다.

여성가족부에서 2013년 한국여성정책연구원에 연구를 의뢰하여 만 19세부터~64세의 일반국민3,500명(350가구)을 대상으로 우리사회 전반의 성폭력 발생 현황, 성폭력에 대한 의식, 정책에 대한 인지도, 체감도 등을 파악하고자 하는 연구와 부가적으로 취약계층 및 소수자인 13세 미만의 아동과 청소년 대상으로 각 집단별 성폭력 피해 실태를 파악한 연구자료[34]를 낸 바 있다. 주요 분석 결과는 아래와 같다.

1) 성폭력 연령별 피해 실태

매년 경찰청 등에게 보고되는 성폭력 피해의 공식통계는 실제 성폭력 발생의 1/15정도로 추정된다. 이러한 차이는 성폭력의 문제가 성적인 문제라는 이유로 매우 개인적인 문제로 취급되는 사회적 인식과 더불어, 아직도 성폭력의 원인을 피해자의 잘못으로 보는 사회적 통념, 그리고 노출되었을 때 피해자가 받게 될 사회적 불이익 등에 기인한다(박영숙 외, 2008; 김경운, 권기창 2015: 237).

성폭력 피해자는 매년 증가하고 있다. 국내 아동 청소년을 대상으로 한 성폭력 범죄는 2008년 15,970명에서 2012년 22,933명으로 증가하였고, 재범률도 15-21%로 높게 나타나고 있다(대검찰청, 2014). 상대적으로 13세 미만 비율은 2008년 7.6%에서 2012년 4.9%로 줄어들었지만(전체 인원도 감소함) 이러한 결과는 반대로 성인의 비율이 증가하고 있음을 시사한다고 볼 수 있겠다. 우리사회의 성폭력방지 시스템이 아동성폭력에 초점을 두고 있다는 점을 감안할 때 성인 성폭력에 대한 관심이 필요한 부분이기도 하다.

〈표 2-1〉 만 13세 미만 성폭력 피해자 현황

(단위: %(명)

구 분	2008년	2009년	2010년	2011년	2012년
총계	15,970	17,242	20,375	21,912	22,933
13세 미만 아동	1,207	1,007	1,179	1,054	1,123
13세미만 아동비율	7.6	5.8	5.8	4.8	4.9

출처: 경찰청(2013).

34) 2013년 성폭력 실태조사(여성가족부) 자료 중 일부 내용을 발췌하였다.

피해 연령별 피해자와 가해자의 관계를 살펴보면, 성폭력은 '아는 사람'에 의한 피해가 1,174건(81.0%)으로 가장 많다. 피해 연령 별로는 성인은 직장 내에서의 피해가 285건(28.7%)으로, 성인 피해의 약 1/3을 차지하는 높은 수치를 보여주었다. 청소년은 학교 및 학원 관계인으로부터의 피해가 총 45건(21.5%)으로 가장 높았고, 근소한 차이로(48건 · 23.0%) 친족 및 친 · 인척에 의한 피해가 뒤를 이었다. 어린이와 유아의 피해는 작년에 이어 친족 및 친/인척에 의한 피해가 각 64건(52.4%), 20건(44.4%)으로 절반에 가깝게 나타나는 특성을 볼 때 가족이나 친인척에 의한 성폭력 위험이 매우 높다고 할 수 있다.

〈표 2-2〉 피해 연령별 피해자와 가해자의 관계

유형 \ 계	아는 사람 1,174 (81.0)												모르는 사람	미상	총계
	친족,친/인척 201(13.9)		직장	친밀한 관계	인터넷	동네 사람	서비스 제공자	학교	유치원/학원	주변인의 지인	소개로 만난 사람	기타			
	친족	친/인척													
계	107 (7.4)	94 (6.5)	300 (20.7)	130 (9.0)	55 (3.8)	118 (8.1)	60 (4.1)	120 (8.3)	31 (2.1)	109 (7.5)	19 (1.3)	31 (2.1)	132 (9.1)	144 (9.9)	1,450 (100)
성인 (20세 이상)	26 (2.6)	31 (3.1)	285 (28.7)	109 (11.0)	39 (3.9)	68 (6.8)	52 (5.2)	64 (6.4)	4 (0.4)	84 (8.5)	19 (1.9)	28 (2.8)	100 (10.1)	85 (8.6)	994 (100.0)
청소년 (19세~14세)	33 (15.8)	15 (7.2)	9 (4.3)	16 (17.7)	12 (5.7)	23 (11.0)	3 (1.4)	45 (21.5)	7 (3.3)	13 (6.2)	0 (0.0)	0 (0.0)	14 (6.7)	19 (9.1)	209 (100.0)
어린이 (13세~8세)	33 (27.0)	31 (25.4)	0 (0.0)	1 (0.8)	2 (1.6)	16 (13.1)	1 (0.8)	8 (6.6)	7 (5.7)	4 (3.3)	0 (0.0)	1 (0.8)	9 (7.4)	9 (7.4)	122 (100.0)
유아 (7세 이하)	6 (13.3)	14 (31.1)	0 (0.0)	0 (0.0)	0 (0.0)	9 (20.0)	1 (2.2)	0 (0.0)	12 (26.7)	3 (6.7)	0 (0.0)	0 (0.0)	0 (0.0)	0 (0.0)	45 (100.0)
미상	9 (11.3)	3 (3.8)	6 (7.5)	ㄹ (5.0)	2 (2.5)	2 (2.5)	3 (3.8)	3 (3.8)	1 (1.3)	5 (6.3)	0 (0.0)	2 (2.5)	9 (11.3)	31 (38.8)	80 (100.0)

출처: 한국성폭력 상담소(2014).

2) 성폭력 유형별 피해 실태 (평생 동안의 성폭력 피해 경험을 중심으로)

(1) 가벼운 성추행

가벼운 성추행의 첫 피해연령은 만 19세 미만이 36.4%, 만 19세 이상이 63.6%로 나타났다. 19세 이상 여성은 64.4%, 19세 이상 남성은 53.1%로 19세 미만 보다 높게 나타났다. 피해 경험은 여성의 경우 3회 이상이 37.7%로 가장 많고, 남성은 1회가 36.5%로 가장 많았다. 가해자 유형은 여성의 경우 80.6%가 모르는 사람으로 가장 많았으나 남성은 41.3%였고, 평소에 알던 사람이 가해자인 경우는 여성이 24.2%인데 반해 남성은 62.1%였다. 발생장소는 여성인 경우 지하철, 버스 등 대중교통시설이 71.4%로 대부분을 차지한 반면 남성은 21.5%에 불과하였다.

〈표 2-3〉 가벼운 성추행 피해 실태

(단위: %(명)

구 분	전체	여성	남성
첫 피해 연령			
- 19세 미만	36.4	35.6	46.9
- 19세 이상	63.6	64.4	53.1
- 계	100.0(343)	100.0(319)	100.0(24)
피해 횟수			
- 1회	34.4	34.2	36.5
- 2회	28.3	28.1	29.8
- 3회	37.4	37.7	33.7
- 계	100.0(343))	100.0(319)	100.0(24)
가해자 유형(중복응답)			
- 모르는 사람	77.9	80.6	41.3
- 범행 몇 시간 전에 만나 알게 된 사람	5.2	3.8	24.3
- 평소에 알던 사람	26.8	24.2	62.1
학교 선후배	17.4	15.5	26.9
헤어진 애인	6.4	7.7	-
동네 사람(이웃)	26.2	24.0	37.2
학원강사, 학교선생, 교수	12.6	15.1	-
직장상사, 직장동료	38.17	43.0	17.0
직장 거래처 직원	7.6	9.1	-
유흥업소에서 만난 사람	11.4	10.0	18.2
기타	13.8	9.2	36.4
- (분석대상수)	(343)	(319)	(24)

발생장소(중복응답)			
- 집	5.7	5.2	12.9
- 주택가 및 이면도로	8.1	7.6	14.3
- 상업지역	14.0	13.3	23.5
- 학교	6.1	5.4	15.4
- 직장	8.5	8.6	6.4
- 주차장	0.8	0.9	0.0
- 야외, 거리, 산야	10.0	9.6	14.3
- 지하철, 버스 등 대중교통시설	67.9	71.4	21.5
- 기타	2.0	1.7	6.0
- (분석대상수)	(345)	(321)	(24)

주: 1) 백분율 및 빈도수는 가중치를 부여하여 추정한 값.
2) 분석에서 무응답을 제외.
3) 가해자 유형 중 친척은 조부모, 이모(부)/고모(부)/삼촌/숙모, 사촌, 그 외 친척 등을 포함.
4) 가해자 유형과 발생장소는 중복응답분석을 실시.

(2) 심한 성추행

심한 성추행은 여성만이 경험한 것으로 조사되었으며, 처음 피해를 당한 연령은 19세 이상이 65.4%로 19세 미만보다 높게 나타났다. 피해 경험은 2회 이상인 경우가 52.2%로 1회에 그친 것보다 높게 나타났고, 가해자 유형은 67.5%가 평소에 알던 사람이 가해자로 가장 높은 피해율을 보인 것으로 분석되었다.

〈표 2-4〉 심한 성추행 피해 실태

(단위: %(명)

구 분	전체	여성
첫 피해 연령		
- 19세 미만	34.6	34.6
- 19세 이상	65.4	65.4
- 계	100.0(40)	100.0(40)
피해 횟수		
- 1회	47.8	31.0
- 2회	52.2	12.2
- 계	100.0(40)	67.5

가해자 유형(중복응답)	47.8	27.0
- 모르는 사람	31.0	10.6
- 범행 몇 시간 전에 만나 알게 된 사람	12.2	33.4
- 평소에 알던 사람	67.5	4.3
학교 선후배	27.0	31.0
헤어진 애인	10.6	12.2
동네 사람(이웃)	33.4	67.5
학원강사, 학교선생, 교수	4.3	27.0
직장상사, 직장동료	22.5	22.5
직장 거래처 직원	7.5	7.5
유흥업소에서 만난 사람	8.8	8.8
기타	14.9	14.9
- (분석대상수)	(40)	(40)

주: 1) 백분율 및 빈도수는 가중치를 부여하여 추정한 값.
2) 분석에서 무응답을 제외.
3) 가해자 유형 중 친척은 조부모, 이모(부)/고모(부)/삼촌/숙모, 사촌, 그 외 친척 등을 포함.
4) 가해자 유형과 발생장소는 중복응답분석을 실시.
5) 남성응답자가 없음.

(3) 강간 미수

강간 미수는 여성만이 경험한 것으로 조사되었으며, 처음 피해를 당한 연령은 19세 이상이 70%로 19세 미만보다 높게 나타났다. 피해 경험은 1회에 그친 경우가 58.7%로 2회 이상인 것보다 높게 나타났으며, 가해자의 61.4%가 평소에 알던 사람으로 대부분이 헤어진 애인, 동네사람, 직장상사 및 동료 등 아는 사람에 의해 피해를 당한 것으로 분석되었다.

〈표 2-5〉 강간미수 피해 실태

(단위: %(명)

구 분	전체	여성
첫 피해 연령		
- 19세 미만	30.0	30.0
- 19세 이상	70.0	70.0
- 계	100.0(17)	100.0(17)
피해 횟수		
- 1회	58.7	58.7
- 2회	41.3	41.3
- 계	100.0(17)	100.0(17)

구 분	전체	여성
가해자 유형(중복응답)		
– 모르는 사람	30.4	30.4
– 범행 몇 시간 전에 만나 알게 된 사람	22.5	22.5
– 평소에 알던 사람	61.4	61.4
학교 선후배	9.0	9.0
헤어진 애인	27.9	27.9
동네 사람(이웃)	24.1	24.1
학원강사, 학교선생, 교수	–	–
직장상사, 직장동료	21.0	21.0
직장 거래처 직원	11.8	11.8
유흥업소에서 만난 사람	16.4	16.4
기타	15.8	15.8
– (분석대상수)	(17)	(17)

(4) 강간

강간은 여성만이 경험한 것으로 조사되었으며, 처음 피해를 당한 연령은 19세 이상이 60.7%로 19세 미만보다 높게 나타났고, 피해 경험은 1회에 그친 경우가 54.7%로 2회 이상인 것보다 높게 나타났다. 가해자의 60.1%가 평소에 알던 사람으로 대부분이 직장상사 및 동료, 유흥업소에서 만난 사람, 동네사람 등 아는 사람에 의해 피해를 당한 것으로 나타났다.

〈표 2-6〉 강간 피해 실태

(단위: %(명)

구 분	전체	여성
첫 피해 연령		
– 19세 미만	39.3	39.3
– 19세 이상	60.7	60.7
– 계	100.0(12)	100.0(12)
피해 횟수		
– 1회	54.7	54.7
– 2회 이상	45.3	45.3
– 계	100.0(12)	100.0(12)

가해자 유형(중복응답)		
- 모르는 사람	9.3	9.3
- 범행 몇 시간 전에 만나 알게 된 사람	38.9	38.9
- 평소에 알던 사람	60.1	60.1
학교 선후배	8.2	8.2
헤어진 애인	4.4	4.4
동네 사람(이웃)	14.4	14.4
학원강사, 학교선생, 교수	-	-
직장상사, 직장동료	31.3	31.3
직장 거래처 직원	8.7	8.7
유흥업소에서 만난 사람	23.9	23.9
기타	14.2	14.2
- (분석대상수)	(12)	(12)

주: 1) 백분율 및 빈도수는 가중치를 부여하여 추정한 값.
2) 분석에서 무응답을 제외.
3) 가해자 유형 중 친척은 조부모, 이모(부)/고모(부)/삼촌/숙모, 사촌, 그 외 친척 등을 포함.
4) 가해자 유형과 발생장소는 중복응답분석을 실시.
5) 남성응답자가 없음.

(5) 성희롱

성희롱의 경우 여성 응답결과를 중심으로 보면, 처음 피해를 당한 연령은 19세 이상 35세 미만이 68.2%로 가장 많았고, 피해 경험은 2회인 경우가 33.2%로 가장 많았다. 가해자는 평소에 알던 사람이 57.1%였고, 직장상사, 직장동료, 학교선후배, 동네이웃 등 평소에 알고 지내던 사람에 의해 피해를 당한 것으로 나타났으며 발생 장소는 상업지역이 28.7%로 가장 높게 나타났고 직장 27.4%, 대중교통시설 23.4%, 야외, 거리, 산야 17.2% 등이었다.

〈표 2-7〉 성희롱 피해 실태

(단위: %(명)

구 분	전체	여성
첫 피해 연령		
- 19세 미만	24.8	24.8
- 19세 이상	65.0	68.2
- 35세 이상	10.2	7.7
- 계	100.0(186)	100.0(173)
피해 횟수		
- 1회	29.5	29.0
- 2회	34.1	33.2
- 3회 이상	25.3	25.8
- 계	100.0(185)	100.0(172)

가해자 유형(중복응답)		
– 모르는 사람	46.7	46.8
– 범행 몇 시간 전에 만나 알게 된 사람	5.8	6.2
– 평소에 알던 사람	56.9	57.1
학교 선후배	21.0	21.1
헤어진 애인	3.9	4.1
동네 사람(이웃)	20.4	18.4
학원강사, 학교선생, 교수	9.9	9.5
직장상사, 직장동료	47.0	50.0
직장 거래처 직원	8.7	8.2
유흥업소에서 만난 사람	5.9	6.3
기타	12.2	12.1
– (분석대상수)	(186)	(173)
발생장소(중복응답)		
– 집	6.3	6.8
– 주택가 및 이면도로	13.0	12.0
– 상업지역	29.1	28.7
– 학교	14.3	14.6
– 직장	26.2	27.4
– 야외, 거리, 산야	17.9	17.2
– 지하철, 버스 등 대중교통시설	23.1	23.4
– 기타	6.2	6.0
– (분석대상수)	(186)	(173)

주: 1) 백분율 및 빈도수는 가중치를 부여하여 추정한 값.
2) 분석에서 무응답을 제외.
3) 가해자 유형 중 친척은 조부모, 이모(부)/고모(부)/삼촌/숙모, 사촌, 그 외 친척 등을 포함.
4) 가해자 유형과 발생장소는 중복응답분석을 실시.
5) 남성응답자가 없음.

(6) 음란전화, 문자, 메일 등

평생 동안 음란전화 등 피해를 1회 이상 경험한 조사대상자가 처음 피해를 당한 연령을 살펴보면 여성과 남성 모두 19세 이상 35세 미만에서 각각51.5%, 50.3%로 가장 많았다.

〈표 2-8〉 연령에 따른 음란전화, 문자, 메일의 피해실태

(단위: %(명)

구 분	전체	여성	남성
첫 피해 연령			
- 19세 미만	13.7	14.0	13.4
- 19세~35세 미만	50.9	51.5	50.3
- 35세~50세 미만	25.8	24.5	27.0
- 50세 이상	9.6	10.0	9.2
- 계	100.0(1,761)	100.0(888)	100.0(872)

주: 1) 백분율 및 빈도수는 가중치를 부여하여 추정한 값.
2) 분석에서 무응답을 제외.

(7) 성기노출

처음 피해를 당한 연령을 살펴보면 여성과 남성 모두 19세 미만에서 각각 54.5%, 54.4%로 가장 높게 나타났고 피해 경험은 여성이 3회 이상인 경우가 39.7%로 가장 많았고, 남성도 3회 이상이 35.1%로 가장 많았고, 발생장소는 여성과 남성 모두 주택가 및 이면도로가 가장 많이 발생한 장소로 꼽혔으며 각각 55.7%, 49.4%로 나타났다.

〈표 2-9〉 성기노출 피해 실태

(단위: %(명)

구 분	전체	여성	남성
첫 피해 연령			
- 19세 미만	54.5	54.5	54.4
- 19세~35세 미만	32.4	31.6	36.9
- 35세 이상	13.1	13.9	8.7
- 계	100.0(743)	100.0(630)	100.0(113)
피해 횟수			
- 1회	30.8	30.6	31.9
- 2회	30.2	29.7	33.0
- 3회 이상	39.0	39.7	35.1
- 계	100.0(744)	100.0(629)	100.0(114)

발생장소(중복응답)			
- 집	3.1	3.2	2.5
- 주택가 및 이면도로	54.8	55.7	49.4
- 상업지역	13.4	11.1	26.0
- 학교	26.6	29.7	9.7
- 직장	8.6	7.6	14.1
- 야외, 거리, 산야	32.8	32.4	34.7
- 지하철, 버스 등 대중교통시설	10.1	11.2	4.2
- 기타	2.3	2.1	3.1
- (분석대상수)	(745)	(630)	(114)

(8) 스토킹

여성 응답자 조사결과를 분석하였는데, 처음 피해를 당한 연령을 살펴보면 19세 이상 35세 미만이 80.1%로 가장 높게 나타났고 피해 경험은 2회 이상인 경우가 66.5%로 가장 많았고, 가해자는 평소에 알던 사람이 60%로 학교 선 후배, 헤어진 애인이 대부분을 차지하였다.

〈표 2-10〉 스토킹 피해 실태

(단위: %(명)

구 분	전체	여성
첫 피해 연령		
- 19세 미만	9.7	7.8
- 19세~35세 미만	71.7	80.1
- 35세 이상	18.6	12.1
- 계	100.0(61)	100.0(49)
피해 횟수		
- 1회	33.3	33.5
- 2회 이상	66.7	66.5
- 계	100.0(59)	100.0(47)
가해자 명수		
- 1명	70.4	72.3
- 2명 이상	29.6	27.7
- 계	100.0(60)	100.0(49)

가해자 유형(중복응답)		
- 모르는 사람	34.2	41.0
- 범행 몇 시간 전에 만나 알게 된 사람	4.2	5.1
- 평소에 알던 사람	66.6	60.0
- (분석대상수)	(61)	(49)

주: 1) 백분율 및 빈도수는 가중치를 부여하여 추정한 값.
2) 분석에서 무응답을 제외.
3) 가해자 유형 중 친척은 조부모, 이모(부)/고모(부)/삼촌/숙모, 사촌, 그 외 친척 등을 포함.
4) 가해자 유형과 발생장소는 중복응답분석을 실시.
5) 표본오차 문제로 인해 남성 통계는 제시하지 않음.

제2절 성폭력 피해자의 심리 특성

성폭력 피해는 개인에게는 신체적 피해뿐만 아니라 정신적, 정서적 피해를 동반하며, 사회적으로 파장을 일으킨다. 성폭력의 일차적이고 즉각적인 피해가 신체적이라면 심리적 피해는 이차적이고 장기적이라고 할 수 있다(김경운,권기창 2015:238).

피해의 정도에 따르거나 피해의 횟수에 따라서, 누구에 의한 피해인가에 따라서 다르기도 하지만 대부분의 피해자들은 성폭력 사건 이후 급성 스트레스 또는 1개월 이상 지속되는 외상후 스트레스 증상(PTSD)를 겪게 되기도 하고 여러 가지 복합적인 정신건강상의 장애에 시달리게 된다는 것이 다수의 의견이다.

성폭력 피해는 개인에게 있어서 단순히 성에 대한 문제에 국한이 되는 것이 아니라 인생전반에 걸쳐지는 사건이고 인간에 대한 부정 및 배신에 대한 문제가 대두되기도 한다.

성폭력 피해자는 생존에 대한 위협을 느낌으로서 이 세상이 더 이상 안전하지 않은 곳이라는 실존적인 위기감을 느끼게 되며, 근친에 의한 성폭력의 경우는 피해자가 자신의 존재를 의탁할 수 있는 존재 근거를 빼앗김으로써 인간으로서의 기본적인 신뢰감을 형성하는데 실패하게 되는 것이다(김정규 2000:141).

1. 피해자의 심리 단계

모든 범죄의 피해는 육체적, 심리적, 재정적 결과를 가져온다고 한다.(Harbey Wallace, 1998: 73-89, 조현빈 2006:47-48) 성폭력은 다른 피해와는 달리 신체적, 심리적 결과의 파장이 크다.

특히 청소년들에게 일어나는 성폭력 후의 심리적 변화들은 성인 성폭력 피해자들보다 자신과 상황에 대한 통제력이 약해지거나 상실이 큰 것으로 나타나고 있다.

여성가족부에서 지원하고 지역내 권역별 대형병원에서 위탁운영하고 있는 해바라기센터[35]에서 활용하고 있는 성폭력 피해자에 대한 위기지원 초기 선별 문항의 경우 종사자가 피해자에게 직접 질문하여 응급상황에 대해 탐색하고 피해자별 맞춤형 위기 지원을 진행할 수 있도록 운영하고 있다(경기남부해바라기센터(거점)2015).

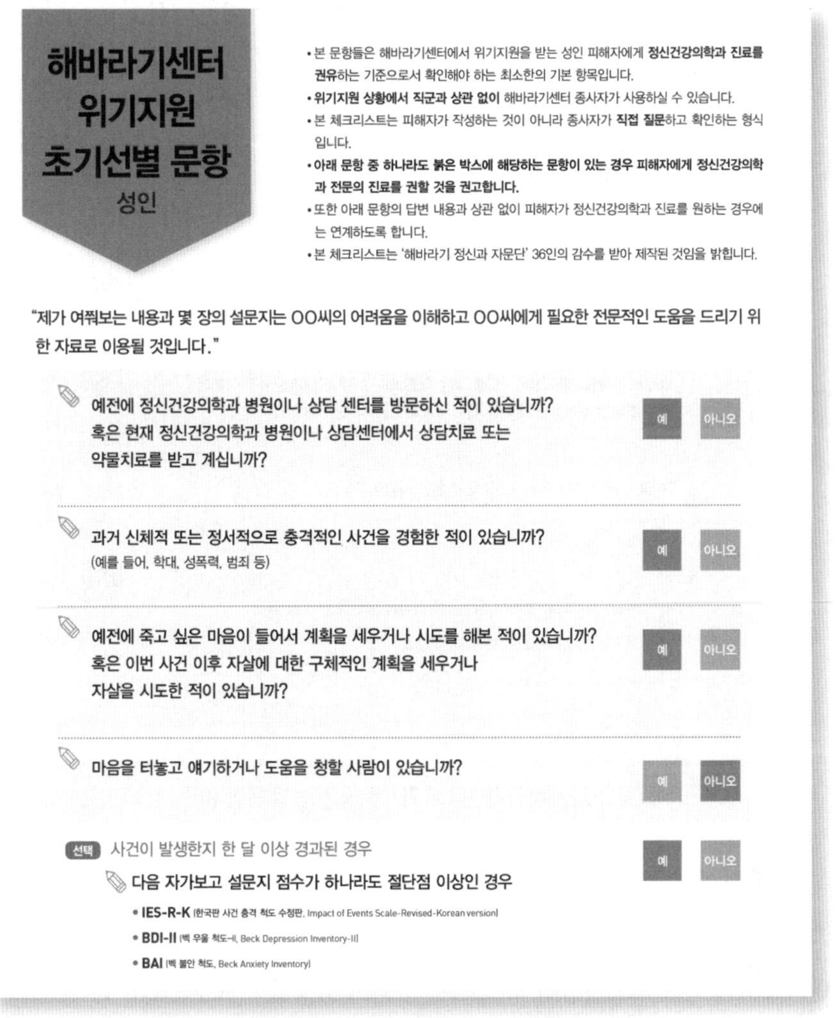
해바라기센터 위기지원 초기선별 문항
성인

- 본 문항들은 해바라기센터에서 위기지원을 받는 성인 피해자에게 **정신건강의학과 진료를 권유**하는 기준으로서 확인해야 하는 최소한의 기본 항목입니다.
- **위기지원 상황에서 직군과 상관 없이** 해바라기센터 종사자가 사용하실 수 있습니다.
- 본 체크리스트는 피해자가 작성하는 것이 아니라 종사자가 **직접 질문**하고 확인하는 형식입니다.
- **아래 문항 중 하나라도 붉은 박스에 해당하는 문항이 있는 경우 피해자에게 정신건강의학과 전문의 진료를 권할 것을 권고합니다.**
- 또한 아래 문항의 답변 내용과 상관 없이 피해자가 정신건강의학과 진료를 원하는 경우에는 연계하도록 합니다.
- 본 체크리스트는 '해바라기 정신과 자문단' 36인의 감수를 받아 제작된 것임을 밝힙니다.

"제가 여쭤보는 내용과 몇 장의 설문지는 OO씨의 어려움을 이해하고 OO씨에게 필요한 전문적인 도움을 드리기 위한 자료로 이용될 것입니다."

예전에 정신건강의학과 병원이나 상담 센터를 방문하신 적이 있습니까? 혹은 현재 정신건강의학과 병원이나 상담센터에서 상담치료 또는 약물치료를 받고 계십니까? 예 / 아니오

과거 신체적 또는 정서적으로 충격적인 사건을 경험한 적이 있습니까? (예를 들어, 학대, 성폭력, 범죄 등) 예 / 아니오

예전에 죽고 싶은 마음이 들어서 계획을 세우거나 시도를 해본 적이 있습니까? 혹은 이번 사건 이후 자살에 대한 구체적인 계획을 세우거나 자살을 시도한 적이 있습니까? 예 / 아니오

마음을 터놓고 얘기하거나 도움을 청할 사람이 있습니까? 예 / 아니오

선택 사건이 발생한지 한 달 이상 경과된 경우 예 / 아니오

다음 자가보고 설문지 점수가 하나라도 절단점 이상인 경우

- **IES-R-K** (한국판 사건 충격 척도 수정판, Impact of Events Scale-Revised-Korean version)
- **BDI-II** (벡 우울 척도-II, Beck Depression Inventory-II)
- **BAI** (벡 불안 척도, Beck Anxiety Inventory)

[그림 2-1] 해바라기센터 위기지원 초기 선별 문항 (성인)

35) 해바라기센터는 여성가족부, 지자체, 경찰청, 병원 간 4자협약에 따라 성폭력, 가정폭력, 성매매 피해자를 대상으로 상담, 의료, 법률, 수사지원 서비스를 원스톱으로 제공하는 기관이다. 경찰관, 의사 · 간호사, 상담사 등이 24시간 상주하면서 피해진술 녹화, 증거 채취, 의료지원, 심리치료, 보호시설 및 기관연계 서비스를 제공한다. 비용은 국가가 부담한다. 피해 여성이나 아동은 안락하고 독립된 공간에서 진술 및 상담, 필요지원을 받을 수 있다는 이점이 있다.

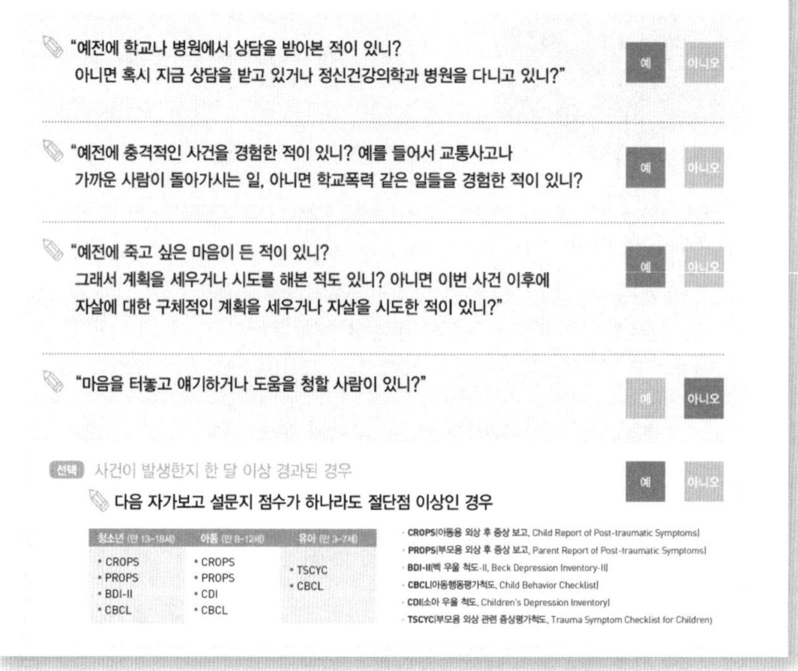

해바라기센터 위기지원 초기선별 문항
아동 · 청소년

- 본 문항들은 해바라기센터에서 위기지원을 받는 아동 · 청소년 피해자에게 **정신건강의학과 진료를 권유**하는 기준으로서 확인해야 하는 최소한의 기본 항목입니다.
- **위기지원 상황에서 직군과 상관 없이** 해바라기센터 종사자가 사용하실 수 있습니다.
- 본 체크리스트는 피해자가 작성하는 것이 아니라 종사자가 **직접 질문**하고 확인하는 형식입니다.
- **아래 문항 중 하나라도 붉은 박스에 해당하는 문항이 있는 경우 피해 아동 · 청소년이나 그 보호자에게 정신건강의학과 전문의 진료를 권할 것을 권고합니다.**
- 또한 아래 문항의 답변 내용과 상관 없이 피해 아동 · 청소년이나 보호자가 정신건강의학과 진료를 원하는 경우에는 연계하도록 합니다.
- 본 체크리스트는 '해바라기 정신과 자문단' 36인의 감수를 받아 제작된 것임을 밝힙니다.

"선생님이 오늘 OO을 더 잘 도와주기 위해 몇 가지를 물어볼 거야. 느꼈던 것이나 있었던 대로만 이야기해주면 된단다."

"예전에 학교나 병원에서 상담을 받아본 적이 있니? 아니면 혹시 지금 상담을 받고 있거나 정신건강의학과 병원을 다니고 있니?" 예 / 아니오

"예전에 충격적인 사건을 경험한 적이 있니? 예를 들어서 교통사고나 가까운 사람이 돌아가시는 일, 아니면 학교폭력 같은 일들을 경험한 적이 있니?" 예 / 아니오

"예전에 죽고 싶은 마음이 든 적이 있니? 그래서 계획을 세우거나 시도를 해본 적도 있니? 아니면 이번 사건 이후에 자살에 대한 구체적인 계획을 세우거나 자살을 시도한 적이 있니?" 예 / 아니오

"마음을 터놓고 얘기하거나 도움을 청할 사람이 있니?" 예 / 아니오

선택 사건이 발생한지 한 달 이상 경과된 경우

다음 자가보고 설문지 점수가 하나라도 절단점 이상인 경우 예 / 아니오

청소년 (만 13-18세)	아동 (만 8-12세)	유아 (만 3-7세)
• CROPS • PROPS • BDI-II • CBCL	• CROPS • PROPS • CDI • CBCL	• TSCYC • CBCL

- CROPS(아동용 외상 후 증상 보고, Child Report of Post-traumatic Symptoms)
- PROPS(부모용 외상 후 증상 보고, Parent Report of Post-traumatic Symptoms)
- BDI-II(벡 우울 척도-II, Beck Depression Inventory-II)
- CBCL(아동행동평가척도, Child Behavior Checklist)
- CDI(소아 우울 척도, Children's Depression Inventory)
- TSCYC(부모용 외상 관련 증상평가척도, Trauma Symptom Checklist for Children)

[그림 2-2] 해바라기센터 위기지원 초기 선별 문항 (아동 청소년용)

이후 자기 보고식 척도[36] 및 여러 평가 도구들을 사용하여 성폭력 피해자에 대한 심리적 지원을 진행하게 되는 과정을 가지고 있다.

일반적으로 성폭력 피해자들이 겪게 되는 심리적 감정들은 표 2-11과 표 2-12 같이 비슷한 단계를 경험하는 것으로 보고되어지고 있다.

36) 해바라기센터의 경우 자기보고식 검사 필수항목 연령대별 권고안은(성인/ 청소년/ 아동/ 유아)등으로 구분되어 있으며 , 기본평가(CBCS, YSR, KPRC), 지능평가(K-WISC, K-ABC), 신경심리검사(BGT, VMI), 정서행동검사(MMPI-A/2, TSCC, PCL)등을 활용하는 것으로 나타났다(경기남부해바라기센터(거점)2015 자기보고식 자료 척도집에서 발췌).

<표 2-11> 성폭력 후 나타나는 느낌과 단계

1단계 : 충격/혼란	
· 불신/외상의 축소화 · 당혹감	· 혼미(경찰, 병원, 재판에 관여는 이 단계가 연장된다)
2단계 : 부정	
· "강간은 없었어!" · "아무도 이해하지 않을 거야" · "이것이 나를 괴롭히고 영향을 줄 수는 없어" · "내가 생각지 않으면 사라질 거야"	· "단지 강간일 뿐이야" · "나는 나 자신과 살 수 없어" · "나는 이것을 처리 할 수가 없어" · "나는 누구에게도 말하고 싶지 않아"
3단계 : 우울과 죄책감	
· 수치심, 자기비난 : "아무튼 내가 그것을 요구했어" · 절망 : "나는 다시는 전혀 좋아지지 않을 거야" · 분노가 잘못된 것으로 느낌 : "그는 나를 진짜로 해치려한 것은 아니야" · 자기불신 : "나는 이런 감정을 느끼면 안돼"	· "나는 그걸 중단할 수 있었어" · "내가 생각하기에 나는 미쳐가고 있어" · "나는 그것을 예방 할 수 있었어" · "나는 내가 죽기를 바래"
4단계 : 공포와 불안	
· "내가 다시 안전할까?" · "내가 이것을 극복 할 수 있을까?" · "내가 성생활을 다시 할 수 있을까?" · 악몽/가위눌림 · 상처받기 쉬운 감정들	· "사람들이 내가 강간당했다고 이야기 할까?" · "내가 건전한 대인관계를 시작할 수 있을까?" · "다시 나를 신뢰할 수 있을까?" · 과거 사건 순간으로 전환
5단계 : 분노	
· 강간범에 대한 분노 · 통제하지 않은 것에 대한 분노 · 사회와 일반 남성에 대한 분노	· 이해하지 못하는 사람들에 대한 분노 · 시스템에 대한 분노(경찰, 재판 등)
6단계 자신에 대한 순응	
· "내 잘못이 아니야" · "나는 강간을 선택하지 않았어" · "나는 화낼 수도 있어. 내 분노는 온당해" · "내 자신의 노력으로 나를 살렸어"	· "내 삶을 통제하며 다시 설거야" · "이 분노를 다른 방향으로 돌릴거야" (경력훈련, 타인 원조 등)

출처: Rape Crisis Center(2007).

<표 2-12> 성폭력으로 인한 반응들

(단위: %(명))

표현된 반응들 (expressed reactions)	통제된 반응들 (controlled reactions)	신체적 반응들 (physical reactions)
울기	무감각	잠과 피로감
소리지르기	우울	타박상
pacing	부끄러움	섭식장애
긴장	복수심	감염
머뭇거림	더러운 느낌	수면장애
웃기	주의집중의 어려움	두통
분노	죄의식과 불안	위장애
경련	부인	쉽게 놀람
	자기비난	

출처: http://angelfire.com.

하지만 모든 성폭력 피해자들의 심리단계가 이 과정을 거치는 것은 아니다. 다만, 피해자들의 일반적인 범죄행위에 대한 반응 역시 충격단계, 반동단계, 재조직 단계를 거치게 되는데 성폭행으로 인하여 자신이 노출되어 있고 공격에 취약하다고 느끼며, 무기력한 감정을 표현하기도 하는 충격단계, 성폭행이라는 사실을 받아들이고 적응하려고 하는 시도를 하는데 있어서 죄책감, 두려움, 분노 등의 다양한 감정을 느끼기도 하고, 성폭행에 대한 다양한 감정을 경험하는 반동단계, 어느 정도 시간이 흐르면 두려움과 분노의 강도가 약해지면서 더욱 정상적인 상태가 되며 일상활동과 직면할 수 있는 활력을 갖게 되는 재조직 단계의 과정을 일반적으로 거치게 된다고 설명하기도 한다(Doerner & Lab, 1998: 112-115; 조현빈, 2006:49).

2. 피해자의 후유증

성폭력의 피해는 피해자의 전인격에 걸쳐 깊은 상처와 광범위한 후유증을 남긴다. 성폭력 피해자는 자존심에 치명적인 상처를 입힘으로써 자신감을 상실하고, 가족관계, 대인관계가 균형을 잃게 되어, 점차 환경으로부터의 고립, 단절된다. 또한 자신의 감정과 욕구, 억압, 부정, 해리 등의 방어 행동을 통하여 인격의 통합성을 상실하게 되어 정체성의 총체적 위기를 초래한다.

성폭력 피해자의 후유증은 성폭력 피해의 신체적, 의료적인 뿐만 아니라 정서적, 성적, 사회적인 전반적 문제를 모두 포괄한다(김현희, 2004:42).

1) 심리적 영역

성폭력 피해로부터 생긴 정신적 외상경험은 피해자 스스로의 자가 회복이 어려우며 오랜 시간 후에도 매우 작은 유발 요인에 의해 강렬한 정서적 반응을 보이는 것이 특징이다. 피해여성은 자신을 가해한 사람과 비슷한 연령대나 이미지를 가진 사람들이나 또는 해당되는 성을 모두 부정적으로 단정하여 기피하는 증세를 보이거나, 통계상 성폭력 가해자가 남성이 다수임을 가정한다면 모든 남성들을 혐오 존재로 볼 수도 있다. 특히 아동 · 청소년 성폭력일 경우는 아동의 나이에 적절하지 않은 성적놀이, 언어, 그림을 그리기도 하고 위축이나 비밀스러움, 혼자 자기 등을 두려워하기도 하며, 이후 성장하면서 남성과의 교제를 회피하거나 결혼이나 교제에 대해서 부정성을 내포하기도 한다.

또한 사건의 발생장소나 장면 등에 대해서 민감한 반응을 보이기도 하며 신체 및 행동에 대한 강박증상을 보이기도 한다. 다른 한편으로는 왜 나였을까 라는 생각이 전제되어 자신과 피해자에 대한 분노로 힘들어 하는 경우도 보인다. 특히 친족 성폭력의 경우는 자신이 의지하거나 신뢰했던 어른에 대한 분노는 스스로를 우울하게 만들기도 하고 공격성을 드러내어 적개심, 복수심 등이 일반적 현상으로 나타나기도 한다.

2) 신체적 영역

성폭력 피해 후 피해자들이 가장 먼저 두려움으로 느끼게 되는 것은 임신에 대한 것이며, 작게는 멍든 것부터 타박상, 야뇨, 배뇨, 몸씻기, 옷을 벗지 않으려는 행동, 성기부분의 발진, 성기에 집착, 강박적인 자위행위, 안면홍조, 출혈, 생리중단, 성병에 대한 것이다. 시간이 지남에 따라 섭식장애, 거식증 등 장기적인 신체영역에서의 피해를 보이기도 한다.

3) 성적 영역

성폭력으로 인한 성적 역기능에 대한 연구에 의하면 성적 역기능의 문제로는 성행위에 대한 혐오감, 남성 기피증, 남편과의 성 관계의 어려움, 성적 불안간, 성적 관심 감소 등이 있다. 또 다른 면에서는 성적 관계를 회피하는 것과 대조적으로 성 관계가 문란해지거나 때론 성중독이 되기도 하며, 심지어는 자신이 당했던 것처럼 성폭력 가해 행동을 하기도 한다.

DSM-5 에서의 탈억제 사회관여 장애의 경우는 양육자와의 애착외상을 경험한 아동 · 청소년이 스스로 성적 자기 존중감을 저해하고 성적 가치관의 혼란을 겪으면서 이 누구든지 낯선 상대에게 주저없이 과도한 친밀감을 표현하며 접근하는 경우의 패턴이다.

4) 사회문화적 영역

성폭력 피해자들은 수치심과 낮은 자존감 등 자신에 대한 부정적인 태도 때문에 대인관계를 포함한 이성 관계를 기피하고 고립해서 지내는 경우가 많다. 이는 상대방에게 이용 당한 경험 때문에 항상 사람들과 거리를 두며, 이성과 친밀한 관계를 맺는데 어려움을 갖기 때문이다.

또한 직장내 성폭력 피해자인 경우 피해자가 오히려 직장을 잃게 되거나 피해자가 기혼인 경우 이혼을 당하기도 하며, 또한 가해자가 돈을 요구하며 협박함으로 경제적 어려움을 겪기도 한다. 또한 성폭력 피해의식으로 인한 행동의 제약 및 사고의 위축을 경험한다. 피해자는 이러한 고통에서 벗어나기 위하여 몸부림치다가 결국 자기파괴적 행동으로 지나친 흡연, 매춘문제의 야기, 절도, 가출 그리고 자살기도를 하기도 한다.

따라서 성폭력 피해자의 후유증은 단순한 한 분야만의 문제가 아니라 복합적인 문제임을 알 수 있으며, 따라서 통합적 서비스가 필요함을 알 수 있다(김현희 2004:43).

제3절 성폭력 피해자의 치유

1. 성폭력과 치유

1) 치유의 개념

치유healing는 생존자 문헌에서 사용되어지는 개념으로 대처coping, 생존surviving과 유사한 개념이지만 미세한 다른 의미를 가지고 있다. 대처coping란 상황이나 사건에 직면하였을 때 개인이 감당할 수 있는 내 · 외적인 자원을 활용하는 목적적이고 의식적인 과정으로 정의내릴 수 있다(Lazarus & Folkmna, 1984). 생존surviving이란 위협적인 사건이 있었음에도 이를 잘 견뎌내는 것을 말한다(전국성폭력협의회, 2012:29).

이와는 달리 치유healing는 개인이 경험하였던 문제나 혼란을 극복하기 위해 일어나는 자연스러운 과정이다(deVries, 1993). 다시 말하면 치유는 개인의 삶 속에서 일어나는 전체적이고 깊이 있는 변형으로 신체적, 정서적, 정신적, 사회적, 영적인 차원들이 조화롭게 균형을 이룬 상태를 말한다(Schneider,1995). 그리고 치유 경험은 자신의 경계를 확장시켜서 트라우마를 받아들이거나 통합하는 것을 말한다(Coward & Reed, 1996, 전국성폭력협의회, 2012:29 재인용).

치유와 비슷한 개념의 회복recovery은 본래 상태로 되돌리는 것을 말하며 우울증이나 PTSD 같은 손상 이후 정상적인 기능으로 되돌려 놓는 것을 의미한다(Bonanno, 2004,전국성폭력협의회, 2012:29 재인용).

외상에서의 치유 · 회복에 대한 관심의 증가는 성폭력 경험으로부터의 치유 · 회복에 대한 관심으로 확대되었고 burt와 Katz(1988)는 회복을 '강간당한 사실로부터 편안함을 얻는 것, 성폭력에 대한 관점과 거리를 얻을 수 있는 것, 분노라 커다란 고통없이 성폭력에 대해 말할 수 있는 것' 이라고 설명하고 있다. 즉 자신의 성폭력 경험에 매몰되어 있지 않고 객관적으로 볼 수 있는 상태를 회복으로 보고 있다(전국성폭력협의회, 2012:29).

2. 피해자 치유의 이론적 배경

Courtois(1988)는 성폭력 피해자에 대한 대표적인 치료접근으로서 외상후 스트레스/피해자의 입장traumatic stress/victimization, 자아-발달self-development, 여성학적이론feminist과 손실이론loss model이론을 제시하였다(채규만, 2004:142; 김현희, 2004:38).

1) 외상후 스트레스/피해자의 입장(traumatic stress/victimization)

외상이란 개인이 자신이나 타인의 실제적이거나 위협적인 죽음이나 심각한 상태, 또는 신체적 안녕에 위협을 가져다 주는 사건을 경험하거나 목격한 후, 극심한 공포, 무력감, 고통이 동반되는 것을 말하며, 외상성 스트레스와 외상후 스트레스로 세분화되기도 한다. 외상후 스트레스 이론에 의하면 다수의 사람들은 시간이 지나면서 점차 외상을 극복하는 반면 자연적 회복에 어려움을 겪으며 이론으로 인간은 누구나 신체적 · 심리적으로 존재를 위협받는 상황에 직면하면 자기 나름대로의 방어기제를 사용하는데 PTSD[37]증상 역시 생존하기 위한 자구책이라고 본다.

외상후 스트레스 이론의 치료기법은 성폭력 피해 증상이 현재 자신의 삶과 건강한 삶의 기능에 도움이 되지 않음을 알게 하고 현재의 나이와 사회적 지위에 맞는 새로운 대처 방법과 그 동안 외상을 대처하느라 정체되었던 부정적인 감정 즉, 분노감, 배신감, 적개심, 복수심 등을 충분히 발산하게 함으로 정서적인 측면을 보호하는데 초점을 둔다(Figly, 1995; 채규만 2004:143h; 김현희 2004:44).

2) 자아 – 발달 이론(self-development)

아동청소년기의 성폭력 피해는 아동의 정상적인 발달을 저해함으로써 아동의 내적인 감정상태에 영향을 주며, 정상적인 자아가 부정적인 방어기제와 합병된다고 보고 있다(Herman & Vander

37) PTSD(Post-Traumatic Stress Disorder: 외상후 스트레스 장애)란 충격적인 사건을 경험하고 난 후 불안 상태가 지속되는 경우를 말한다.

Kolk, 1987; 채규만, 2004:143; 김현희, 2004:44).

통상적으로 아동청소년기의 성폭력은 아동의 퇴행을 가져오거나 분리 불안 등이 동반되어 아동에게 왜곡된 성에 대한 가치관을 주입하고, 부정적 경험들의 연쇄반응으로 아동의 발달에 지대한 영향을 준다. 또한 심한 성폭력을 겪은 아동은 자아가 분열되고 심각한 자아 분열을 일으키는 등 피해 전과 피해 후가 많이 다른 모습들을 보이기도 한다.

이 이론의 의하면 피해당사자들이 다시 건강하고 통합된 자아로 형성하기 위해서는 자기가 있는 사회와 세계에서 자신의 위치를 파악하고, 안전성을 느끼고, 신뢰감 및 의존성도 갖게 되어, 통제력을 키워나가고 독립심을 높이며, 자존심을 높여서, 친밀한 인간관계를 재구성해 나간다고 주장한다(Mc Canns Pealman, 1990).

3) 여성학적 이론(feminist)

여성학적 이론은 성폭력을 조장하는 사회문화적 배경 또는 맥락을 성폭력의 원인으로 보며 성폭력 근절을 위한 사회문화적 조건을 확보하는 것을 중요시 하는 이론이다.

치료접근은 피해여성들이 당면한 사회문화적 상황에서 여성의 피해경험을 이해하고, 정당화시켜주며, 그러한 상황에서 적용했던 비효과적인 방법을 효과적인 대처방법으로 대치하도록 도와준다. 이 과정에서 피해여성의 자신감을 높이며, 자신의 문제에 가장 스스로가 권위자일 뿐만 아니라 자신의 경험을 다시 살펴볼 수 있는 역량이 여성 자신에게 있음을 강조하는 이론이다(김현희, 2004:47).

4) 손실이론(loss model)

피해자 입장에서 강간은 인간으로서 누려왔던 자신 및 세계에 대한 안정감 또는 자신이 삶의 주인공으로서 결정할 수 있는 개인적 권리가 타인의 힘이나 협박에 의해 박탈, 즉 손실되는 과정이다. 성폭력 피해 경험은 이러한 자기 통제력의 상실과 정상적인 발달과정의 기회손실을 의미한다.

손실이론의 치료접근은 어떠한 손실이라도 그것을 분명히 밝히고 수용하고, 손실에 대해서 충분히 애도하는 과정을 거친다. 즉 과거의 손실에 대해 직면하고 그 손실에 대해 자신의 감정을 느끼고 슬픈 감정을 표현하도록 한다. 이러한 과정을 통해 손실을 인정하고 자신을 받아들이게 된다(김현희, 2004:46).

위의 이론들의 공통적인 특징은 성폭력으로 인해서 오는 정서적 영향과 왜곡된 인지에 끼쳐진 영향에 대해서 모두 언급하고 있다. 정서적으로 느끼는 무력감, 불안감, 우울감, 분노감 및 죄악감으로 인해서 오는 왜곡된 세계관, 깨어진 자아관 및 대인관계의 어려움을 공통적으로 지적하고 있다(채규만, 2003:145).

3. 피해자 치유 · 회복 과정

피해자의 치유 · 회복 과정은 매개하는 변인에 따라 촉진 될 수 있고, 방해받을 수도 있다(Mc-Cabe, 1995). 긍정적인 태도는 치유를 촉진시키고, 부정적인 태도는 치유를 방해한다. 긍정적인 자기-수용력을 가진 개인은 수월하게 치유 · 회복 과정을 밟을 수 있다. 그리고 치유 · 회복은 돌봄, 공간, 존중, 진실, 개방, 신뢰로운 관계를 통하여 촉진될 수 있다(McGlone, 1990; 여성가족부 2011:30).

또한 과거에 있었던 정신적 외상 기억의 처리는 치료에서 가장 핵심이 되는 부분으로 최근 대화 뿐만 아니라 감정이나 신체감각 등에도 초점을 맞춘 치료기법들이 개발되기도 하였다.

여기서는 2011년 여성가족부로 연구 위탁받아 전국성폭력상담소협의회[38]가 연구한 성폭력피해자 치유 · 회복 프로그램 효과성을 분석한 자료에서 일부 발췌, 정리, 소개하고자 한다.

1) 치유 · 회복 과정 단계

(1) Draucker, Masrtsolf, Ross, Cook, Stidham, & Mweemba(2009)는 성폭력 경험에서의 치유 · 회복에 대한 개별적이고 다양한 논의들을 검토하고 이를 통해 치유 · 회복의 4단계를 제시하였다. 즉, ①기억다루기, ②중요한 타인과 관계하기, ③안전 구하기, ④자아 재평가하기로 단계화되어 있다.

38) 전국성폭력상담소협의회(2011)와 권해수(조선대)가 연구개발한 "성폭력 피해자 치유 · 회복 프로그램 효과성 분석 및 매뉴얼 개발(45-60)"의 내용을 일부 발췌해서 수록하였다.

기억다루기 단계는 피해자들을 성폭력의 기억에 접근하지만, 그 접근이 일상생활을 방해하지 않도록 기억을 통제한다. 중요한 타인과 관계하기는 부정적이거나 해가 되는 반응이 두렵기 때문에 폭력의 비밀을 유지하기 위하여 다른 사람들로부터 유지하면서도 혼자임을 느끼지 않기 위하여 타인과의 관계를 맺어가고 타인과 상호작용하는 것에 대한 신중한 선택을 하게 하는 단계이다.

안전구하기 단계에서는 그들의 일상 생활을 축소시키려는 요소들을 개혁하고자 하며, 불가피하게 위험에 직면할 때 이성적으로 주의하는 것을 배움으로써 안전감을 성취하게 되는 단계이다. 마지막으로 자아재평가하기의 단계에서는 피해자나 생존자로서의 정체성을 거부하는 것에서 한 걸음 나아가 자아의 손상된 측면을 회복하기 위해 노력함으로써 자신들의 정체성을 더 강화시키는 단계이다(김지혜, 2011).

(2) Smith & Kelly(2001)는 강간으로부터 회복한 여성들의 경험연구를 통해 치유 · 회복은 자신을 둘러싼 장막에서 나오는 것부터 시작되는데, 그 과정은, ①도움 청하기(reaching out), ②강간 재구성하기reframing the rape, ③자아 재정의하기redefining the self로 이루어진다고 하였다. 이 회복으로의 여행은 바깥 원에서 안쪽을 향한 순환 운동으로 구성되는데, 한 주제에서 다른 주제로 단선적으로 넘어가지 않으며 회복 과정에서 피해자들은 종종 두려움, 화, 분노 등으로 인해 되돌아가기도 한다. '도움 청하기reachingout' 시기에는 외적인 욕구들과 욕망에 초점을 두게 되며, ⓐ정상적인 일상으로 돌아가기, ⓑ울지 않고 이야기하기, ⓒ강박적인 생각들을 통제하기, ⓓ자신의 환경에서 자유롭게 이동할 수 있는 능력 얻기 등을 성취하게 된다. 다음에는 더 안쪽 원으로 움직이면서 '강간 재구성하기reframing the rape' 의 과정에서 자신에게 일어난 일을 재구성하기 시작한다. 이 과정에서는, ⓐ외상으로부터 회복의 긍정적인 것들을 보기, ⓑ인생에 대한 새로운 관점을 얻기, ⓒ자신의 경험을 믿기 등을 성취하게 된다. 마지막으로 원의 중심을 향해가면서 '자아 재정의하기redefining the self' 의 과정에 이르게 된다. 자아의 재정의 단계에서는 자신의 내적 이해를 가져오는데, 이 내적 이해는, ⓐ자기사랑, ⓑ자신과 가해자에 대한 용서, ⓒ내적 평화로 구성된다.

(3) 권해수(2007)는 성폭력 피해 이후 상담이 치유과정에 미치는 영향을 밝히기 위해 근거이론 방법으로 상담을 받은 경험자들을 대상으로 성폭력 피해 여성의 치유과정에 대한 연구를 수행하

였다. 연구에서는 인과적 조건, 맥락적 조건, 중심현상, 중재적 조건, 작용 상호작용 전략, 귀결의 패러다임의 구조에 따라 치유과정을 분석하고 있다.

(4) 김명희(2003)는 아동기에 친족 성폭력 피해를 경험한 피해자들이 "자신이 피해자임을 인정하는 단계-내부의 부정적인 부분을 제거하는 단계-외부 세계와 화해하는 단계-자신을 인정하는 단계"의 4단계의 회복과정을 거친다고 제시하고 있다.

(5) Baker(2004)는 히스패닉 여성 5명을 대상을 성폭력 피해 치유과정을 분석한 결과, ①침묵단계, ②수치심 내면화 단계, ③저항 단계, ④내적인 힘 발견 단계, ⑤성폭력피해 상황으로부터 분리 단계, ⑥긍정적인 의미 해석 단계 등의 과정을 밟는 것으로 보고하고 있다.

공통적으로 치유 · 회복 과정의 시작 단계는 자기 혐오적이고 성적인 수치감과 무망감으로 시작하지만 시간이 경과될수록 보다 긍정적이고, 통합적이며, 자기 이해가 증가하는 상태에 이른다는 것을 알 수 있다. 피해자들은 치유과정이 고통스럽고 힘들기는 하지만 상담과 주변 사람들의 지지를 통하여 성폭력으로부터 자신을 서서히 분리시켜 나가고 있음을 확인 할 수 있다.

이러한 연구결과들은 치유 · 회복 과정이 유동적이고 개별적이긴 하지만 공통된 패턴이 존재한다는 것을 말해주기도 한다. 뿐만 아니라 치유 · 회복 과정은 단선적인 것이 아니라 나선형이며, 성폭력으로 인한 아픈 경험들이 사라질 때까지 각 주제들이 반복적으로 재연되는 특성이 있다. 또한 각 단계들을 순환적인 특성을 가지고 있기 때문에 마지막 단계가 결코 끝이 아니며 이전의 단계로 돌아갈 수 있는 특징이 있음을 말해준다(여성가족부 2011:39-41).

4. 성폭력 치유 · 회복 상담

1) 치유 · 회복의 집단상담 프로그램

집단상담은 가장 필수적인 치료 형태로서 서로간의 정보와 경험의 공유가 있으며 긍정적인 모델링, 모방, 대인관계 학습, 집단 응집력, 카타르시스를 통한 사회적 기술 발달을 도모한다.

많은 학자들은 집단상담의 효과성이 입증되는 연구들을 진행하였고, Courtois 와 Sprei(1988)는 아동기 성폭력의 후유증을 겪고 있는 많은 사람들에게 개인상담과 집단상담을 병행하는 통합적인 치료가 효과적이라고 주장하고 집단상담을 통한 치료 혜택은 다음과 같이 요약할 수 있다.

(1) 다른 피해자들과의 동질성 확인 및 그들과 치료적 동맹 관계 형성.
(2) 다른 피해자들 가운데서 공통성 발견: 특히 낮은 자존감, 죄책감, 과잉책임 반응, 중독성 행동, 자기-파괴적 행동, 친밀관계 형성의 어려움과 성생활 곤란들.
(3) 비밀유지 중지와 성폭행 확인 : 성폭력 피해에 대한 집단에서 자기 노출을 통해서 자신에게 발생한 성폭력에 대해 인정하고 받아들임.
(4) 지지그룹 형성 및 대리 가족 형성: 그룹에서 상처를 서로 치유해고 지지그룹과 가족과 같은 친밀한 관계 형성.
(5) 자신의 감정과 신념에 대한 탐색의 장 마련: 서로가 솔직하게 자신을 표현하는 가운데 그동안의 왜곡된 사고와 감정 확인.
(6) 어렸을 때의 메시지 및 왜곡된 신념에 대한 도전의 장: 성폭력 가정환경에서 부모나 친척들로부터 받은 부정적인 가치관과 메시지에 대한 도전.
(7) 슬픔을 나눌 수 있는 유일한 모임: 자신의 과거에 대한 상실감을 표출.
(8) 대인관계의 새로운 탐색과 자신의 역동성 확인: 개인치료에서는 불가능한 새로운 대인관계 기술의 실습의 장이 된다.

집단상담은 피해자라는 현실을 수용하게 해주며, 생존자 자신이나 가족들에 의해서 부인되고, 왜곡되어진 정서적 경험을 확인하고, 자존감을 세우게 해주기도 한다. 집단에서는 죄책감, 수치심, 낙인, 소외의 문제들은 더 잘 해결할 수 도 있다.

국내에서도 친족성폭력 피해자 및 시설 입소된 피해자를 위한 구조화된 치료 프로그램들이 개발된 바 있으며, 그중 대부분은 집단 프로그램의 형태를 띄고 있다. 쉼터 입소 청소년들을 대상으로 한 한국성폭력상담소 부설 열림터의 '자조와 힘 돋우기' 집단상담이나 2박 3일 캠프형 집단상담의 경우, 자기 노출에의 두려움을 극복하고 수치심이나 죄책감 등의 핵심 정서를 극복하는 보편적인 내용뿐 아니라 가해자와의 직면을 상상하고 연습하는 등 친족 성폭력의 특성에 부합하는 내용의 회기들로 구성되어있다. 여성가족부의 용역을 받아 개발된 '치유를 향한 힘찬 날갯짓(변혜정 등, 2005)' 프로그램에서는 친족 성폭력 피해자들에게 가장 중요한 이슈 중 하나인 '경계'의 문제를 신체와 마음의 영역으로 나누어 다룸으로써 삶에 대한 통제권이나 대인간 안정 거리 등을 재설정하고자 하였다. 더불어 성폭력 사건 이외에 내담자가 경험했던 성취 경험이나 긍정적인 기억을 떠올리게끔 하고 부정적 메시지를 긍정적 메시지로 스스로 대체하는 과정을 통해 자존감 회복을 도모하고 있다(여성아동폭력피해중앙지원단 2011:5).[39]

여기서는 2012년 여성가족부로 연구 위탁받아 전국성폭력상담소협의회가 연구한 성폭력피해자 치유 · 회복 프로그램 효과성을 분석한 자료에서 일부 발췌 정리[40] 소개하고자 한다.

(1) 친족 성폭력 피해자를 위한 '새날을 위한 힘찬 날개짓'(권해수, 2005)

일반적으로 성폭력 치유 프로그램은 성폭력과 관련된 감정, 성폭력과 관련된 신념, 대처기술 그리고 고립감과 낙인에 관련된 감정들을 다룬다. 권해수(2005)는 이러한 기본적인 내용을 바탕으로 2단계와 3단계의 프로그램 내용을 구성하였고, 에릭슨 관점과 해결중심적인 접근 방법을 근거하여 4단계 내용을 구성하였다.

각 단계의 주요 내용은 〈표 2-12〉와 같다.

39) 여성아동폭력 피해 중앙지원단 (2011), 친족성폭 피해자 지원 프로그램 개발.

40) 전국성폭력상담소협의회(2011) 권해수(조선대)성폭력 피해자 치유 · 회복 프로그램 효과성 분석 및 매뉴얼 개발 45-60의 내용을 일부 발췌해서 수록하였다.

<표 2-12> 새날을 향한 힘찬 날개짓 프로그램 개요

세부목표		회기명	주요 내용 및 목표
1 단계	신뢰감형성 집단응집력 강화	① 시작의 시간	• 집단상담의 목표, 운영방식 이해, 상호소개 • 신체활동을 통한 참여자간 응집력, 집중력, 자발성 증진
		② 자기탐색 내 안의 나, 네 안의 너	• 자기개방을 통한 자기 및 타인 이해 • 성폭력 사건 노출에 대한 두려움과 불안 줄이기
2 단계	나 돌아보기 (현재와 과거 피해 경험과의 연결)	③ 나와 만나기1 : 나의 공간 경계선	• 개인마다 사적 영역이 있음을 이해 • 개인공간이 침해 당시 행동, 감정, 생각 이해
		④ 나와 만나기2 : 나의 마음 경계선	• "내가 원하는 것을…" 배움 • 대인관계 한계 설정의 실제 이해
		⑤ 나와 만나기3 : 나의 독백은	• 자존감을 떨어뜨리는 부정적 메시지 탐색 • 부정적 메시지를 긍정적 메시지로 전환
3 단계	성폭력 껴안기	⑥ 꺼내기1 : 떠오르는 조각들	• 성폭력에 대한 개인적, 사회적 의미 이해 • 성폭력이 개별 삶에 미친 영향력 탐색 • 성폭력 후유증 대처전략 탐색
		⑦ 꺼내기2 : 몸은 기억하고 있다	• 성폭력 피해 경험과 관련된 몸 반응, 느낌 탐색 • 현재와 과거의 신체적 불편함과 고통 연결
		⑧ 터뜨리기1 : 말하기, 꺼내 말하기	• 성폭력 피해 경험, 관련 감정 나누기 • 잘못된 생각이나 감정 수정
		⑨ 터트리기2 : 분노! 끝없이 솟구치는!	• 성폭력 피해 경험 관련 감정 탐색 및 표현 • 가해자에 대한 분노감정 표현 • 성폭력에 대한 책임 가해자에게 분명히 귀인
4 단계	생존자 힘 복돋우기	⑩ 도움닫기1: 나, 이런 사람이거든	• 자신의 장점 100가지 찾기 • 부정적 메시지→긍정적 메시지 바꾸기
		⑪ 도움닫기2: 자기 위로 연습	• 자신을 위로할 수 있는 능력 내재됨 • 내적인 자원을 줄일 수 있는 능력 키우기
		⑫ 돋아나기: 내 인생의 징검다리	• 생애사적 관점에서 성폭력 피해 경험 조망 • 미래를 향한 삶의 설계도 작성
		⑭ 치유를 향한 발걸음	• 개인적인 회복 과정 이해 • 치유를 향한 힘찬 발돋움 시작
	종결	⑮ 마침의 시간	• 치유의 만다라 그려보기(합동작품) • 상호 피드백

1단계에서는 비슷한 고통과 갈등을 경험한 사람들을 소통시켜 소외감을 줄이고, 안전한 환경에서 지지와 위로를 통하여 신뢰감과 친밀감을 높이는 데 중점을 두고 있다. 2단계는 과거 피해 경험과 관련된 기억들을 통합시켜 피해 경험을 재평가하고, 피해 경험에 대한 개인적인 의미를 재발견하며, 더 나아가 손상된 자아감을 회복하는 데 중점을 두고 있다. 3단계는 성폭력과 관련된 죄책감과 수치감을 덜고, 폭력에 대한 책임 소재를 가해자에게 분명히 귀인시키며 가해자에 대한 분노감정을 충분히 표현하는 데 중점을 두고 있다.

또한 혼란, 무력감, 분노, 압도당하는 느낌, 통제권 상실에 대한 근본 원인을 알아차리고, 현재의 삶에서 자기 파괴적인 생존 기술을 줄이고, 새롭고 보다 적응적인 생존 기술을 개발하는 데 중점을 두고 있다.

마지막 4단계에서는 전全생애적인 관점에서 피해 경험을 바라보게 한다. 피해자 내면의 힘을 강조하고, 스스로 그들에게 주어진 난관을 잘 극복해 왔다는 것을 인정할 수 있도록 구성되어져 있다. 무엇보다 성폭력문제로부터 자신을 분리시키며, 피해자 각본에서 벗어나 새로운 인생을 창조할 수 있는 힘을 북돋우는 데 중점을 두고 있다.

(2) 인지 처리 과정 치료(CPT ; Cognitive Processing Therapy) [41)]

CPT는 12-16주 정도가 소요되는 단기적이고 구조화되어 있는 인지행동치료로서, 성폭력로 야기된 PTSD 및 이와 관련된 우울감 등을 치료하기 위해 고안되었다(Resick & Schnicke, 1992).

CPT는 외상적 기억에 대한 노출, 인지적 재구성 훈련, 외상에 의해 가장 크게 영향을 받은 부분에 대한 주제를 다루는 것으로 이루어져 있다.

CPT는 노출치료와 인지치료 두 가지 접근을 통합하여 사용되는데 외상 기억에의 노출이고 인지적 요소가 여기에 더해진다.

CPT는 피해자들에게 어떻게 사고와 정서가 서로 연관되는지를 이해하도록 교육하고, 외상 경험을 무시하거나 없애 버릴 수 없는 실제로 일어났던 사건으로써 받아들이고 통합하도록 돕는다. 또한, 사건과 관련된 여러 정서를 충분히 경험하고 부적응적인 신념을 직면하여 분석함으로써 어

41) 전국성폭력상담소협의회(2011) 권해수(조선대)성폭력 피해자 치유 · 회복 프로그램 효과성 분석 및 매뉴얼 개발 45-60의 내용을 일부 발췌해서 수록하였고, 장현아(2008)의 학대아동에 대한 상담 모델의 개관(청소년상담연구 16(2), 1-15)에서 일부 발췌한 내용을 재인용한 것이다.

떻게 이전 경험들과 신념들이 외상에 대한 반응에 영향을 미치고 또한 영향을 받았는지를 탐색하게 한다.

이전의 도식에 맞지 않는 외상 경험은 이전의 도식에 맞지 않는 새로운 정보이기 때문에 종종 문제를 일으키는 데, 예를 들어 '세상은 안전하고 어른은 어린이를 보호해 주는 존재이다' 라는 믿음이 외상 경험으로 인해 무너지면 이를 이해하고 범주화 할 새로운 방법이 없으면 그들의 기억, 생각 그리고 감정에 대해 직면하고 공유하도록 요청된다. 시간이 흐름에 따라, 아동들은 고통스러운 학대에 관련된 단서와 기억들에 대한 토론을 점점 더 잘 참아 낼 수 있게 된다.

점진적 노출 및 처리는 불쾌한 외상 기억, 생각 및 다른 단서들을 점차적으로 검증하고 처리하는 과정이다. 일어났던 사건의 세부사항들과 더불어, 연관된 생각과 느낌 그리고 신체감각 등을 포함하는 자발적인 이야기를 아동 스스로 제공할 수 있을 때 가장 효과적이다. 어린 아동들의 경우라도 그들의 경험을 공유할 수 있으며, 인형이나 손인형 혹은 일어났던 사건에 관한 그림책을 만드는 것(약간의 언어적 설명을 포함하여) 등을 사용하여 그 경험을 재상연하여 외상에 관한 그들의 생각이나 감정에 대해 작업할 수 있다. 아동들이 사건에 대해 세세하게 묘사하도록 하는 연습에 유용하다. 아동들에게 학대와 연관되지 않은 사건에 대해 이야기하는 방법을 가르쳐 주는 것은 아동이 제공할 정보의 유형을 알려주며, 아동이 성학대 이야기에서 기대할 수 있는 세부 수준을 결정하도록 도와준다.

아동이 성폭력과 관련된 감정과 생각을 표현하는 데 필요한 기술들을 실제 보여주며, 성폭력 단서(성폭력과 관련된 일반적인 정보와 같은)나 자신의 경험에 관해 고통을 덜 받을 정도로 편안해진 후에, 아동은 성폭력 경험의 더 세부적인 부분들에 대해 이야기하도록 권유받을 수 있다. 점진적 노출 및 처리 과정 동안, 두 가지 중요한 목표가 있다.

이는 아동이 그들의 성폭력 기억에 관해 더 편안하고 덜 회피적인 태도를 보이는 것, 그리고 어떤 부적응적인 생각이 있는지 확인하고 교정하는 것이다. 점진적 노출을 통해 성폭력에 대한 아동의 기억들에 주로 초점을 맞춘다. 이 과정 동안 아동은 반복적인 이야기를 통해 고통스러운 느낌이 점점 줄어든다는 것을 확신할 필요가 있다. 어떤 아동들은 치료를 거부할 수 있기 때문에 이에 대비하는 것이 중요하다.

끝으로, 성폭력에 관해 이야기하는 이유를 확신시키고 상기시키는 것이 회피적인 아동이 어려운 회기를 이겨 내는 데 도움을 줄 수 있다. 성폭력을 당하는 당시에 경험했던 생각을 이끌어 냄으로써, 역기능적 신념이 생겨나는 것이 확인되거나 가정될 수 있다. 성폭력을 경험한 아동들이 학대에 대해 이해하려고 시도할 때, 그들의 경험에 대한 정보나 지식이 부족함을 종종 느낀다. 이로 인해 그들은 그 사건에 것들이 포함되지는 않는다.

(4) Trauma-focused Cognitive Behaivor Therapy (외상중심인지행동치료) [42]

TF-CBT는 학습 이론과 인지 이론에 기초한 것으로, 피해자의 부정적인 정서와 행동 반응을 감소시키고, 외상 경험과 관련된 부적응적인 믿음과 귀인 양식을 수정하는 것을 목표로 한다. 또한 부모(가해자)가 가족 내에 있는 경우 비가해 부모와 협력하여 부모 자신이 겪은 정서적 고통을 효과적으로 다루고, 피해 아동에게 긍정적 지지를 제공할 수 있는 기술을 지원한다. 부모 역시 자녀의 학대 경험으로 인해 충격을 받으며, 가정 내에서 폭력이 발생한 경우에는 비가해 부모도 폭력의 희생자가 될 수 있으므로 이들을 위한 지원이 필요하다.

TF-CBT는 증상이 학습된 행동 반응과 부적응적 인지에 의해서 발달되고 유지된다고 가정하므로 사고, 감정, 행동과 생리적 반응의 상호 연관성을 강조한다. 치료는 외상과 관련된 조건화된 정서 반응과 사건에 대한 왜곡된 인지, 자신, 타인, 그리고 세상에 대한 부정적인 귀인에 초점을 둔다. 치료는 보통 12회기를 기본으로 하는데, 치료가 진행됨에 따라 비가해 부모는 아동을 지지하는 역할을 하고, 치료 후반기에는 필요에 따라 형제를 포함한 가족 회기를 시행하여 가족 간의 대화를 향상시키기도 한다.

TF-CBT의 장점 중 하나는 개인상담, 집단상담, 가족상담으로 시행될 수 있고, 상담실이나 학교 기반의 환경 모두에서 사용된다는 것이다(Cohen, Mannarino, & Deblinger, 2005). 다음은 피해 아동을 대상으로 이루어진 집단상담 프로그램이다.

---

42) 본 내용은 장현아(2008)의 학대아동에 대한 상담 모델의 개관(청소년상담연구 16(2), 1-15)에서 일부 발췌한 내용을 재인용한 것이다.

<표 2-13> trauma-focused CBT 개요

표현된 반응들	2011년	2015년
-치료적 관계 형서 -회기 구조의 소개 -기술 습득 -심리교육 : 정서적, 인지적 대처	-치료적 관계 형성 -회기 구조의 소개 -치료 개관 및 이론적 근거 제시/기술습득/심리교육/행동관리 / 칭찬도입	-생략 혹은 짧은 동반 회기: 칭찬의 교환
<중기단계>	-성학대 발견에 대한 세부사항을 공유하도록 부모를 격려 -사고와 감정의 처리 -아동의 이야기 및 점진적인 노출	-기술 습득 -심리교육 -아동의 이야기를 부모와 공유하고 함께 점진적인 노출 시도
<후기단계> -건강한 성 -개인적 안전감 -종결준비	-지속적인 행동관리 (효과적인 의사소통 및 훈육전략) -건강한 성 -개인적 안전감 -종결준비	-질문 및 인지 왜곡 다루기 -건강한 성 -개인적 안전감 -종결의 축하

① 감정표현과 조절 기술

성폭력은 아동에게 강한 혼란감을 주며 불안을 유발한다. 정서 및 사람들이 정서를 느끼는 이유에 대한 교육을 제공하는 것은 매우 유용할 수 있다. 주의를 기울일 필요가 있는 환경 내의 어떤 자극으로 인해 정서를 경험한다는 설명은 아동들이 어떤 불쾌한 정서를 느끼는 이유를 이해하도록 도울 수 있다(예를 들어, 화가 났을 때, 당신 주장을 굽히고 싶지 않을 수도 있다).

경험하는 정서에 이름을 붙이고 강한 정서를 느끼는 동안 발생하는 생리적 반응을 이해하는 것은 자신의 몸에 어떤 문제가 있는 것은 아닐까 하는 두려움을 경감시킬 수 있도록 도와준다. 성폭력 경험에 대한 아동의 정서 반응을 정상화하는 것 또한 불안을 감소시킬 수 있다. 불안의 감소와 정서 표현 능력의 증진은 이전에 그들의 정서를 적절하게 처리하는 방법을 알지 못했던 아이들에게 행동 문제를 감소시키는 데 도움을 줄 것이다.

감정을 지칭하는 어휘의 개발은 아동이 자신의 감정을 수용하고, 정서 인식 능력을 증진시키며, 자신이 느끼는 것을 더 효과적으로 표현할 수 있도록 도와준다. 치료자는 가능한 한 많은 감정을 묘사하는 단어 목록을 만들도록 도와줄 수 있다.

일단 아동들이 자신의 감정을 확인하는 것을 편안해 할 수 있다면, 적절한 방식으로 자신의 정서를 표현하도록 격려된다. 타인과 감정을 공유하고 자신의 감정에 관해 이야기할 수 있는 사람이 누구인지를 확인하는 것이 중요하다. 손인형을 사용한 역할 연기 또한 정서 표현의 적절한 방법을 연습하는 데 사용될 수 있다.

② 인지적 대처 기술

아동이 정서 표현 기술을 발달시킨 이후에, 인지적 대처 기술이 도입된다. 인지적 대처에의 초점은 아동의 내재된 사고 혹은 자동적 사고를 파악하고 공유하도록 격려하는 것에 주어진다. 인지적 대처 기술은 아동들이 어떤 것에 관해 생각하는 방식을 변화시킴으로써 그들이 느끼는 방식을 변화시킬 수 있다는 것을 이해하도록 도울 수 있다. 또한 이것은 아동들에게 정서에 대한 더 많은 통제감을 제공해 줄 수 있다.

③ 심리교육

아동 성폭력 교육은 자신의 성폭력 경험에 관해 말하는 것을 불편해 하는 아동들에게 훌륭한 출발점을 제공할 수 있다. 근본적으로, 교육은 성폭력 주제에 대해 소개하고, 불안을 감소시키며, 개인적인 성폭력 경험에 관한 향후의 논의를 가능하게 만들어 준다. 또한 교육은 아동들에게 그들의 경험과 정서가 자기 혼자만의 것이 아니라는 것을 알려주는 역할을 하곤 한다. 아동 성폭력은 무엇인지, 누가 아동에게 성폭력을 하는지, 얼마나 많은 아동들이 성폭력을 당하는지, 성폭력을 당했을 때 어떤 느낌인지, 아동들이 왜 성폭력을 당하는지 그리고 성폭력을 당한 이후에 그 사실을 말하지 못하는 이유가 무엇인지 등을 함께 이야기하도록 도와 줄 수 있다.

④ 점진적 노출 및 처리 과정

성폭력과 같은 외상 사건을 경험한 이후에 아이들은 학대와 관련된 기억이 되살아날 때마다 실제 학대동안 경험했던 것과 같은 강한 정서를 재경험할 수 있다. 점진적 노출 과정은그 학대의 실제적 기억과 연관된 강한 정서적 반응의 연결 고리를 끊도록 도와준다.

이 기법은 편안한 환경에서 성폭력의 기억에 아동을 노출시켜 그 기억이 더 이상 그들에게 해가 되지 않는다는 것을 학습하도록 시도된다. 그 기억과 강한 정서 사이의 연결을 약화시키는 것에 더해서, 섬진적 노출 및 처리는 아동들이 평온한 느낌을 가질 수 있으며, 심지어 그들의 경험을 자세히 말하고 기록하는 것에 대해 자부심을 느낄 수 있다는 것을 입증시킴으로서 새로운 연결을 확립한다. 치료의 처리 단계 동안, 아동이 성폭력을 당하던 그 시점에서 지니고 있었을 부적응적 신념을 확인하고 도전하여, 결국 아동이 자신과 세상에 관해 더 건강한 관점을 새롭게 형성할 수 있도록 이끄는 것이 중요하다.

노출의 목적은 편안한 장소에서 아동이 재경험과 불편한 감정을 지속시켜서 결국 불편감이 자연스럽게 사라지도록 만드는 것이다. 하지만 점진적 노출 과제를 제대로 이행하기 위해서는 시간이 필요한데, 이는 치료 회기를 마치기 전에 긍정적이거나 이완시키는 활동을 통해 평정심을 되찾도록 하기 위해서다. 점진적 노출 과정 전반에 걸쳐, 아동들은 성폭력에 관한 그들의 기억, 생각 그리고 감정에 대해 직면하고 공유하도록 요청된다. 시간이 흐름에 따라, 아동들은 고통스러운 학대에 관련된 단서와 기억들에 대한 토론을 점점 더 잘 참아 낼 수 있게 된다.

점진적 노출 및 처리는 불쾌한 외상 기억, 생각 및 다른 단서들을 점차적으로 검증하고 처리하는 과정이다. 일어났던 사건의 세부사항들과 더불어, 연관된 생각과 느낌 그리고 신체감각 등을 포함하는 자발적인 이야기를 아동 스스로 제공할 수 있을 때 가장 효과적이다.

하지만 어린 아동들의 경우라도 그들의 경험을 공유할 수 있으며, 인형이나 손인형 혹은 일어났던 사건에 관한 그림책을 만드는 것(약간의 언어적 설명을 포함하여) 등을 사용하여 그 경험을 재상연하여 외상에 관한 그들의 생각이나 감정에 대해 작업할 수 있다. 아동들이 사건에 대해 세세하게 묘사하도록 하는 연습에 유용하다. 아동들에게 학대와 연관되지 않은 사건에 대해 이야기하는 방법을 가르쳐 주는 것은 아동이 제공할 정보의 유형을 알려주며, 아동이 성학대 이야기에서 기대할 수 있는 세부 수준을 결정하도록 도와준다.

아동이 성폭력과 관련된 감정과 생각을 표현하는 데 필요한 기술들을 실제 보여주며, 성폭력 단서(성폭력과 관련된 일반적인 정보와 같은)나 자신의 경험에 관해 고통을 덜 받을 정도로 편안해진 후에, 아동은 성폭력 경험의 더 세부적인 부분들에 대해 이야기하도록 권유받을 수 있다.

성폭력을 당하는 당시에 경험했던 생각을 이끌어 냄으로써, 역기능적 신념이 생겨나는 것이 확인되거나 가정될 수 있다. 성폭력을 경험한 아동들이 학대에 대해 이해하려고 시도할 때, 그들의 경험에 대한 정보나 지식이 부족함을 종종 느낀다. 이로 인해 그들은 그 사건에 대해 혼란스럽고, 부정확하며, 역기능적인 생각들을 발전시키게 된다. 이러한 부적응적인 생각들은 그들 자신과 주변 세상에 관한 관점과 신념의 기초가 되어 불안이나 우울을 야기하게 된다. 따라서 노출 과제의 맥락에서 이런 기이한 생각들을 드러내게 유도하는 것이 중요하다. 이를 통해 이후의 처리 훈련 동안 재검토할 수 있게 된다. 이러한 부적응적인 생각들에 도전하는 것은 아동들 스스로나 주변 세상에 관한 부정적인 관점을 경감시켜, 불안이나 우울 증상들을 완화시키는 데 상당히 도움을 줄 수 있다. 그러나 아동이 그들의 외상 기억을 함께 이야기할 수 있을 때까지 역기능적 생각이나 신념의 논박을 지연하는 것이 중요하다. 노출 훈련은 성폭력 당시에 경험한 생각과 느낌을 포함하여 실제 경험을 능가할 만큼 강도 높게 실시된다.

끝으로 각자 다른 성폭력 사건들을 함께 논의할 때 발생 시간에 따라 적절하게 이야기를 배열하여 조직화하도록 도와주는 것이 중요하다. 아동들이 치료에서 이야기를 배열하여 조직화하도록 도와주는 것이 중요하다. 아동들이 치료에서 배운 것을 요약하여 긍정적이고 희망적인 결말을 만들어 내도록 돕는 것 또한 중요하다. 이 과정은 외상 기억을 더 효과적으로 부호화할 수 있도록 도와서 성폭력과 관련된 단서들이 수치스럽고 두려운 감정과 생각과는 반대로 더 생산적이고 건강한 생각과 감정(예를 들어, "참 슬픈 일이야, 하지만 내가 그것에 잘 대처할 수 있다는 것이 자랑스러워.")을 유발시키게 된다.

⑤ 건강한 성

건강한 성에 관한 교육은 대개 성폭력 외상 이야기를 완성한 이후에 아동에게 제공된다. 나이에 걸맞은 방식으로 아동에게 성에 관한 정확한 정보를 제공하는 것은 아동이 이미 갖고 있거나 앞으로 갖게 될 수 있는 잠재적인 부적응적 신념을 교정하거나 예방하는 데 도움을 줄 수 있다.

⑥ 개인적 안전 기술

개인적 안전 기술에 관한 교육은 아동들의 이야기 혹은 그 외의 점진적 노출훈련을 거의 마친 이후에 제공되는 것이 일반적이다. 이야기는 아동들이 실제로 반응한 방식을 포함하여 그들이 경험한 것을 반영하는 것이며, 개인적 안전 교육에 기초해 아동들이 생각했어야 하는 것들이 포함되지는 않는다. 개인적 안전 기술 교육은 아동들이 그들 자신을 안전하게 보호하기 위해 미래의 가능한 상황에서 해야 할 것들을 가르치는 것이다. 이러한 교육은 미래에 생길 수 있는 피해를 막는 보호 장치가 될 뿐만 아니라 스스로를 보호하는 능력에 관한 자기효능감을 증진시킬 수 있다.

신체 소유권이 개인적 안전 기술 교육의 핵심 부분이다. 아동들은 그들 자신의 몸이 그들의 것이며, 누군가가 자신의 몸을 만지는 것을 원하는 지 또는 원하지 않는지를 결정할 수 있는 권리가 스스로에게 있다는 것을 배운다. 또한 모든 신체 기관들이 중요하며, 어느 누구도 그들의 몸을 다치게 할 수 있는 권리를 가지고 있지 않다는 것을 배운다. 신체 소유권에 대해 배운 이후에, 아이들은 대개 괜찮은 접촉과 괜찮지 않은 접촉 사이의 차이에 대해 교육받을 수 있다. 아동이 포옹이나 악수, 하이파이브 등과 같은 괜찮은 접촉의 목록을 작성하도록 도울 수 있다. 또한 치료자는 하이파이브 또는 포옹과 같은 괜찮은 접촉을 하는 방법에 관해 역할 연기를 할 수도 있다.

아동들은 다른 사람들이 괜찮지 않은 방식으로 그들을 만지려고 시도할 때 그들이 어떻게 해야 하는지를 생각해 보도록 격려될 수 있다. 개인적 안전 기술을 습득하는 것은 이와 유사한 어떤 것이 미래에 일어날 지라도 아동에게 자신감을 지니게 하며, 아동 성폭력에 관한 어떤 것을 알기 전에 이러한 경험을 처리했던 방식에 대해 자랑스러워하도록 도울 것이다. 이러한 점에서 아동들은 그들 신체에 대한 지배력과 통제력이 있으며, 접촉을 원하지 않을 때 상대방이 괜찮은 접촉을 하려고 할지라도 "안 돼요."라고 말할 권리가 있음을 배울 수 있다.

2) 치유 · 회복의 개인 상담

성폭력 피해자들 중에서는 자신에게 일어난 일들을 상담자 외에 다른 사람에게 드러내는 것에 대해 극도의 스트레스와 공포로 느끼는 경우도 있는데 이럴 경우 집단상담적인 접근보다는 개인상담에서 피해자가 안정감을 확보하고 자신의 속도에 맞추어 문제를 다룰 수 있다는 장점이 있다.

또한 개인상담에서도 지속적으로 내담자의 문제에 대해서 초점을 맞출 수 있으며 깊은 탐색을 통한 개인의 환경에 대한 변화를 가져 올 수 있다.

성폭력 피해 상담은, ①치유에 대한 결정, ②기억재생, ③사실로 인정하기, ④침묵깨기, ⑤내 책임이 아니란 걸 깨닫기, ⑥내부의 나와 접촉하기, ⑦슬픔작업, ⑧분노작업 및 대면하기, ⑨용서하기 단계, ⑩내면세계의 힘과 만나기로 진행되는 것이 일반적이다.[43]

---

43) 김정규, "성폭력 피해자 치유상담"(150-160)의 내용을 발췌, 정리하였다.

① 치유에 대한 결정

피해에 대한 치유를 하고자 결정하는 시작이 회복의 첫 시작임을 알리는 신호이다. 치유에 대한 결정을 돕는 사람은 자신은 물론이고 부모, 형제, 친구, 선생님들이 모두 긍정적인 조언과 회복 후의 삶의 변화에 대해 이야기해 줄 수 있다.

② 기억재생

치료를 결정하고 나면 양가감정 및 피해 장면이 되살아나니고 순간적인 충격적인 감정들이 되살아나는 경험들을 하게 되는데 그러할 때 상담자나 치료자가 그 순간을 온전하게 함께 해준다면 피해자는 그 시간을 이겨낼 수 있다.

③ 사실로 인정하기

피해자들은 흔히 자의 지각을 의심한다. 자신에게 실제 사건이 발생했다는 사실을 인정하는 것은 치료의 중요한 부분이다. 한번 일어난 사건이라고 매우 중요할 수 있으므로 그 의미를 축소하기보다는 그 영향을 직시하는 것이 무엇보다도 중요하다.

④ 내 책임이 아니란 걸 깨닫기

대부분의 피해자들은 성폭력 피해를 입은 것이 자신의 탓이라고 생각하고 자책감에 빠져 들기도 한다. 특히 평소 자존감이 낮거나, 주변사람들로부터 지속적으로 부정적인 말을 듣거나 하게 되면 스스로 이러한 것들을 내면화시켜서 자신의 잘못으로 느끼는 오류를 범하게 된다.

치료에 있어 죄책감의 해결은 가장 중요한 부분으로 피해에 대한 책임을 명확히 가해자에게 돌림으로서 피해자를 따뜻하게 격려하고 지지해 주어야 한다.

⑤ 내부의 나와 접촉하기

피해자가 자신의 억압된 분노감정을 해소하고 나면 내면의 나와 만나게 된다. 많은 피해자들은 자신의 상처받은 내면의 자기와 외면하고 싶어한다. 그 이유는 자신이 가장 무력하고 고통스런 기억을 재생하는 것이 힘들기 때문이다. 내면의 아이가 하는 소리에 귀를 귀울이고 그때 감정에 충분하게 칭찬과 격려가 필요하다.

⑥ 슬픔작업

피해자들이 그 동안 억압해 온 감정을 비롯한 자신의 내면세계와 접촉하게 되면 깊은 슬픔을 체험하게 된다. 진정으로 치유가 되기 위해서는 자신의 상처에 대해서 슬퍼할 수 있어야 한다. 이런 애도작업을 하기 위해서는 피해자가 어린 시절의 고통스런 기억으로 되돌아가 이를 다시 체험할 수 있어야 한다.

⑦ 분노작업 및 대면하기

분노는 가장 강력한 치유수단이다. 분노함으로써 억압된 감정으로부터 해방될 수 있다. 가해자 혹은 나를 보호해 주지 못한 사람에 대한 정당한 분노를 통하여 나 자신의 올바른 위치를 되찾을 수 있다.

부당하게 가해지는 폭력에 대해 분노는 건강한 반응이며 자신을 안전하게 지키는 수단이다. 분노는 피해자의 무력감을 회복시켜 주고 억압된 에너지를 활성화하여 자신감을 회복시켜 준다.

⑧ 용서하기 단계

치유의 마지막 단계는 가해자에 대한 부정적인 감정을 해결 한 후에 용서하는 것이다. 과거의 상처를 극복하고 새로운 출발을 하기 위해서는 과거의 문제를 해결하는 것이 필요하고, 어떤 형태로든 가해자에 대한 감정을 정리할 필요가 있다.

기타 국내의 사례연구를 통해 보고된 치료적 개입을 살펴보면, 성폭력 피해아동과 부모를 위해 위기개입, 사례관리, 지지적 기법, 게슈탈트 기법, 놀이치료 등의 다양한 기법이 사용되고 있다.

제4절 정책적 제언

1. 정책적 제언

(1) 심리치료의 필요성

성폭력 피해자는 피해 유형, 경과 시기, 피해자의 연령, 가해자와의 관계, 사회적 지지 체계에 따라 다양하면서도 복합적인 심리적 후유증을 나타낼 수 있으며, 그런 의미에서 종합적인 진단과 대상에 맞는 선별적인 지원이 필요하다.

성폭력 피해아동과 청소년들의 경우 가해자 등 사회의 다수를 향한 분노와 반항심을 폭력적 성향으로 표출하거나 피해 후유증으로 자존감이 낮아져 성적으로 문란해지는 경우도 있으며 가해자에 의한 피해가 자신의 선택과 상관없이 일어났던 일인데 왜 자신이 보호시설에 입소하여 규칙이나 규율을 지키거나 따라야 하는지에 대한 합의를 얻기가 힘든 경우도 다반사다. 그러다보니 규칙이나 규율을 어기기나 통제를 싫어하기도 한다.

현재 활동하고 있는 전국의 해바라기센터, 성폭력 상담소 및 성폭력 피해 보호시설에서는 피해자의 치유 · 회복을 위하여 신체적 상해를 우선 치료할 수 있도록 안내하고, 가해자를 법적으로 처벌하는 것을 목표로 활동하며, 또는 법적 자료를 지원하기도 한다. 더불어 안전하고 우호적인 환경을 제공하고, 다양한 심신 회복 프로그램으로 정서적, 신체적 건강을 회복하는 기회를 제공하고 있다.

다시 말하면 성폭력 피해자들에게는 의료적, 법적, 복지적인 지원 등 1차적인 지원과는 별도로 개인상담과 집단상담등에서 심리적 트라우마는 반드시 다루어져야 한다.

(2) 민간 성폭력 상담소의 상담심리전문가 포진

성폭력 피해로 인한 트라우마는 충분히 다루어지지 않으면 억압되고 잠복되어 있다가 생활 속에서 어떤 자극이나 촉발요인에 의해 나타난다. 그러므로 성폭력 피해자의 심리적 트라우마를 치유 · 회복을 위한 전문적인 과정이 필요하다. 그리고 국가 및 사회적 책임으로 상담 과정에서 피해자들이 호소하는 심리적 트라우마를 전문적으로 다룰 책임이 있다. 현재 민간 성폭력 상담소의 경우 대부분이 운영 여건상 위기 대응 등과 단기 상담 등에 집중하는 경향이 있다. 관련하여 성폭력 피해자의 치유를 전제로 한 상담심리전문가의 역할 부재는 상당히 크다. 향후 성폭력 피해자를 위한 전문가 함께 포진할 수 있는 여건이 갖추어진다면 즉각적인 대응과 함께 지속적인 지원이 이루어질 수 있을 것이다.

또한 피해자의 정신심리 치유를 위한 맞춤식 지원프로그램이 정착화된다면 더욱 더 치유에 도움에 될 것이며, 강간통념에 대한 성교육으로 회복을 지원하고, 놀이치료나 미술치료 등의 매개체를 사용하여 대상과 증상의 맞춤을 넘어 피해자의 관심에 맞는 치료 기법을 사용할 수 있는 여건이 되고 지속적인 지원이 된다면 그 효과는 배가 될 것이다.

(3) 성폭력 피해자 심리지원 매뉴얼의 보급

2011년부터 여성가족부는 한국형사정책연구원, 한국여성정책연구원, 여성아동폭력 피해중앙지원단 등과 연구하여 성범죄미성년 가해자 치료 및 적응적 사회행동 발달프로그램, 지적장애인 성폭력 피해자 치료프로그램 개발, 친족성폭력피해자 치료프로그램개발, 피해아동 가족치료 개별프로그램 개발들의 프로그램 등을 제작하였다.

이 매뉴얼 중 몇몇은 해당 기관의 홈페이지에 들어가서 쉽게 다운로드 되지 않고 기관으로 사용 요청 이메일을 보내서 파일을 받을 수 있게 되어 있는 자료도 있다. 또는 영상등은 업로드가 되어 있지 않아 사용하기가 불편하게 되어 있고 일부러 찾아서 받아보지 않으면 사용 자체가 어려운 자료도 적지 않다.

성폭력 피해자를 지원하는 모든 시설에 성폭력 피해에 관련한 지침서를 프로그램의 일환으로 활용하게 하고 자료의 접근을 쉽게 한다면 피해자 지원의 성과는 물론이고 피해자들에게 제공되는 프로그램의 질도 향상될 것이다.

(4) 성폭력 피해자와 가족들의 정신건강에 대한 지속적인 관리

성폭력 피해자 및 주변의 가족들의 심리와 감정은 잦은 변화를 겪을 수 있고 우울을 넘어 자살 및 자살시도 등의 여러 가지 패턴을 보일 수 있다.

성폭력 피해가 개인의 문제가 아니라 가족을 넣어 사회의 문제로 보고 접근한다면 개인의 정보 보장과 개인의 의견을 전제로 한다는 원칙하에 피해 상담 및 치유기관의 영역을 벗어나서 각 시 · 도에 있는 정신보건 센터, 중독지원센터, 건강가정지원센터, 청소년상담복지센터 등과 연계하여 지속적인 사례 관리를 하는 것도 하나의 필수요소이다.

각 기관의 특수성을 살려서 피해자 및 가족의 건강성을 회복할 수 있도록 도와주는 역할들이 공유되고 사례관리되는 통합적인 접근이 필요하다.

참고문헌

교육부 (2016). 2차 학교폭력 실태조사.

경기남부해바라기센터 (거점, 2015). 해바라기 초기 면접 정신병리 체크리스트(성인용, 아동청소년용).

경기남부해바라기센터 (거점, 2015). 해바라기센터 자기 보고식 척도자료집.

경찰청 (2013). 경찰 통계 연보.

권해수 (2005). 친족 성폭력 피해자를 위한 '새날을 위한 힘찬 날개짓' 프로그램. 성폭력 피해자 치유·교정 프로그램 257-314.

권해수 (2007). 성폭력 피해 여성의 치유 경험. 한국심리학회지: 사회문제, 13(4). 53-82.

권해수 (2014). 성폭력피해자 치유상담 내용 구성을 위한 델파이 연구. 상담학 연구 2014, Vol. 15, No. 1, 1-15.

권희경, 장재홍 (2003). 청소년성폭력피해자들의 성폭력 인식과 자기 손해적 성행동.

김경운, 권기창 (2015). 성폭력 피해 청소년을 위한 임파워먼트 증진 프로그램 개발을 위한 연구 237-238.

김명희 (2003). 친족성폭력 피해자의 후유증과 그 회복과정 연구. 경성대학교 대학원 박사학위 논문.

김정규 (2000). 성폭력 피해자 치유상담. 한국성폭력 상담소.

김지혜 (2011). 아동기 성폭력 경험의 회복과정에 관한 연구. 강남대학교 사회복지전문대학원 박사학위논문.

김현희 (2004). 성폭력피해자에 대한 임파워먼트 접근의 유용성. 임상사회사업연구, 1(2), 38-48.

대검찰청 (2014). 범죄 통계.

변혜정, 조중신, 권수현, 권해수, 정유석, 김혜정 (2005). 친족성폭력 피해자 집단상담 프로그램 '치유를 향한 힘찬 날갯짓'. 성폭력 피해자 치유·가해자 교정 프로그램 매뉴얼. 여성가족부.

부산광역시 (2013). 아동성폭력 피해자 효율적 지원방안 연구 144.

성폭력전문상담 (2004). 성폭력 전문상담원. 서울: 시그마프레스.

여성가족부 (2011). 성폭력 피해자 치유 및 회복 프로그램의 효과성 분석 및 매뉴얼 28.

여성아동폭력피해 중앙지원단 (2011). 친족성폭력 피해자 지원 프로그램 개발.

이신영, 박선영 (2010). 한국과 미국의 성폭력 피해 아동을 위한 치료 현황.

이현아 (2011). 아동성폭력의 이해 및 상담. 아동성폭력 상담원 교육자료.

장현아 (2008). 학대아동에 대한 상담 모델의 개관. 청소년상담연구, 16(2), 1-15.

전국성폭력협의회 (2012). 성폭력 피해자 치유· 회복 프로그램 효과성 분석 및 매뉴얼 개발. 45-60.

조현빈 (2006). 성폭력과 성폭력 피해자 심리의 이해 47-48.

채규만 (2004). 성폭력 피해자 심리치료. 서울: 학지사 142.

한국가족복지학회 (2004). 성폭력 전문상담(2004년 초판), 성폭력전문상담원 교육 교재 . 시그마 프레스.

홍선영, 김희영 (2013). 부산광역시 아동성폭력 피해자 효율적 지원방안 연구.

Baker, J. A. (2004). Long-term responses to childhood sexual abuse: Life histories of Hispanic women in midlife. (Doctoral dissertation, Kent State University, 2002). *Dissertation Abstracts international*, 62. 5361.

Bass, E. & Davis, L. / 이경미 역(2000). 아주 특별한 용기(The Courage to Heal: A Guide for Women Survivors of Child Sexual Abuse, 1992). 서울: 동녘.

Bonanno, G. A. (2004). Loss, trauma, and human resilience. *American Psychologist*, 59(1), 20-28.

Cohen, J. A., Deblinger, E., & Mannarino, A. P. (2005). Trauma-focused cognitive-behavioral therapy for sexually abused children. In E. D. Hibbs & P. S. Jensen (Eds.). *Psychosocial treatments for Childand Adolescent Disorders* 2nd ed., 743-765. Washington, DC: American Psychological Association.

Courtiois, C. A. , & Sprei, J. E.(1988). Healing the Incest Wound: Adult Survivoirs in Therapy. New York: Norton & Co.

Coward, D. D., & Reed, P. G. (1996). Self- transcendence : A resource for healing at the end of life. *Issues in Mental Health Nursing*, 17, 275-288.

Draucker, C. B. (1992). The healing process of female adult incest survivors: Constructing apersonal residence. *Journal of Nursing Scholarship*, 24(1), 4-8.

Draucker, C. B., Martsolf, D. S., Ross, R., Cook, C. B., Stidham, A. W., & Mweemba, P. (2009). The essence of healing from sexual violence: A qualitative metasynthesis. Research in nursing & health, 32(4), 366–378.

Herman & Vander Kolk(1987). Traumatioc Antecedent of Borerline Personality Disorder Van der Kolk (ed), *Psychological Trauma Washington* D.C. American Pasychiatric Press

Figley C. R. (1995). Compassion fatigue as secondary traumatic stress disorder: *An overview in compassion fatigue. New York*: Brunner/Mazel.

Fischer & McDonald(1998). Fisher, D. G. & McDonald, W. L. (1998). Characteristics of intrafamilial and extrafamilial child abuse. *Child Abuse and Neglect, 22*, 915–929.

McCabe(1995). McCabe, P. (1995). Exploring the phenomenon of healing. The Australian Journal of Holisti cnursing. 2 (1). 13–24.

McCann, I. L., & Pearlman, L. A. (1990). Vicarious traumatization: A framework for understanding the psychological effects of working with victims. Journal of Traumatic Stress, 3,

McGlone, M. E. (1990). Healing the spirit. Holistic Nursig Practie. 4 (4), 77–84.

Rape Crisis Center(2007). *Feelings & Stages Following a Sexual Assault.* Madison, Wisconsin.

Resick, P. A., & Schnicke, M. K. (1992). Cognitive processing therapy for sexual assault victims. *Journal of Consulting and Clinical Psychology*, 60, 748–756.

Schneider, P. E. (1995). Focusing awareness : The process of extraordinary healing from a rogerian persepective. *The Journal of Rogerian Nursing Science, 3(1)*, 32–43.

Wallace, H., & Roberson, C. (1998). *Victimology: Legal, psychological, and social perspectives*(pp. 317–29). Boston, MA: Allyn and Bacon.

http://www.child 1375.or.kr/index.asp

http://www.angelfire. com

http://omychans.tistory.com/1274 [노회찬의 공감로그]

http://www.mogef.go.kr

http://www.sisters.or.kr/

CORRECTIONAL ASSESSMENT

제 3 장

성범죄자의 심리 특성 및 교정

– 집필 신기숙

제1절 성범죄자 위험성 평가

위험성 평가는 성범죄자를 관리하는 모든 영역에 중요한 영향을 미친다. 위험성 평가는 미래에 범죄를 저지를 가능성을 예측하기 위해 범죄행동과 관련된 위험성 요인을 평가하는 것으로 위험성의 확인을 통해 범죄를 방지할 수 있게 한다(Andrews & Bonta, 2006; Hanson, 2006). 또한 위험성 관리를 통해 범죄의 위험성을 줄여갈 수 있도록 한다. 성범죄자에 대한 위험성 평가는 성범죄자 재범의 예측과 관리 및 감독을 포괄하는 것이기 때문에 전 세계 어느 곳에서나 중요한 과제이다.

위험성 평가를 토대로 한 범죄의 예측은 수사와 기소단계, 재판과 판결단계, 교정단계, 지역사회 관리단계 등 형사사법체계의 모든 단계에서 유용한 정보를 제공한다(강호성, 2010; 이수정, 윤옥경, 2003; Bonta, 2002). 우선, 범죄의 수사와 기소단계에서는 수사의 종결 및 기소 여부를 결정하는 과정에서 위험성 평가가 활용될 수 있다. 수사과정에서 사건을 종결시킬 경우 또는 기소단계에서 기소유예나 선도를 조건으로 할 경우 범죄자의 처리나 처분을 결정하기 위해 위험성 평가를 할 수 있다. 재판과 판결에서의 범죄 위험성 평가는, 양형의 조건을 고려하고 형의 종류를 결정하는데 중요한 정보를 제공한다.

교정단계의 경우, 범죄자의 개별처우를 계획하고 수립하는데 위험성 평가를 사용할 수 있다. 예를 들어, 시설에 수용되면 관리와 처우를 위해 조사와 분류가 실시되는데, 그 과정에서 위험성 평가는 범죄자 개인에 대한 처우의 수준과 내용을 결정하는데 중요한 정보가 될 수 있다. 마지막으로, 지역사회 관리단계에서는 보호관찰 처분을 받거나 혹은 조건부 가석방 등을 통해 지역사회 내에서 관리를 받을 경우 범죄의 잠재적 요인을 식별하여 이러한 범죄 위험요인들이 발현되거나 재범으로 심화되는 것을 사전에 방지하는데 도움이 된다. 이와 같이 범죄자의 위험성 평가는 전반적인 범죄자 관리 및 재범방지에 있어 반드시 필요한 중요한 특성이다.

성범죄자의 위험성을 평가하는 것은 성범죄자의 재범을 높일 수 있는 혹은 낮출 수 있는 범죄자 개인의 특성을 고려하는 것으로 이러한 특성은 성범죄자의 재범과 관계가 있다는 경험적 증거에 토대를 두고 있다(Beech, Craig, & Browne, 2009). 많은 연구들에서 성범죄자의 재범과 관련된 위험성에는 정적 및 동적 위험요인이 있는 것으로 밝혀졌다(Hanson & Bussière, 1998; Hanson & Morton-Bourgon, 2005). 정적 위험요인은 개인의 과거와 관련된 요인으로 변화될 수 없는 측면이며, 동적 위험요인은 범죄 위험성이 가장 높을 때 쉽게 확인될 수 있는 요인으로 상대적으로 변화할 수 있는 측면이다(Beech et al., 2009; Hanson, 1997). 성범죄자의 위험성 평가를 이해하기 위해 정적 및 동적 위험요인의 개념 및 구성요인들에 대해 살펴보고자 한다.

1. 정적 위험요인

성범죄자의 위험성을 평가하는 요인으로 정적 위험요인stable risk factors이 있다. 정적 위험요인은 시간이 지나도 위험성 수준이 변화되지 않기 때문에 장기적인 위험성을 평가하는데 유용하다. 일반적으로 성범죄자의 정적 위험요인은 범죄자 연령, 과거의 성범죄, 비접촉 성범죄, 성범죄 당시 폭력행동, 피해자의 유형 등이 포함된다(Hanson & Thornton, 2000). 일부 연구에서는 성범죄자의 성범죄와 폭력범죄 재범 요인들 중에서 가장 예측력이 높은 정적 위험요인으로 연령, 일탈적인 성적 관심, 범죄전력, 정신병질(psychopathy)인 것으로 보고되었다(Cooper, 1993; Hanson & Harris, 1998; Hanson & Morton-Bourgon, 2009; Quinsey, Lalumière, Rice, & Harris, 1995). 정적 위험요인을 이용한 재범 예측연구는 다양하게 이루어졌고 반복 검증을 통해 믿을만한 실증적 결과들이 밝혀졌다.

Craig, Browne, Stringer와 Beech(2005)는 26개의 성범죄 재범관련 연구를 분석한 결과(n=33,001) 의미 있는 17개 요인을 발견하였다. 이러한 위험요인으로는 연령, 피해자 특성(남자아이, 비면식, 다양한 피해자, 비친족), 발달력(청소년기 성범죄, 성학대 피해, 열악한 가족환경), 범죄전력(과거범죄 및 성범죄), 임상적 요인(결혼생활, 지능) 등이 포함된다. 경험적 연구들을 통해 검증된 정적 위험요인을 발달력 요인, 피해자요인, 성적 관심요인, 범죄전력요인, 임상적 요인으로 분류하여 표 3-1에 제시하였다. 이러한 요인들 중 일부 정적요인에 대해 아래에 기술하였다.

<표 3-1> 성범죄자 재범과 관련된 정적 위험요인

발달력 요인	피해자 요인	성적 관심 요인	범죄전력 요인	임상적 요인
청소년기 성범죄	가족외 피해자	비접촉성 성범죄	과거 범죄전력	낮은 지능
열악한 가족환경	남성 피해자	일탈적 성적 관심	과거 성범죄	결혼/이성 관계
성학대 피해자	비면식 피해자	아동에 대한 성적 각성	과거 폭력범죄	지역사회 치료프로그램 중도탈락
최초 범죄 연령	다양한 피해자	성도착 (이상성행동)	교정기관 수형기간	성격장애 진단
출소 시 연령 (반비례 관계)	비친족 피해자		이전 유죄선고 횟수	사이코패시 (PCL-R 30점 이상) 정서적 일치

출처: Craig, Browne, & Beech (2008) 재인용.

1) 연령

성범죄자의 연령이 재범예측에 미치는 영향에 대해 다양한 결과들이 있는데 대부분의 연구에서 연령이 성범죄 재범과 높은 부적 상관이 있는 것으로 보고되었다(Craig, 2008; Hanson, 2002; Thornton, 2006; Rice & Harris, 2014). 연령과 재범과의 관계에서 성범죄로 복역 후 출소 시 연령이 낮을수록 재범 가능성이 높은 것으로 보고되고 있는데, Hanson(2002)의 연구에서는 출소 연령이 25세 미만일 때 재범률이 가장 높은 것으로 나타났다. 출소 시 연령이 높을수록 재범의 위험성은 감소되며 특히, 60세 또는 70세 정도가 되면 대부분의 성적 재범률은 낮아지는 것으로 나타났다(Barbare, Blanchard, & Langton, 2003).

연령과 관련한 다른 연구에서는 최초 성범죄 연령이 낮을수록 성범죄와 관련된 재범이 발생할 가능성이 높은 것으로 나타났다. Harris와 Rice(2007)의 연령과 관련된 연구에서 출소연령과, 최종(현재 사건)범죄 시 연령, 최초 성범죄 연령을 토대로 재범률을 비교한 결과 성폭력 범죄와 비성폭력 범죄 모두에서 연령과 재범간의 유의미한 상관이 있는 것으로 보고되었다. 특히, 폭력범죄의 경우에는 범죄의 재범을 예측하는데 있어서 최초 범죄연령이 출소 나이에 비해 상대적으로 더 중요한 것으로 나타났다. 최초 범죄 연령은 삶의 전 과정에서 나타나는 지속적인 반사회성과 관련될 수 있기 때문에 범죄자의 재범가능성을 측정하는데 훨씬 더 많은 정보를 제공하는 것으로 설명하고 있다.

성범죄자 출소 연령과 최초 성범죄 발생연령이 재범에 미치는 영향에 대한 좀 더 구체적인 연구에서는 사회인구학적인 특징 또는 범죄특성, 범죄전력 등에 따라 수많은 변인들이 작용할 수 있기 때문에 다양한 요인들에 대한 종합적인 고려가 필요하다고 제기되고 있다(Hanson & Morton-Bourgon, 2005). Harris와 Rice(2007)는 성범죄자 재범에서 최초 범죄 시작 나이는 범죄자 출소 나이에 비해 측정과정에서 상대적으로 장기적인 생활양식을 반영해 줄 수 있기 때문에 범죄를 예측하는데 좀 더 효과적일 수 있는 것으로 보고하였다. Doren(2006)의 연구에서는 범죄자의 위험성을 고려하지 않았을 때 출소 당시 연령이 낮을수록 재범 가능성이 높았으며, 연령이 높을수록 재범 가능성은 감소되었다. 반면 범죄자의 위험성을 고려했을 때 위험성을 측정하는 방법에 따라 재범의 위험성은 다르게 나타났다. 예를 들어, 피해자의 유형에 따라 연령이 재범에 미치는 영향이 다르게 나타날 수 있는데, Hanson(2002)의 4,673명의 성범죄자에 대한 출소 후 10년간 추적연구에서 일반 강간범과 근친상간 성범죄자는 연령이 증가함에 따라 재범의 가능성이 지속적으로 감소하였는데 반해 가족외 아동 성범죄자는 50세가 지날 때 까지도 재범 위험성의 감소가 거의 없는 것으로 나타났다.

2) 발달력

성범죄 위험성 평가에서 개인의 발달력과 관련한 요인들이 범죄의 예측력과 관련이 높은 것으로 보고되었다(Quinsey, Harris, Rice, & Cormier, 2006; Ward, Hudson, & Marshall, 1996). Harris 등(1993)이 개발한 보험계리적 위험성 평가도구인 SORAG 에서는 아동기에 부모와 함께 살았는지 또는 학교생활에서 부적응과 관련한 사건이 있었는지에 대한 문항이 있다. 만약 부모와 함께 살지 않았다거나 부적응적인 학교생활이 있었을 경우 미래의 범죄가능성 혹은 재범이 일어날 가능성을 증가시키는 위험요인이 된다. 이러한 발달력과 관련한 항목은 아동기에 안정된 애착관계가 형성 되었는지에 관한 이론에 토대를 두고 있다.

인생 전반에 나타나는 반사회적 행동은 부모와의 애착이 잘 이루어지지 못한 것과 관련된다. 아동기에 애착관계를 형성하지 못하면 불안정한 자기개념이 형성되고 대인관계 기술이 부족하여 친밀감 형성에 어려움을 겪을 수 있다(Marahall, Barbaree, & Eccles, 1991). 성범죄자들은 타인과 상호작용의 어려움으로 정서적 외로움, 불만감을 느끼는 경우가 많다. 이러한 정서적 외로움, 분노와 같은 부정적 감정의 대처방법으로 일탈적인 성적 환상이나 강압적이고 폭력적인 성적 행동을 통해 해결하려고 한다. 따라서 불안정한 애착관계는 성범죄, 폭력범죄 및 일반범죄와 관련이 있는 것으로 확인되었다.

또한 아동기에 부모의 학대를 경험하는 것은 분노 및 공격성과 밀접한 관련이 있는 것으로 일관적으로 보고되었다(Connor, Steingard, Anderson, & Melloni, 2003; Dutton, 1999; Ford, Fraleigh, & Connor; 2010). 부모에게 학대 받은 경험이 있는 아동은 지각된 위협이나 좌절에 대해 분노반응으로 또는 자신이 원하는 것을 획득하기 위한 수단을 강압적인 행동으로 표출할 수 있다. Ford 등(2010)의 연구에서 학대의 과거력이 있는 경우에 그렇지 않은 집단과 비교했을 때 분노반응과 공격성을 보일 가능성이 12배나 높았다. 아동기 성학대와 관련해서는, 성범죄자 집단이 일반 범죄 집단과 비교했을 때 아동기 성학대 경험이 훨씬 더 높은 비율로 나타났다(Dahawan & Marshall, 1996). 성장과 발달과정에서의 성학대 경험은 일탈적인 성향을 형성시키는 학습의 계기가 될 수 있다.

아동기에 부모와의 애착형성이 불안정하고 학대경험, 특히 성적 학대 경험이 있는 경우 성장과정에 친밀한 관계 형성을 어렵게 하고 부정적 자기개념을 형성하게 된다. 결국 부적절한 성행동, 성적 일탈, 공격성을 유발할 수 있기 때문에 범죄를 일으킬 위험요인과 관련이 높을 수 있다.

3) 임상적 요인

성범죄 관련 위험요인에서 성격장애와 관련성 여부는 지속적으로 제기되고 있는 영역 중의 하나이다. 특히 반사회적 성격장애는 미래의 공격행동을 예측하는 좋은 지표로 평가받고 있다. 성격장애를 평가하는 PCL-R은 위험성 평가도구로 개발되지는 않았지만 폭력범죄를 포함하여 성범죄, 일반범죄 등 전반적인 범죄를 예측하는데 높은 예측력을 보였다(조은경, 이수정; 2008). 일부 연구에서 PCL-R이 폭력범죄의 재범에 관하여는 높은 예측력을 보이는 반면, 성범죄 위험성 예측에는 상대적으로 예측력이 낮은 것으로 보고되기도 하지만 성범죄자 위험성 평가에서 반사회적 성격장애를 측정하기 위해 사용되고 있다.

다양한 연구들에서 성범죄자를 추적한 결과 성범죄자의 주요한 위험요인은 반사회성과 일탈적 성적 선호인 것으로 보고되었다(Hanson & Bussière, 1998, Hanson & Morton-Bourgon, 2004). Hanson과 Morton-Bourgon(2005)의 메타분석에서 성범죄자들의 일반범죄 및 폭력범죄에 대한 중요한 예측 요인은 반사회적 특성과 성격 및 규율위반 전력으로 나타나는 반사회적 성향으로 확인되었다. 또한 일탈적 성적 행동의 선호와 반사회성이 함께 공존했을 때 청소년 및 성인 성범죄자 모두의 성적 재범을 가장 강력하게 예측하는 것으로 나타났다(Craig et al., 2008; Hanson & Bussière, 1998; Roberts, Doren, & Thornton, 2002; Quinsey et al., 2006; Seto, Harris, Rice, & Barbaree, 2004). 따라서 높은 반사회성을 보이는 성범죄자의 경우 폭력범죄를 포함한 일반범죄를 저지를 가능성이 높으며, 일탈적인 성적 선호가 높은 경우에는 좀 더 성적으로 동기화된 범죄를 저지를 가능성이 있다. 반사회성과 일탈적 성적 선호가 동시에 높은 성범죄자의 경우 성범죄를 저지를 가능성이 가장 크다. 단일 요인으로 보았을 때 성범죄자의 재범 가능성은 일탈적 성적 선호가 가장 강력한 재범 예측 요인으로 확인되었다(Hanson & Bussière, 1998; Hanson & Morton-Bourgon, 2004). 일탈적인 성이 성적 재범에서는 주요한 예측요인이지만 비성적인 재범과는 관련성이 없다(Craig et al., 2008). 따라서 성범죄자 위험성 평가에서는 범죄전력을 통해 반사회성의 존재여부 및 반사회성의 수준을 고려해야 한다. 그리고 일탈적 성적행동과 반사회적 성향 두 범주 또한 반드시 고려해야 한다.

임상적 요인에서 다른 요인 중의 하나는 범죄와 지능과의 관련성 여부이다. 지능의 역할과 범죄와의 관련성에 대한 문헌검토에서(Goodman, Simonoff, & Stevenson, 1995; Hirschi & Hildelang, 1977) 낮은 지능을 가진 경우 높은 지능에 비해 범죄위험 비율이 2배 이상 높으며, 지능이 낮을 경우 범죄 위험성이 높아질 가능성이 큰 것으로 보고되었다. Farrington(2005)의 연구에서도 범죄와 연관이 높은 요인 중의 하나는 낮은 지능이라고 밝혔다.

2. 동적 위험요인

정적 위험요인이 변화할 수 없는 개인의 과거요인으로 구성되어 있다면 동적 위험요인dynamic risk factors은 변화할 수 있으며 치료나 개입의 목표가 될 수 있는 요인으로 구분할 수 있다. Hanson, Steffy와 Gauthier(1993)는 초기 동적 위험요인에 대한 연구를 시작하면서 성범죄자들이 치료를 통해 자신의 삶에 대한 통제감과, 사회성, 자아존중감이 향상되었고 적대감, 우울감, 주관적 고통감 등이 낮아진 것에 주목하였다. 이러한 결과들을 분석하면서 Hanson 등(1993)은 성범죄자의 장기적인 삶의 패턴과 관련 있는 특성들에서 범죄 위험성을 감소시킬 수 있는 요인들을 치료의 목표로 구성하는 것이 필요함을 강조하였다. 이후 연구들에서는 성범죄자의 재범 위험성과 관련이 높으면서 치료를 통해 변화될 수 있는 동적 위험요인에 대해 검토하였다.

동적 위험요인은 만성 위험요인stable risk factors과 급성 위험요인acute risk factors 두 가지로 구분한다(Hanson & Harris, 2000). 만성 위험요인은 범죄 행동과 관련되어 있고 삶의 전 과정에서 형성되어 지속되고 있는 개인의 특성이며, 급성 위험요인은 상황에 따라 빠르게 변할 수 있는 특성들로 짧은 시간 안에 재범의 전조증상으로 표출된다. 즉, 만성 위험요인은 변화는 가능하지만 오랜 기간 동안 형성되어 상대적으로 변화가 좀 더 느린 경향이 있으며, 급성 위험요인은 갑자기 변화하여 치료자가 예측하기 어려운 특성이지만 개입을 통해 상대적으로 좀 더 빠르게 변화할 수 있는 요인이다. 일부 동적 위험요인들 중에서 만성 위험요인이나 급성 위험요인 모두에 포함되는 특성들도 존재한다. 만성 및 급성 위험요인들의 구성내용을 세부적으로 살펴보면 다음과 같다.

1) 만성 위험요인

만성 위험요인은 범죄자의 지속적인 특성으로 변화를 위해 상대적으로 많은 시간이 요구되는 것이다. 일반적으로 인지적 왜곡, 일탈적 성적 관심, 이성과 친밀한 관계형성의 어려움, 성범죄를 지지하는 태도, 사회-정서적 문제, 자기관리 등이 포함된다(Craig et al., 2008). Craig 등(2003)은 26개의 연구 자료(n=33,001)에서 성범죄 재범과 관련이 있는 만성 동적 위험요인을 분석한 결과 다음과 같은 14개의 위험요인을 확인하였다. 이러한 요인들을 영역으로 분류하면 다음과 같다.

- 성적 선호 요인: 일탈적 성적 충동, 아동에 대한 성적 선호, 성도착, 성적 몰입
- 정서적 요인: 사회-정서적 기능, 낮은 자아 존중감, 분노, 아동에 대한 정서적 일치감
- 임상적 요인: 성폭력을 지지하는 태도, 자기관리 기술의 부족, 공감의 결여, 충동성, 적대감, 성격장애

Thornton(2002)은 동적 위험요인과 재범률에 관한 연구를 통해 만성 위험요인을 4개의 구체적인 영역으로 구분하여 유용한 체계를 제시하였다. 첫 번째 영역은 성적 관심으로, 일반적으로 성적 관심의 방향과 강도를 일컫는다. 성적 관심에서 범죄와 관련된 성적 선호 및 성적 환상은 성적 재범을 예측하는 요인이다(Hanson & Bussière, 1998; Proulx, Perrault, & Oimet, 1999). 성적 몰입과 성적 충동도 만성 동적 위험요인으로 구분 되었는데 일부 연구에서는 성적 재범과 관련이 높다는 충분한 증거는 미흡하다는 보고도 있지만, 대다수의 연구에서는 성범죄를 예측하는 요인으로 제시하였다(Beech et al., 2009; Hanson & Harris, 2000), 또한 음란물의 이용과 성적 불만족도 재범의 전조요인으로 확인되었다(Proulx et al., 1999).

두 번째 영역은, 왜곡된 태도로 성범죄, 피해자, 섹슈얼리티sexuality와 관련하여 성범죄를 정당화하는 신념들이다. 인지적 왜곡 또는 왜곡된 신념은 다양한 형태로 나타나면서 범죄의 전조요인이 되는데 아동학대를 정당화 하는 신념이나 강간을 지지하는 신념, 여성에 대한 적대적 태도 등이 포함된다(Beech et al., 2009; Hanson & Morton-Bourgon, 2005)

세 번째 영역은, 사회-정서적 기능으로 타인과 관계를 맺는 방법 및 타인과 관계를 맺으면서 경험하는 감정의 변화이다. 분노, 불안, 우울, 낮은 자존감과 같은 다양한 부정적 정서는 성범죄와 관련성 높으며, 부정적인 정서 상태에서 재범의 발생이 훨씬 더 높은 것으로 보고되었다(Hanson & Harris, 2000). 정서적 외로움은 성범죄자들에게 더 일반적으로 나타나는 특성으로 성범죄자는 외로움의 대처수단으로 성적 행동을 한다(Cortoni et al., 1996; Garlick, Marshall, & Thornton, 1996). 즉, 외로움, 수치심, 채워지지 않는 불충분감inadequacy으로 표현되는 정서적 결핍을 범죄와 관련한 환상과 성sex으로 대처한다. 아동 성범죄자의 경우, 일반 강간범죄자들과는 달리 외로움, 낮은 자존감, 외적 통제감, 불충분감을 성인과의 관계에서 형성하지 못하고 아동과 관계를 맺으면서 정서적 일치감을 형성하는 경향이 있다.

네 번째 영역은, 자기관리 영역으로 좀 더 나은 삶을 성취하기 위한 장기적인 목표와 관련하여 계획을 세우고, 문제를 해결하며, 충동성을 조절하는 개인의 능력이다. 자신의 목표와 관련이 없는 결정을 하고 역효과를 초래하는 자기조절 전략을 선택하는 것은 범죄의 진행과정에서 주요한 역할을 한다. 이러한 상태는 자신이 위험한 상황에 놓여 있는 것을 부인하고, 잠재적 피해자에게 접근하는 행동으로 범죄에 진입하게 만든다. 또한 충동적인 생활양식을 반영하는 반사회적이고 혼란스러운 형태의 생활방식도 성범죄자들의 재범을 예측하는 전조요인으로 확인되었다(Hanson & Harris, 2000; Prentky & Knight, 1991). 충동적인 생활양식은 PCL-R의 요인 2(사회적 일탈 요인으로 단면 3의 생활양식과 단면 4의 반사회성)의 내용과 유사하며, 연구에서 요인 2는 성범죄에 대한 예측력이 높은 것으로 보고되었다(Rice & Harris, 1997).

이상에서 살펴본 동적 위험요인은 치료나 개입을 위한 목표가 되는 요인으로 개인의 위험성의 정도에 따른 치료를 실시한 후 재범 위험성의 변화 정도를 측정한다. 동적 위험성 수준의 변화를 확인하는 측정은 동적 평가도구 또는 위험요인 각각의 특성에 맞게 설계된 척도를 사용한다. 표 3-2에 Thornton(2002)이 4개의 영역(성적 관심, 왜곡된 태도, 사회-정서적 기능, 자기관리)으로 구분한 동적 위험요인에 대해 개입을 통해 변화의 정도를 측정하기 위해 사용되고 있는 척도를 요인별로 구분하여 정리하였다.

〈표 3-2〉 동적 위험성 영역 평가에 사용되는 심리측정 척도

영역	심리측정 척도
성적 관심	The Sexual Obsessions Scale of the Multiphasic Sex Inventory (MSI; Nichols & Molinder, 1984)
왜곡된 태도	The Justifications Scale of the MSI The Abel and Becker Cognitions Scale(Abel et al., 1984) The Bumby RAPE and MOLEST Scales(Bumby, 1996) The Children and Sex: Cognitive Distortions Scale (Beckett, 1987) Burt Rape Scale(Burt, 1980) Hostility towards Women Scale(Check, 1984)
사회- 정서적 기능	The Children and Sex; Emotional Congruence Scale (Beckett, 1987) The UCLA Loneliness Scale(Russel, Peplau, & Cutrona, 1980) Thornton Self-Esteem Questionnaire(Thornton, 1989; Webster et al., 2007) The Underassertiveness/Aggressiveness Scale of the Social Response Inventory(Keltner, Marshall & Marshall, 1981) The Nowicki-Strickland Internal-External Locus of Control Scale (Nowicki, 1976) The Novaco Anger Scale(Novaco, 1975) The Dissipation-Rumination Scale(Caprara, 1986) Hypermasculinity Inventory(including calloused sexual attitudes) (Mosher & Sirkin, 1984)
자기관리	The PCL-R (Hare, 1991) Factor 2 - 생활양식, 충동성 측정 The Barratt Impulsivity Scale(BIS-Ⅱ; Barratt, 1994) Emotional Control Questionnaire(Roger & Najarian, 1989) The Porteus Mazes(Porteus, 1955)

출처: Beech, Fisher, & Thornton (2003) 재인용.

2) 급성 위험요인

급성 위험요인은 상황적인 또는 즉시적으로 촉발되는 위험요인들로 몇 시간 동안 혹은 며칠 동안에 발생하며 매우 일시적인 상태이다. 성범죄 재범과 관련하여 범죄 직전에 나타나는 특성으로 환경과 대인관계에서의 스트레스, 기분, 사건 등으로 인해 빠르게 변화하는 것이 특징이다. 만성 위험요인에 비해 급성 위험요인은 개입 후 좀 더 빠르게 변화될 수 있다. 급성 위험요인으로는 범죄가 발생했던 그 시기에 사회적 지지의 상실, 정서적 붕괴, 잠재적 피해자와 접근, 성적몰입, 치료 및 관리감독의 거부 그리고 개인의 정서적 반응을 일으킬 수 있는 건강문제, 배우자 기일과 같은 개별적인 '특수요인' 들이다(Hanson & Harris, 2000; Ward, Polaschek, & Beech, 2006). 이러한 요인들은 범죄자의 위험성 수준을 높이는 신호가 되며 범죄를 예측할 수 있는 전조요인이다. Craig 등(2003)은 메타분석을 통해 성적 재범과 관련 있는 13개의 급성 위험요인을 확인하였다. 이러한 13개 요인을 포함하여 급성 위험요인에 대해 성적 관심 요인, 치료행동 요인, 임상적 및 맥락적 요인으로 구분하여 표 3-3에 기술하였다.

〈표 3-3〉 성범죄 재범과 관련된 급성 동적 위험요인

성적 관심 요인	치료행동 요인	임상적 요인	맥락적 요인
· 빈번한 성적 환상	· 치료에서 의무 불이행 · 치료에 비순응적 · 관리감독에 비순응적 · 고위험 상황 및 재발방지 전략에 대한 인식의 악화 · 단기간의 치료 프로그램 · 치료에서 동적 위험성의 악화	· 정서장애 · 물질사용	· 최근에 고립됨 · 실직상태 · 일탈적인 사회적 영향 · 혼란스러운 생활방식 · 사회적 지지의 결여 · 관계문제

출처: Craig et al., (2008) 재인용.

제2절 위험요인 평가도구와 예측의 정확성

1. 위험요인 평가도구

위험성을 평가하고 예측하기 위해 사용되는 도구들에 대해 다양한 형태의 분류를 하고 있지만 가장 두드러진 방법은 임상적 접근과 보험계리적 접근 두 가지로 구분해 볼 수 있다(Monahan, 1984). 임상적 접근법은 임상전문가들의 경험적 전문성에 근거하여 범죄자의 성장과정과 환경, 성격과 태도, 정신상태 등을 고려한 전반적인 분석을 토대로 재범가능성을 판단한다. 이러한 접근은 개별 전문가의 직업적 전문성에 크게 의존하기 때문에 판단결과의 타당성과 신뢰성에 대한 의문이 제기되었다. 또한 지나치게 보수적인 판단으로 인해 오류긍정(즉, 위험하다고 예측하였는데 재범을 하지 않은 경우)이 높아 인권을 침해할 가능성이 있어 비판을 받았다.

보험계리적 접근법은 범죄자와 일반인을 대상으로 범죄 위험성과 관련한 요인들을 조사하여 통계적으로 체계화된 방법을 사용하며 이론적 및 경험적인 근거를 중심으로 요인을 선별한다. 이러한 범죄 통계학적 방법은 객관성과 타당성이 확보되어 예언타당도가 높은 반면, 치료와 개입을 목적으로 범죄자를 평가하는 할 경우 필요한 정보를 거의 얻을 수 없다.

임상적 판단과 객관적 요인을 토대로 한 보험계리적 예측 간에 오랜 기간 논쟁이 진행되면서, 이후 두 가지 요인들을 모두 고려하여 포괄적인 척도와 도구를 개발하려는 새로운 움직임이 시작되었다. 제 3세대적 접근이라고 불리우는 이 방법은 임상적 요인들과 보험계리적 요인들을 통합하여 위험성 예측도구를 개발하였다. 이 도구들은 통계적 추정치에 의한 위험요인과 각 개인에게 특별히 고려해야 될 동적 위험요인을 동시에 고려하여 위험성을 평가한다. 최근에는 제 3세대적 접근에 범죄자 개인에 대한 전반적인 개입의 방향까지 포괄하는 제 4대적 접근이 함께 사용되고 있다. 4세대 도구들은 3세대 도구들과 유사하지만 3세대와 다른 차원에서 분류하는 것은 위험성 예측에서 범죄자 개인의 위험요인 평가와 함께 관리감독 및 사례관리 방향까지 세부적으로 다루고 있기 때문이다(송중일, 김병배, 최현실, 이상목, 2007; 정지숙, 신정, 이장규, 2012; 조은경, 2003). 위험성 평가 도구의 세대별 분류에 따른 접근의 특성들을 살펴보면 다음과 같다.

1) 임상적 판단

임상적 판단에 의한 위험성 평가는 전문가의 직관에 의한 주관적 판단으로 예측하며, 제 1세대적 접근으로 일컬어진다. 임상적 방식은 문헌연구와 전문가들의 경험을 통해 위험성 요인을 추출하기 때문에 일반화 가능성은 크지만 평가자의 주관적 판단이 많은 영향을 미친다. 이러한 임상적 판단은 전문가들에 의해 1960년대부터 실시되었다. 임상적 평가는 범죄자의 인격특성과 성장환경을 비롯한 제반 조건 등을 검토하여 최종적으로 전문가들의 임상적 경험에 근거하여 재범 가능성을 판단한다. 임상가들의 예측은 개인적 능력이나 훈련배경에 따른 전문성의 차이에 의해 영향을 받을 수 있어 개인차가 나타난다.

이러한 정신의학적이고 직관적인 예측은 전통적인 방법이지만, 판단근거의 타당성 및 신뢰성에 의문점이 제기되어 왔다(Grove, Zald, Lebow, Snitz, & Nelson, 2000; Quinsey et al., 2006). 심리학자, 정신과 의사 등 전문가가 예측한 폭력 재범률은 낮은 타당도로 우연의 수준을 넘어서지 못하기 때문에(Elbogen, 2002; Monahan, 1984) 재범 예측에 거의 도움이 되지 않았다. 임상적 판단의 예측 정확성을 높이기 위해서는 분류하고 평가하는 개념이 예측되는 행동과 이론적으로 혹은 경험적으로 관련이 있어야 한다. 그렇지 못할 때에는 분류에 근거한 폭력행동 예측은 정확할 수 없다.

2) 보험계리적 평가

보험계리적 위험성 평가는 경험적 연구를 통해 타당화된 준거로 구성된 통계에 기초한 것으로 제 2세대적 접근으로 일컬어진다. 1980년대 후반부터 임상적 판단에 의한 예측이 신뢰롭지 못하다는 비판이 제기되면서 효과적인 위험성 예측을 위해 객관적인 정보들을 토대로 위험성을 분류하려는 시도로 진행되었다. 통계적 예측에 사용되는 변인들은 임상적 판단에 사용되는 정보들에 비해 개념이 명확히 정의되어야 하고 측정이 신뢰로워야 한다는 점이 강조된다.

성범죄의 보험계리적 위험성 예측에 포함되는 요인으로는 발달적 요인, 성관련 요인, 범죄관련 요인(범죄 종류, 전과 횟수, 보호관찰 기록 등), 임상적 요인(연령, 결혼여부, 성격 등) 등의 항목으로 구성되어 있다(Craig, Browne, Stringer, & Beech, 2005). 보험계리적 접근은 경험적인 입증과정을 거치면서 임상적 접근에 비해 예측 타당도가 더 높은 것으로 평가받고 있다(조은경, 2003). 반면에, 예언 타당도는 만족스러우나 대부분의 척도들은 정적 요인들로만 구성되어 있어 범죄의 변화 가능성과 동적인 위험요인들을 고려하지 않아 한계가 있을 수 있다.

3) 구조화된 전문적 판단

보험계리적 위험성 측정과는 달리 구조화된 임상적 접근은 범죄자의 위험성 평가에서 임상가의 판단을 토대로 한다. 보험계리적 평가에서는 활용하지 않았던 임상가의 경험과 범죄 행동에 대한 지식을 평가에 결합하였다(Craig et al, 2008). 초기 임상적 판단에 의한 위험성 평가의 특정 요소를 보험계리적 평가방법과 혼합하여 사용하며, 제 3세대 접근으로 일컬어지고 있다. 구조화된 전문적 판단 척도에서는 동적 위험요인(범죄 태도나 심리적 적응 등)을 반영함으로써 예측의 정확성을 높였다. 즉, 정적요인이라 할 수 있는 보험계리적 위험성 평가에 동적 요인을 혼합하여 사용하는 것으로 통계적 변인과 임상적 변인을 통합하여 위험성을 산출한다. 대표적인 평가 도구로는 SVR-20(Sexual Violence RISK-20), SIR(Statistics Information on Recidivism), RSVP(The Risk for Sexual Violence Protocol) 등이 있다. 이러한 도구들은 전체 점수를 합산하여 범죄의 위험성 수준을 결정하지만 각 문항을 평가하는 과정에서 임상가의 판단을 추가할 수 있도록 허용하고 있거나, 전체 항목을 평가한 후 최종적으로는 임상가의 판단을 토대로 위험성 수준을 결정하는 등 개별 도구의 특성에 따라 보험계리적 방법과 임상적 판단을 적절하게 통합하여 사용한다.

보험계리적 예측이 통계와 경험의 과정을 통해 과학적인 평가를 지향하고 있지만 모든 위험성이 통계적으로 산출되는 것은 아니기 때문에 구조화된 전문적 판단 측정에서는 동적 요인을 고려하는 것을 중요하게 간주하였다. 특히 위험성에서 개인의 범죄 유발요인인 동적 요인을 평가하는 것은 예측의 타당성 측면에서 뿐만 아니라 범죄의 개입을 위해서도 중요한 요인이다. 이에 더해 3세대 위험성 평가도구의 장점은 개입을 통한 변화를 측정하는데 유용하다. 이러한 특성으로 인해 최근의 위험성 평가들은 대부분 통계적 위험요인과 동적 위험요인 모두를 함께 고려한다.

4) 구조화된 임상평가

제 4세대 도구들은 3세대 도구들과 유사하지만 3세대와 다른 차원에서 분류하는 것은 위험성 예측에서 범죄자 개인의 위험요인 평가와 함께 개입의 방향을 다루고 있기 때문이다. 위험성 평가와 함께 개인의 특성에 적합한 치료적 개입, 사례관리계획 등 시설에서의 처우 및 사회내 처우를 포함하고 있어 위험성을 어떻게 관리할 것인지에 대한 방향을 제시한다(송중일 등, 2007). 예를 들어, 잉글랜드와 웨일즈의 교정기관에서 성인범죄자를 대상으로 위험성 측정을 위해 사용하고 있는 OASys offender assessment system는 재범위험성 관련요인, 자신 및 타인에게 심각하게 해를 끼치는 요인, 관리감독 및 양형계획supervision and sentencing planning, 자기평가서 등의 영역으로 분류하여 평가한다. 평가는 보호관찰단계, 교정단계, 양형의 단계 등에서 정기적으로 측정되어 개인의 범죄 위험성 평가와 함께 처우 및 관리감독을 위해 사용되고 있다.

이상에서 위험성을 평가하는데 있어 도구를 사용하는 세대별 특성을 살펴보았다. Bonta(2002)는 이러한 특성과 함께 범죄자의 관리와 치료를 위해 위험성을 평가하는데 있어 활용할 도구를 선정하는 과정 및 평가 작업에서 고려해야 할 지침으로 다음과 같은 방향을 제안했다.

⊙ 범죄자 위험성 평가는 보험계리적 위험성 측정에 토대를 두어야 한다.

보험계리적 측정을 통한 위험성 평가를 실시해야 한다는 것은 구조화 되고, 양적이고, 경험적으로 준거기준과 관련성이 높은 것으로 통계적으로 검증된 도구를 사용해야 한다는 것이다. 실제로 폭력범죄와 성범죄 재범에 대한 연구에서 임상적 평가와 비교했을 때 보험계리적 도구를 사용한 위험성 평가가 재범에 대한 예측력이 훨씬 더 높았다(Grove & Meehl, 1996; Hanson & Bussière, 1998).

⊙ 예측 타당성이 입증된 도구를 사용해야 한다.

많은 전문가들이 평가도구를 만들고 있고 이러한 도구들이 심리적 특성을 측정하는데 차별적 특징이 있다고 설명하고 있다. 최근까지 범죄자 위험성을 평가하는 기관 및 실무자들이 다양한 위험성 평가를 사용하고 있고, 이러한 도구들을 사용하여 연구결과들을 발표하고 있지만 각각의 평가도구들이 얼마나 정확하게 재범을 예측하는지에 대한 예측타당성 검증은 미약한 편이다. 예측타당성이 검증되지 않은 평가도구를 사용하는 것은 신중한 주의가 필요할 뿐만 아니라 활용여부 자체를 고려하여야 한다.

⊙ 범죄행동에 직접적으로 관련된 평가도구를 사용해야 한다.

Bonta(2002)는 교정처우의 맥락에서 행동을 분류하는데 있어 유의미한 변인으로 규칙위반 및 심리적 불안정성 두 가지로 분류하였다. 그러나 이러한 특성들이 재범위험성을 증가시키거나 감소시키는데 관련성이 있을 수도 있지만 관련되지 않을 수도 있다. 심리적인 부적응이 반드시 미래의 폭력적인 혹은 일탈적인 행동으로 표출 된다고 할 수 없기 때문이다. 예를 들어 다면적인성검사(MMPI)는 심리적 이론 및 경험적 연구에 근거하여 개인의 병리적 특성을 잘 측정할 수 있지만 교정시설에서 규칙을 위반하는 행동과 관련해서는 다른 평가도구들에 비해 예측력이 낮을 수 있다. 때문에 범죄의 위험성을 평가하기 위해서는 그 범죄행동과 직접적으로 관련한 내용을 측정하는 도구를 활용하여야 한다.

⊙ 범죄행동과 관련한 이론적 근거를 토대로 제작된 도구를 사용해야 한다.

범죄행동이론을 토대로 위험성 평가도구가 제작된다면 이러한 도구를 통한 평가는 교정시설에서 범죄자의 처우를 수립하는데 많은 도움이 될 수 있다. 범죄행동이론에는 사회학적 및 범죄학적으로 설명하는 이론, 정신병리모델을 기반으로 한 이론, 사회학습이론 등이 있다. 사회학적 및 범죄학적 이론과 정신병리모델은 범죄행동에 대한 설명력이 상대적으로 약한 편이다. 반면에, 인지적, 정서적, 성격적, 생물학적 요인들 및 환경적인 보상 등이 서로 상호작용을 하면서 범죄행동이 학습된다고 설명하는 사회학습이론은 다른 이론들에 비해 경험적 증거가 가장 풍부하다(Gendreau, Little, & Goddin, 1996; Andrews & Bonta, 1998). 또한 범죄행동의 예측에서는 반사회적 성격, 범죄전력, 반사회적 태도, 범죄에 대한 사회적 지지가 가장 일차적인 4요인("Big Four" factors)으로 밝혀졌다. 이차적 요인으로는 고용상태와 교육수준과 같은 친사회적 생활방식, 가족관계, 관습적인 행동이나 반사회적 행동을 억제하거나 촉진시키는 변인들이 포함된다.

⊙ 범죄유발욕구 요인을 평가해야 한다.

범죄유발욕구(criminogenic need)는 범죄행동과 관련된 동적 위험요인으로 개인의 삶에서 변화될 수 있는 것들이다. 많은 연구에서는 범죄유발욕구가 감소되었을 때 범죄자의 재범률은 감소되는 것으로 나타났다(Andrews & Bonta, 1998). 때문에 범죄자의 위험성 평가에서는 범죄유발욕구에 대한 충분한 지식과 이해를 토대로 개인의 욕구가 잘 파악되어야 한다. 범죄유발욕구에 대한 평가는 또한 교정처우와 지역사회 관리감독에서 개입의 목표와 내용을 설정해주고 위험성 수준의 변화정도를 측정할 수 있게 한다.

⊙ 범죄 위험성과 욕구의 평가는 다중 평가양식을 사용해야 한다.

어떤 하나의 평가방법 또는 하나의 평가도구 사용으로 범죄를 예측하는 데는 많은 오류가 발생할 수 있다. 각각의 평가방법과 평가도구들에는 서로 다른 장단점을 가지고 있다. 일반적으로 평가과정에서 사용하는 방법으로는 지필검사, 자료검토, 면담, 행동평가 등이 있다. 다양한 형태의 평가방법을 사용하여 위험성 점수가 산정되었을 때 그 평가결과는 재범에 대한 예측력을 높여준다. 하나의 평가방법에서의 단점이 다른 평가방법의 장점에 의해 보완 될 수 있기 때문이다. 평가도구 또한 정적 혹은 동적 요인 하나만을 고려하기보다는 두 요인을 모두 고려했을 때 재범에 대한 예측력은 높아진다.

⊙ 평가자는 전문가로서 책임성을 발휘하여야 한다.

범죄자의 위험성을 평가하는 전문가는 평가도구를 책임감 있게 사용해야 한다. 평가의 결과는 범죄자 개인의 삶에 중대한 영향을 미칠 수 있으며 넓게는 지역사회 안전에도 영향을 미친다. 그래서 평가자는 평가도구의 사용과 평가결과를 해석하는 방법에 대해 필요한 훈련을 받아야 한다. 뿐만 아니라 범죄자 평가에 관련한 최근의 지식들을 잘 숙지하고 있어야 한다.

앞에서 살펴본 바와 같이 위험성 평가는 범죄의 특성 및 예측과 관련한 다양한 요인을 반영할 수 있도록 점차적으로 발전하고 있다. 일부 연구에서는 예측의 정확도를 높이기 위해 여러 개의 위험성 척도를 조합하여 사용하는 경우도 있지만 여러 개의 척도를 조합하여 사용하는 것이 한 개의 척도를 사용하는 것보다 예측력이 더 높다는 일관된 결과는 없다. 그러나 Bonta(2002)가 제안했던 것처럼 상호 보완할 수 있는 다중평가 양식은 고려해야 할 사항이다. 평가도구를 사용하는 데 있어 무엇보다 먼저 고려할 점은 평가의 목적에 따라 사용가능한 최적의 척도를 선택하고 범죄자 개인에게 적용할 수 있는 규준을 고려하여 결과를 해석하여 활용하는 것이다(Barbaree, Langton, & Peacock, 2006).

2. 위험요인 평가도구의 예측도

1) ROC 분석

ROC Receiver Operation Characteristic 분석은 2차 세계 대전 중 레이더 이미지 분석을 위해 개발된 "신호탐지이론" 분야에서 시작되었다. 레이더 운영자는 화면의 깜박임을 보고 목표(적군) 자극인지 혹은 다른 자극 인지의 여부를 결정해야 한다. 신호탐지이론은 레이더 수신기 운용자가 이러한 중요한 차이를 만들 수 있는 능력을 측정하는 것이다. 이러한 탐지능력을 수신자 조작 특성 혹은 반응자 작용특성 ROC 이라고 한다. 반응특성은 신호탐지이론에서 적중확률(Y축, True Positive Rate, 민감성) 대 오경보확률(X축, False Positive Rate, 1-특이성)의 그래프이다〈그림 3-1 참조〉.

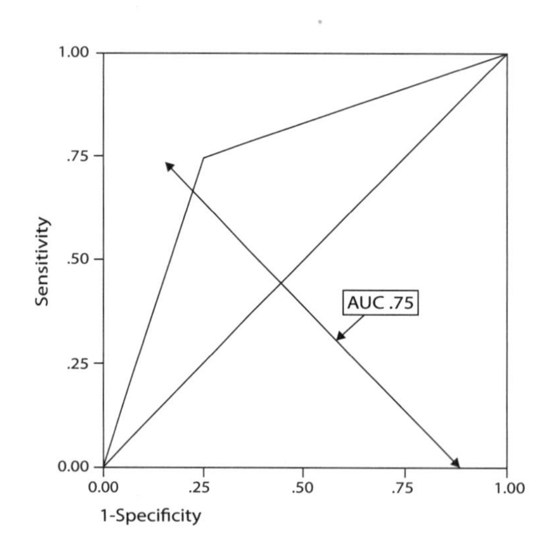

[그림 3-1] ROC curve

ROC 그래프의 수직축은 정확긍정True Positive: TP을 나타내고 수평축은 오류긍정False Positive; FP을 나타낸다. 대각선은 참조선이라 불리며 우연수준을 나타낸다. 참조선을 기준으로 ROC 곡선이 그려지고 곡선 아래 영역Area Under the Curve: AUC을 계산한 수치를 얻을 수 있다. TP와 FP의 상대적인 크기에 의해 영향을 받는 AUC는 만일 100%의 TP와 0%의 FP를 기록하면 면적은 1 혹은 100이 된다. 따라서 AUC=1.00은 완벽한 예측을 의미한다(예: 재범예측에서 모든 재범자를 오류 없이 정확하게 구별함). AUC=.50(참조선)은 우연수준의 정도를 의미한다. 따라서 ROC 곡선은 곡선 아래 면적(AUC)이 넓을수록 더 높은 정확성을 갖는 것으로 해석된다. 일반적으로 AUC의 면적에 따라 비정보적(AUC=0.5), 덜 정확한(0.5<AUC≦0.7), 정확한(0.7<AUC≦0.9), 매우 정확한(0.9<AUC<1), 완벽한(AUC=1) 도구로 분류된다(Luoto & Hjott, 2005). Cohen(1988)은 .72의 AUC는 효과크기(d)의 .80에 해당되며, AUC .62는 효과크기(d) .50, AUC .56은 효과크기(d) .20에 해당된다고 보고하였다.

성범죄자 재범 위험성 평가에서 일정한 기준을 토대로 재범을 예측하고 이후에 준거행동을 토대로 ROC 분석을 실시하여 예측도구가 변별기준을 중심으로 얼마나 정확하게 예측을 해주는지는 ROC 그래프를 통해 표현된다. 따라서 ROC 그래프는 특정 평가도구의 재범예측에 대한 효과크기effect size를 보여주며 민감도와 특이도가 어떤 관계를 가지고 있는지를 표현한다. 재범 예측의 기준이 AUC=1.00 일 경우 완벽하게 재범을 예측한 것이고 AUC=.50은 재범의 50%만 예측하고 나머지 50%는 예측하지 못했을 경우이다. 예측도구들은 오류긍정(FP)에 비해 정확긍정(TP)이 상대적으로 더 크기를 기대한다.

2) 민감도와 특이도

ROC 분석은 다음의 4가지 예측 가능성에 근거하여 성범죄자 재범위험성 평가의 예측력을 설명할 수 있다〈표 3-4 참조〉.

- 정확긍정True Positive, TP: 위험하다고 예측한 범죄자가 실제로 재범을 하는 경우
- 오류긍정False Positive, FP: 위험하다고 예측하였는데 재범을 하지 않은 경우
- 오류부정False Negative, FN: 위험하지 않다고 예측하였는데 재범을 하는 경우
- 정확부정True Negative, TN: 위험하지 않다고 예측하였는데 재범을 하지 않은 경우

〈표 3-4〉 예측 위험성과 실제 위험성

<table>
<tr><td rowspan="2" colspan="2"></td><td colspan="2">실제 위험성</td></tr>
<tr><td>높음</td><td>낮음</td></tr>
<tr><td rowspan="2">예측 위험성</td><td>높음</td><td>정확긍정
TP(True Positive)</td><td>오류긍정
FP(False Positive: 1종 오류)</td></tr>
<tr><td>낮음</td><td>오류부정
FN(False Negative: 2종 오류)</td><td>정확부정
TN(True Negative)</td></tr>
<tr><td colspan="2"></td><td>민감도
TP/(FN+TP)</td><td>특이도
TN/(TN+FP)</td></tr>
</table>

4가지 가능성을 토대로 분석결과가 정확한지를 알아보는 예측력에 관한 두 가지 지표를 산출할 수 있는데 예측도구의 민감도sensitivity과 특이도specificity이다. 민감도는 정확 긍정율(TP)을 말하며, 특이도는 정확 부정율TN을 말한다. 따라서 예측의 정확성은 1-특이도로 보고한다. 특이도는 실제로 재범을 하지 않을 사람 중에서 재범을 하지 않을 것이라고 예측한 사람이 차지하는 비율이다. 민감도는 이와 반대로 재범을 실제로 한 사람 중에서 재범을 할 것으로 예측한 비율을 말한다. 두 지표가 높으면 높을수록 재범이 발생할 확률과 발생하지 않을 확률을 잘 예측할 수 있다.

민감도와 특이도는 변별 기준점(절단 점수)을 어떤 것으로 택하는지에 따라 그 값이 달라진다. 가장 최적의 절단 점수는 오류부정FP과 오류긍정FN에 대한 상대적 비율에 따라 결정된다. 연구자들은 ROC 곡선을 분석하여 연구의 목적에 따라 최적의 절단 점수를 결정할 수 있다. ROC 곡선을 사용하여 성범죄자 재범위험성을 평가하는 척도(RRASOR, SACJ-Min, Static-99, SORAG, RM2000/S, RM2000/V)의 AUC 결과를 표 3-5에 기술하였다.

이상에서 위험요인 평가도구의 예측도에 대해 살펴보았다. 그렇다면 성범죄 예측에서 어떤 평가도구가 가장 좋은지에 대해서 질문할 수 있다. 간단하게 표현하면, 교차타당도 연구를 통해 예측의 정확도가 제시된 것이라 할 수 있다. 그러나 보험계리적 위험성 평가도구를 비교한 연구들에서 표 3-5에 나타난 바와 같이 폭력 및 성범죄 재범의 예측 정확도의 차이가 일관되게 나타나지 않는다. 이에 대한 적절한 설명은 자료의 수집 방법과 각 척도들의 문항 유사성에 따른 것일 수 있다. 이러한 일관성의 어려움에도 평가도구가 교차타당화되어 있고 성범죄 재범 예측에 있어 평균 AUC 가 높을 경우 가장 좋은 성범죄 재범위험성 평가도구라 할 수 있다.

<표 3-5> 위험성평가 척도에 대한 AUC 결과

위험성 척도	연구자	재범(AUC: Area Under the Curve)			
		n	성범죄	폭력범죄	기타범죄
RRASOR	Barbaree et al.,(2001)	215	0.76	0.65	0.60
	Bartosh et al.,(2003)	186	0.63	0.73	
	Craig, Beech, & Brown(2006)	85(so)	0.48	0.71(NSV)	0.55
	Hanson(1997)	2592	0.71		
	Hanson & Morton-Bourgon(2004)	5,103	0.59d	0.34d	0.26d
	Hanson & Thornton(2000)	1,208	0.68	0.64	
	Harris et al.,(2003)	396	0.59	0.56	
	Harris & Rice(2003)	55	0.79		
	Sjöstedt & Långström(2000)	1400	0.72		
	Sjöstedt & Långström(2002)	51	0.73	0.62	
	Sjöstedt & Grann(2002)	1288	0.73		
	Thornton et al.,(2003)	429	0.70		
SACJ-Min	Craig et al.,(2006)	85(so)	0.52	0.58(NSV)	0.57
		131(sv)	0.54	0.59	0.59
	Hanson & Thornton(2000)	1208	0.67	0.64(NSV)	
Static-99	Barbaree et al.,(2001)	215	0.70	0.70	0.71
	Bartosh et al.,(2003)	186	0.63	0.72	0.69
	Beech et al.,(2000)	53	0.73		
	Craig et al.,(2004)	121(sv)	0.59	0.59(NSV)	0.55
	Craig, Beech, & Brown(2006)	85(so)	0.52	0.69	0.57
	Craig et al.,(2006)	119	0.67		
	Craig et al.,(2007)	119	0.66		
	Friendship et al.,(2004)	2557	0.70	0.70	
	Hanson & Morton-Bourgon(2004)	5,103	0.63d	0.57d	0.52d
	Hanson & Thornton(2000)	1208	0.71	0.69	
	Harris et al.,(2003)	396	0.62	0.63	
	Harris & Rice(2003)	37	0.84		
	Långström(2004)	1,303	0.75	0.72(NSV)	
	Looman(2006)	258	0.63	0.56	
	Nunes et al.,(2001)	588	0.70	0.74	
	Nunes et al.,(2002)	258	0.70	0.69	
	Sjöstedt & Långström(2000)	1400	0.76	0.74	
	Sjöstedt & Grann(2002)	1273	0.75		
	Thornton(2001)	117	0.92		
	Thornton & Beech(2002)	121	0.91		
	Thornton et al.,(2003)	429	0.73		

위험성 척도	연구자	재범(AUC: Area Under the Curve)			
		n	성범죄	폭력범죄	기타범죄
SORAG	Barbaree et al.,(2001)	215	0.70	0.73	0.76
	Barbaree et al.,(2003)	186	0.71	0.64	0.74
	Bélanger & Earls(1996)	57	0.82		
	Firestone et al.,(1999)	558	0.65		
	Hanson & Morton-Bourgon(2004)	5,103	0.48d	0.75d	0.26d
	Harris et al.,(2003)	396	0.66	0.73	
	Harris & Rice(2003)	51	0.90		
	Hartwell(2001)	164	0.67		0.70
	Langton et al.,(2007)	269		0.67	
	Looman(2006)	258	0.69	0.69	
	Nunes et al.,(2002)	258	0.65	0.69	
	Rice & Harris(2002)	82	0.81	0.76	
	Quinsey et al.,(1998)	618	0.62		
RM2000/S	Craig, Beech, & Brown(2006)	85(so)	0.59		0.61
		131(sv)	0.55	0.64	0.66
	Craig et al.,(2004)	121(sv)	0.56	0.58	0.60
	Thornton et al.,(2003)	647(t)	0.77	0.64(NSV)	
		429(u/t)	0.75		
RM2000/V	Craig, Beech, & Brown(2006)	85(so)	0.65	0.86	0.75
		131(sv)	0.53	0.84	0.76
		121	0.55	0.68(NSV)	0.70
	Thornton et al.,(2003)	429			0.80
		311		0.78	

주: s/v: 성 및 폭력 범죄자, s/o 성범죄자, t: 치료받은, u/t: 치료받지 않은, NSV: 비성폭력, d: 효과크기(effect size).
출처: Beech et al., (2009) 재인용.

3. 보험계리적 위험요인 평가

1) 보험계리적 위험성 평가

보험계리적actuarial 위험성 평가는 실증적 연구를 통해 개발된 표준화되고 객관적인 평가도구들을 사용하여 재범과 관련이 있는 요인들을 계량적으로 측정한다. 성범죄의 경우, 범죄 위험성과 관련하여 점수로 산정할 수 있는 수많은 요인들 중에서 재범과 관련된 위험성 요인들을 통계적으로 나타내는 것으로 경험적으로 재범과 관련성이 있는 높은 것으로 입증된 것이다(Andrew & Bonta, 2007). 따라서 위험성 평가도구를 통한 측정에서 높은 점수를 받을 경우 미래에 범죄행동을 할 가능성이 통계적으로 높다고 판단할 수 있다. 이러한 요인들로 구성된 보험계리적 위험성 평가도구들에서 성범죄자를 대상으로 한 도구를 중심으로 살펴보면 다음과 같다.

2) 보험계리적 위험성 평가도구

RRASOR(Rapid Risk Assessment for Sexual Offence Recidivism; Hanson, 1997)

Hanson(1997)은 성적인 재범과 가장 관련성이 높은 요인들을 선험 연구결과를 통해 추출했다. 그 중 가장 예측타당도가 높은 4개의 항목을 최종적으로 척도로 구성하였다. 이 척도의 항목으로는 과거 성범죄 전력, 최초 범죄가 시작된 연령, 남성 피해자 및 비친족 피해자 유무로 구성되었다. 성적 재범과 유의미한 상관(r=.28, AUC=.68)이 있는 것으로 나타났으며, 폭력 재범과도 높은 상관(r=.22, AUC=.64)을 보였다(Hanson & Thornton, 2000).

SACJ-Min(Structured Anchored Clinical Judgement; Hanson & Thornton, 2000)

SACJ-Min은 영국 HM 교도소의 자료를 토대로 성 및 폭력 재범의 위험성을 평가하기 위해 개발되었으며 초기 개발된 SACJ의 결점을 보완하였다. SACJ-Min은 3단계로 평가할 수 있도록 구성되었다. 1단계는 5개 항목으로 현재 및 과거 범죄전력, 위험성 범주(저, 중, 고)에 따른 범죄자의 등급이 포함된다. 2단계는 8개 항목의 '가중요인' 으로 구성되었으며 평가 결과 가중요인이 2개 혹은 그 이상인 경우에 항목 수에 따라 위험성 범주가 1 수준씩 상승한다. 3단계는 현재 행동과 치료에서의 반응을 통한 정보를 고려하여 위험성 수준을 평가한다. SACJ-Min의 성범죄 재범과의 상관은 r=.23(AUC=.67)으로, 폭력재범은 r=.22 (AUC=.64)로 보고되었다(Hanson & Thornton, 2000).

Static-99(Hanson & Thornton, 2000)

SACJ와 RRASOR의 항목을 토대로 개발되었으며 10개의 항목으로 구성되었다. Static-99는 성범죄 재범 위험성 평가에서 세계적으로 가장 많이 사용되고 있으며 가장 타당화된 보험계리적 평가도구로 알려져 있다. 10개 항목으로는 범죄전력을 측정하는 과거 성범죄 전력, 과거 형을 선고 받은 횟수, 비접촉 성범죄, 최종(현재 사건)범죄에서 비성적 폭력범죄, 과거 비성적 폭력범죄가 있고, 피해자 요인으로는 비친족 피해자, 비면식 피해자, 남성피해자 여부가 있으며, 그 이외에 친밀한 파트너와 2년 이상 동거여부, 출소 시 연령이 25세 미만인지 등으로 구성되었다. 성범죄에 대한 재범 예측에서 Static-99(r=.33; AUC=.71)이 SACJ와 RRASOR에 비해 예측력이 좀 더 높은 것으로 나타났다(Beech et al., 2009).

SORAG(Sex Offender Risk Appraisal Guide; Quinsey et al., 1998)

캐나다에서 아동 및 일반 성범죄자를 대상으로 사용하기 위해 개발된 도구로 성범죄 재범뿐만 아니라 폭력 및 일반범죄의 재범에 대해서도 예측력이 높으며(Hanson & Morton-Bourgon, 2004), 총 14개 문항으로 구성되었다. 16세까지 부모와의 동거여부, 학교에서의 부적응과 관련한 발달력 내용과 함께 알코올 문제, 지속적인 친밀관계 경험, 비폭력범죄, 폭력범죄, 과거성범죄, 14세 미만의 여자 아동에 대한 성범죄, 조건부 석방의 위반, 최종(현재 사건)범죄 연령, 성격장애, 조현증, 일탈적인 성적 선호, 사이코패스 등의 문항이 있다.

RM 2000(Risk Matrix 2000; Thornton et al., 2003)

RM 2000은 성범죄를 예측하는 RMSRisk Matrix 2000/Sexual와 폭력범죄를 예측하는 RMVRisk Matrix 2000/Violent, 모든 폭력범죄의 재범위험성을 예측하는 RMCRisk Matrix Combined/2000, 세 척도로 구성되어 있다. RMS, RMV는 낮음, 중간, 높음, 매우 높음 단계로 위험성을 측정한다. 성범죄자의 재범위험성을 예측하는 RMS는 두 단계로 구분되어 있는데 1단계로 세 가지 위험요인(연령, 성범죄 유죄선고 횟수, 강력범죄 유죄선고 횟수)에 대한 점수를 산정한 후 합산하여 1단계 범주를 분류한다. 이후 2단계에서 네 가지 가중위험요인(남성 피해자, 비면식 피해자, 미혼, 비접촉 성범죄) 중 두 가지가 포함되면 위험성 수준을 한 단계 높이고, 네 가지가 포함되면 두 단계를 높인다. 재범 위험성이 높은 고위험군 범죄자를 선별하는데 예측력이 높은 것으로 평가받고 있다.

KSORAS(Korean Sex Offender Risk Assessment Scale; 이수정, 고려진, 박혜란, 2008)

KSORAS한국 성범죄자 재범 위험성 평가도구는 국내의 12개 교도소와 8개 보호관찰소에서 수집한

163명에 대한 데이터를 기초로 개발된 성범죄자 재범 위험성 평가도구이다. 18세 이상 남성 성범죄자만을 대상으로 사용하며 15개 문항으로 구성되어 있다. 측정항목은 나이, 성범죄 유형, 과거 범죄력, 본 범행의 양상 등이 포함되어 있다. KSORAS의 재범 예측력을 검증하기 위해 2008년 이후 출소한 163명에 대해 최대 34개월을 추적한 결과 ROC 분석에서 AUC=.68로 양호한 수준을 보였으며 특히, 재범위험성이 높은 대상자를 잘 선별하는 것으로 보고되었다(이수정 등, 2010).

보험계리적 위험성 평가와 관련된 척도는 헤아릴 수 없을 만큼 많지만 이상에서 소개한 도구는 연구문헌에 가장 많이 사용되고 있거나 국내외의 성범죄자 관련 현장에서 일반적으로 사용하고 있는 것들이다. 여기에 소개하지 않았지만 MnSOST-R(Minnesota Sex Offender Screening Tool-Revised; Epperson, Kaul, & Hesselton, 1998), SVR-20(Sexual Violence Risk-20; Boer et al., 1997), J-SOAP(Juvenile Sex Offender Assessment Protocal; Harris, Frizzel, & Right-hand, 2000)도 많이 활용되고 있다. 성인남성을 대상으로 한 성범죄자 보험계리적 예측 도구는 지속적인 연구를 통해 이론적 및 경험적으로 검증된 도구들이 많은 편이다. 반면에 청소년 성범죄자를 대상으로 한 연구도 수행되었지만 성인남성에 비해서 상대적으로 적은 편이며 특히, 여성 성범죄자를 대상으로 한 평가도구는 극히 제한적이다.

3) 보험계리적 위험성 평가도구의 제한점

보험계리적인 위험성 평가는 성범죄 재범을 예측하는데 있어 비구조화된 임상적 판단보다 훨씬 더 좋은 예측력을 보인다(Hanson & Morton-Bourgon, 2005). Bengtson과 Långström(2007)은 연구에서 임상가의 주관적 판단에 의한 예측력은 우연에 의한 예측수준에 비해 차이가 나지 않은 반면, Static-99의 경우 성범죄자의 심각한 성범죄 및 폭력범죄에 대해 높은 예측력을 보고하였다. 이처럼 보험계리적 위험성 평가가 예측력이 좋은 장점이 있지만 다른 한편에서는 오류긍정 FP이 높은 것으로 나타났다. 오류긍정(1종 오류)은 미래에 성범죄를 저지를 가능성이 있는 것으로 예측하였는데 성범죄를 저지르지 않은 경우로 과잉 추정하는 오류를 범하는 것이다. 오류긍정은 미래에 범죄를 저지를 가능성이 없는 것으로 예측하였는데 성범죄를 저지르는 경우와 관련된 오류부정(FN, 2종 오류)의 잠재적 위험성에 대한 균형을 유지하는 과정에서 발생한다.

또한 보험계리적 위험성 평가도구는 정적 위험요인, 즉 변화할 수 없는 개인의 과거력 요인들에만 의존하기 때문에 비판을 받고 있다. 과거 범죄의 심각성 정도와 변화되지 않는 개인적 특성들을 사용하여 장기적 위험성을 측정하는 것에는 도움 될 수 있지만 재범위험성을 감소시키기 위해서 어떤 변화가 필요한지에 대해서는 알 수가 없다(Craig et al., 2008). 어떤 도구도 위험성을 정확하게 예측할 수는 없지만 재범에 대한 예측력을 높이고 범죄 위험성에 대한 개입을 위해 좀 더 보완된 도구가 이후에 살펴볼 동적 위험요인 평가이다.

4. 동적 위험요인 평가

1) 동적 위험성 평가

정적인 평가구조에서는 위험성의 변화를 측정할 수 없다. 이와는 달리 동적 위험성 평가는 시간 경과에 따른 위험 상태의 변화를 측정하고 추적하도록 설계된 도구이다. 범죄 위험성에 대한 평가는 위험성을 예측하는 것과 함께 위험성 정도에 따라 개입의 수준과 목표를 설정하는 것이 주요한 목표이다. 변화가 가능한 위험요인에 대해 치료와 관리감독을 통해 위험성과 관련된 요인들이 줄어든다면 성적인 재범 가능성도 감소될 수 있다. 따라서 이러한 동적 위험요인을 통한 평가는 위험성 수준에 따라 개입할 수 있도록 교정시설에 정보를 제공하고, 치료 및 개입 전후 위험성 상태의 변화를 평가하며, 지역사회 관리 및 감독수준을 결정하는데 정보를 제공할 수 있다. 이와 같이 동적 위험성 평가는 범죄자 개인의 위험요인에 대한 개입을 위해 목표가 되는 요인들을 측정하기 때문에 성범죄자 재범방지와 사회복귀에서도 중요한 위치를 차지하고 있다.

2) 동적 위험성 평가도구

SARN(Structured Assessment of Risk and Need; Thornton, 2002)

SARN은 영국에서 개발된 도구로 성범죄자의 위험성과 욕구를 측정하기 위해 사용된다. 16개의 동적 위험요인으로 구성되었으며 각 요인들을 4개의 영역으로 분류하였는데, 이는 성적 관심 영역, 왜곡된 태도 영역, 사회-정서적 기능영역, 자기관리 영역이다. 영국 교정기관에서는 성범죄자 재범위험성 평가에서 일반적으로 보험계리적 위험성 평가는 RM2000을, 임상적인 동적 위험성 평가는 SARN을 사용한다. SARN에서 측정하는 위험영역은 다음과 같다.

- **성적 관심 영역**: 성적 몰입(성적 강박), 아동에 대한 성적 관심, 폭력적 및 강압적 성의 선호, 범죄와 관련된 성적 관심
- **왜곡된 태도 영역**: 대립적인 성인지 태도(남성은 주도적, 여성은 순종적), 성적 특권의식(남성이 성적 충동을 느끼면 섹스 할 권리가 있다는 자기중심적 사고), 아동 성학대를 지지하는 신념, 강간을 지지하고 정당화하는 신념, 여성은 기만적deceitful이라는 신념
- **사회-정서적 기능 영역**: 불충분성(낮은 자존감, 외로움, 외적 통제감), 왜곡된 친밀감 형성(성인보다 아동에게 정서적으로 더 개방적이고 편안함), 불평 불만적 사고(의심, 분노, 복수심), 정서적 친밀감 결여
- **자기관리 영역**: 충동적이고 불안정한 생활방식, 부족한 문제해결력(삶의 문제를 해결하는 방법을 알지 못함), 감정 통제력의 부족

STABLE 2007/ACUTE 2007(Hanson & Harris, 2007)

1990년대 후반 Hanson과 Harris는 성적 재범과 관련된 동적이고 변화할 수 있는 위험요인들과 성적 재범과의 관계를 검토하였다. 이러한 연구과정을 통해 SONARSex Offender Needs Assessment Rating를 개발하였으며, SONAR는 재범을 하는 사람과 재범을 하지 않은 사람과의 차이에 대한 변별력이 좋고 내적 일관성도 높은 것으로 입증되었다. Hanson과 Harris는 SONAR를 만성 동적 위험성을 측정하는 STABLE 2000(16개 항목)과 급성 동적 위험성을 측정하는 ACUTE 2000(8개 항목) 두 부분으로 분리하였다. 캐나다 지역의 출소한 성범죄자 156명을 대상으로 41개월 간 추적조사를 실시한 결과 STABLE 2000과 ACUTE 2000 모두 STATIC-99 보다 예측 타당도가 더 높았다. 이러한 경험적 연구과정을 거쳐 좀 더 향상된 STABLE 2007과 ACUTE 2007이 개발되었다(Hanson, Harris, Scott, & Helmus, 2007).

STABLE 2007에서 측정하는 요인은 만성 위험요인으로 13개 항목으로 구성되어 있다. 의미 있는 사회적 영향력, 안정적인 관계형성 능력, 아동과의 정서적 일치, 여성에 대한 적대감, 일반적인 사회생활 거부, 타인에 대한 관심 결여, 충동성, 낮은 문제해결 능력, 부정적 정서, 성충동과

성적몰입, 성(sex)을 이용한 대처, 일탈적 성적 선호, 관리감독 협조이다. 성범죄자 재범 예측률은 AUC=.67, 일반범죄 재범 예측률은 AUC=.69 를 보였다.

ACUTE 2007은 성적 재범과 관련된 급성 위험요인을 측정하는 도구로 7가지 위험요소를 평가한다. 이 척도에는 2개의 요인이 있는데 먼저, 성 및 폭력 재범을 예측하는 항목 4개로 피해자 접근, 적대감, 성적 몰입, 관리감독 거부이다. 두 번째 요인은 앞의 4개 항목과 함께 일반적인 범죄를 예측하는 항목으로 정서적 붕괴, 사회적 지지의 붕괴, 약물남용이다. 성범죄자에 대한 재범 예측율 AUC=.74, 일반범죄에 대해서는 AUC=.69를 보였다. STATIC-99와 STABLE 2007를 함께 사용했을 때 성범죄는 AUC=.0.84, 폭력범죄 AUC=.0.80의 재범 예측률을 보였다. 또한 STABLE 2007과 ACUTE 2007은 정적 위험성만으로 평가하는 것보다 훨씬 더 높은 예측력을 보였다(Hanson et al., 2007).

TRS-2(Therapist Rating Scale; Marshall et al., 2006)

캐나다 Rockwood 심리서비스의 Marshall 등이 개발한 TRS-2(치료자 평정척도)는 집단치료 프로그램에 참여하는 성범죄자들의 치료성과를 치료자가 판단할 수 있도록 개발된 평가도구이다. 초기 17개 문항으로 구성하였으나 세계 각국에서 사용해본 결과 정규적으로 사용하기에는 길고 복잡하다는 피드백으로 개정판에서는 10개 항목으로 축소되었다 표 3-6 참조. 10개의 목록으로 구성된 TRS는 성범죄자의 치료에 대한 이해 수준과 실천과 관련한 수용/표현 수준을 나누어 평가할 수 있어 많은 치료자들에게 긍정적으로 평가받고 있다. 평가는 치료 초기와 마무리에 진행되며 치료 중반에도 포함하여 평가 할 수 있어 위험성의 수준뿐만 아니라 치료과정에서의 변화도 알 수 있다. 치료자의 편견을 막기 위해 치료자뿐만 아니라 함께 참여한 다른 직원들도 평가에 참여할 수 있으며 최소 2명 이상이 평가하여 그 결과를 사용하도록 되어있다.

캐나다의 성범죄 출소자 535명을 8년 4개월 동안 추적 조사한 결과, 재범과 관련된 위험요인(나이, 수형기간)과 다른 측정도구(STATIC-99, PCL-R)를 통해 예측 타당도를 비교했을 때, 나이 AUC=.37, 수형기간 AUC=.43, STATIC-99의 AUC=.47, PCL-R은 AUC=.62로 나타났는데 TRS-2는 AUC=.64로 가장 높은 재범 예측률을 보였다(Marshall & Marshall, 2012).

〈표 3-6〉 치료자 평가 척도 개정판(TRS-2)

문 항	지적인 이해	수용/표현
1. 인생에 대한 주도성과 책임감 *자신의 삶을 통제할 수 있다고 믿고 실현해 나간다. *삶을 변화시키는 것에 대한 책임감을 가지고 있다. *목표를 이루어나가기 위한 단계를 확인하고 이를 밟아나간다.	1 - 2 - 3 - 4	1 - 2 - 3 - 4
2. 일반적인 공감능력 *다른 사람의 감정을 지각할 수 있다. *다른 사람의 입장을 이해할 수 있다. *다른 사람의 감정에 적절한 감정으로 응할 수 있다. *다른 사람에게 가능하면 적절한 위로를 시도한다.	1 - 2 - 3 - 4	1 - 2 - 3 - 4
3. 친사회적 태도 *친사회적인 태도를 갖고 행동한다. *집단 내의 다른 사람이 표현하는 반사회적 태도에 도전한다. *관리감독자 또는 사례관리자에게 협력한다.	1 - 2 - 3 - 4	1 - 2 - 3 - 4
4. 대처능력 *스트레스에 적절한 정서를 갖고 반응한다. *정서가 대처능력에 어떤 영향을 미치는지를 이해하고 있다. *문제가 되는 이슈들을 직면한다. *문제 해결을 해 나갈 수 있다.	1 - 2 - 3 - 4	1 - 2 - 3 - 4
5. 친밀감 형성 기술 *다른 사람을 가치 있게 생각한다. *적절하게 자기 노출을 한다. *친구를 사귀고 유지할 수 있다. *관계에서 현실적인 믿음을 가지고 있다.	1 - 2 - 3 - 4	1 - 2 - 3 - 4
6. 긍정적인 자존감 *자신의 능력에 대한 현실적인 믿음이 있다. *가치 있는 것들을 바라보고 긍정적인 혼잣말을 한다. *자신을 깎아내리거나 남을 비하하는 유머를 사용하지 않는다.	1 - 2 - 3 - 4	1 - 2 - 3 - 4

문 항	지적인 이해	수용/표현
7. 일반적인 자기조절능력 *변화하는 환경에 적응할 수 있다. *충동적이거나 지나치게 부정적이지 않다. *과도하게 감정적이거나 감정을 억압하지 않는다. *삶의 안정성을 어느 정도 가지고 있고, 그것을 중요하게 생각한다.	1 - 2 - 3 - 4	1 - 2 - 3 - 4
8. 성적 자기조절능력 *대처방식으로 성을 사용하지 않는다. *성에 몰입해 있지 않다. *정상적인 성적 관심을 가지고 있다. *성에 대해 건강하게 접근한다.	1 - 2 - 3 - 4	1 - 2 - 3 - 4
9. 자신의 위험요인에 대한 이해 *실제적 또는 잠재적 위험요인 및 상황에 대해 알고 있다. *다른 사람으로부터의 피드백을 받아들일 수 있다.	1 - 2 - 3 - 4	1 - 2 - 3 - 4
4. 대처능력 *스트레스에 적절한 정서를 갖고 반응한다. *정서가 대처능력에 어떤 영향을 미치는지를 이해하고 있다. *문제가 되는 이슈들을 직면한다. *문제 해결을 해 나갈 수 있다.	1 - 2 - 3 - 4	1 - 2 - 3 - 4
10. 양질의 미래생활 계획 *미래에 대한 현실적인 목표와 계획이 있다. *지역사회의 적절한 지지를 받고 있다. *여가활동의 가치를 알고 그에 참여한다. *취업을 위한 기술이 있거나 재정적으로 독립되어 있다.	1 - 2 - 3 - 4	1 - 2 - 3 - 4
*Level 4 = 이상적인 기능(optimal functioning): 평균보다 높은 상태 *Level 3 = 보통(normative): 일반적인 기능이 가능하고 대부분의 치료 목표가 성취됨 *Level 2 = 보통수준으로 향상 가능(approaching normative): 치료 후 Level 3 가능 *Level 1 = 불만족스러운 상태(unsatisfactory): 해당 요인을 다시 치료할 필요가 있음		

출처: Marshall & Marshall (2012) 재인용.

3) 정적 및 동적 위험성을 결합한 평가도구

LSI-R(Level of Service Inventory-Revised; Andrews & Bonta, 1995)

LSI-R은 16세 이상 범죄자의 재범과 관련된 위험성과 욕구를 확인하기 위해 설계된 보험계리적 평가도구이다(Watkins, 2011). 즉, 정적 위험요인만을 평가하는 보험계리적 척도와는 달리 LSI-R은 범죄자의 특정한 범죄유발욕구를 파악할 뿐만 아니라 재범 위험성을 위험수준에 따라 분류한다. LSI-R의 결과는 가석방과 집행유예, 관리감독과 치료의 수준, 중간처우correctional halfway houses 시설에서의 생활 가능성 등을 결정하는데 활용된다.

LSI-R은 범죄에 대한 사회학습이론을 토대로 54문항으로 만들어졌으며, 10개의 하위유형으로 척도가 구분된다. LSI-R 총 점수는 범죄의 위험성 수준을 예측하는데 사용되며 하위척도 점수는 범죄유발 욕구를 확인하는데 활용된다. 10개의 하위척도는 범죄전력, 교육/고용, 재정, 가족/결혼, 주거, 레저/여가, 친구/동료, 알코올/약물문제, 정서적 문제, 태도/지향으로 분류되었으며 각 하위척도에는 동적 위험요인을 확인하기 위한 문항들로 구성되었다. LSI-R은 이론적 토대 및 예측 타당도가 가장 잘 확립된 범죄자 평가도구의 하나로 인정받고 있다(Andrews & Bonta, 1998; Gendreau, Goggin, & Smith, 2002).

SVR-20(Sexual Violence Risk-20; Boer et al., 1997)

캐나다에서 개발된 도구로 보험계리적 위험성 요인뿐만 아니라 동적 요인을 측정하는 항목도 포함되어 있다. 경험적 연구를 통해 재범의 예측요인으로 제시된 항목들로 점수를 산정하지만 평가자가 각 개인의 상황에 따라 항목들에 가중치를 부여할 수 있도록 하고 있어 "검토 후 판단" 이 가능하다는 점이 특징이다. SVR-20은 총 20개의 항목으로 '심리학적 적응', '성범죄', '미래계획', 3개의 요인으로 구성되었다. 20개 문항으로는 일탈적 성적 선호, 아동학대의 피해, 사이코패스 수준, 주요 정신장애, 약물남용, 자살이나 살해관념, 관계문제, 취업문제, 비성적 폭력범죄, 일반범죄, 관리감독(보호관찰) 실패, 높은 성범죄 범행 빈도, 성범죄 범위, 피해자에 대한 신체적 위해, 무기사용, 성범죄 빈도 및 심각도의 상승, 성범죄의 극심한 부인 및 최소화, 범죄에 대한 지지적 태도, 현실적 계획의 결여, 개입에 대한 부정적 태도로 구성되었으며 부가적으로 급성 동적 위험요인 3항목(급성 정신장애, 최근 사회적 지지망의 상실, 잠재적 피해자와 잦은 접촉)이 포함되었다.

HAGSOR (한림 성범죄 위험성 평가도구; 법무부, 2010)

HAGSOR Hallym Assessment Guide for Sexual Offender Risk는 국내의 교정시설에서 성범죄자 재범위험성 평가를 위한 도구로 사용되고 있다. HAGSOR는 아동 성범죄자 재범 위험성을 평가하기 위해 개발되었으며 10개의 정적 위험요인과 13개의 동적 위험요인으로 구성되었다. 정적 및 동적 위험요인의 점수를 합산하여 최종적으로 위험성을 산출한다. 정적 위험요인으로는 나이, 성범죄 및 일반범죄 관련요인, 피해자 특성 등으로 구성되었다. 동적 위험요인으로는 성일탈적 생활양식, 성적 강박성, 범죄적 성격, 인지왜곡, 대인관계 공격성, 감정통제, 통찰력, 약물남용, 사회적지지, 충동성, 치료순응, 일탈적 성적 선호, 친밀관계 결핍 등이 포함되었다. 타당화 연구에서 HAGSOR의 정적 및 동적 위험성을 종합한 등급과 Static2002, RM2000/S, KSORAS 와는 각각 r=.70, r=.51, r=.64의 높은 상관관계를 보였다.

4) 기 타

PCL-R (Psychopathy Checklist-Revised, 조은경, 이수정 역, 2008; Hare, 1991)

Hare는 1980년 정신병질을 측정하기 위해 22개 문항의 PCLPsychopathy Checklist를 만들었으며 이후 통계적 지표를 통해 타당성이 떨어지는 두 문항을 삭제하고 1991년에 PCL-R을 만들었다. 2008년에 조은경과 이수정이 한국 표준어판을 제작하였다. 20개 항목으로 구성된 반구조화된 질문지로 훈련을 받은 전문가가 평가하도록 되어 있다. 요인 1은 8개 문항으로 대인관계와 정서성을 측정하며, 요인 2는 10개 문항으로 생활양식과 반사회성을 측정한다〈표 3-7 참조〉. 요인모형에

〈표 3-7〉 PCL-R 문항

요인 1(대인관계/정서성)		요인 2(사회적 일탈)	
단면1: 대인관계	단면2: 정서성	단면3: 생활양식	단면4: 반사회성
입심좋음/피상적 매력	후회 혹은 죄책감 결여	자극욕구/쉽게 지루해 함	행동통제력 부족
과도한 자존감	얕은 감정	기생적인 생활양식	어릴 때 문제행동
병적인 거짓말	냉담/공감 능력의 결여	현실적이고 장기적인 목표 부재	청소년 비행
남을 잘 속임/조종함	자신의 행동에 대한 책임감 못 느낌	충동성	조건부 석방 혹은 유예의 취소
		무책임성	다양한 범죄전력

출처: 조은경, 이수정 (2008) 재인용.

서는 제외되었지만 문란한 성생활, 여러 번의 단기 혼인관계 항목이 전체 문항에 포함되었다.

PCL-R은 전 세계적으로 범죄 위험성 평가도구로 널리 사용되고 있다. 초기 정신병질psychopathy을 평가하기 위해 개발되었지만 어떤 종류의 재범이나, 폭력재범에서도 그 예측력이 떨어지지 않음을 보였다(Harris et al, 2003). 일반폭력 범죄에 비해 성범죄에 대한 예측력은 상대적으로 낮지만 성적 일탈의 측정과 결합할 때 상대적으로 좋은 예측 타당도를 보였다(조은경, 이수정, 2008).

PCL-R의 예언 타당도에 대한 연구들(Hare, 1996; Harris, Rice, & Cormier, 1991; Douglas, Ogloff, Nicholls, & Grant, 1999; 이수정, 고려진, 김재경, 2009에서 재인용)에서 전체 폭력범죄에 대한 예측력은 AUC=.68, 신체적 폭력 AUC=.73, 성범죄에 대한 평균 예측력은 AUC=.69 정도로 보고되었다. 이는 범죄력 자료의 재범예측력이 AUC=.60 정도를 상회한다는 사실을 고려할 때 유의하게 높은 수준임을 추정할 수 있다. 성범죄와 관련하여 다른 연구에서 PCL-R 점수가 높은 집단이 낮은 집단에 비해 성범죄 재범률이 더 높았다(Harris, 1995; Rice & Harris, 1997). 이수정 등(2009)의 한국 성범죄자 152명을 대상으로 실시한 Static-99와 MnSOST-R 간의 관련성 연구결과에서 Static-99는 r=.48, MnSOST-R는 r=.55로 높은 상관관계를 보였다.

이상에서 동적 위험요인 평가도구와 정적 및 동적 위험요인을 결합한 평가도구에 대해 살펴보았다. 많은 연구자들은 정적 위험요인을 토대로 한 평가는 성범죄자들이 변화하지 않는다는 전제를 두고 있기 때문에 위험성 평가 자체의 의미에 모순이 생길 수 있다고 주장한다. 예를 들어, 정적 위험요인을 토대로 범죄자 한 개인을 평가하여 그 등급에 따라 교정시설에서는 개별처우를 실시하게 된다. 이후에 범죄자가 심리치료 프로그램에 성공적으로 참여하였고, 가족관계도 개선되었을 경우 위험성 수준은 달라져야 한다. 정적 위험요인만을 토대로 할 경우 개인의 가석방 심사나 출소 후 재범 예측에서 심리치료의 결과가 반영되지 못하는 결과를 초래한다. 뿐만 아니라 자신의 위험성 등급이 어떤 노력에도 변화되지 않는다고 여기면 제반 처우 프로그램에서의 참여 동기가 낮아질 수 있다. 따라서 정적 위험요인을 통해 위험성의 정도를 평가하지만 치료프로그램의 참여나 부가적인 요소의 정보 변화를 통해 위험성의 수준을 수정하는 것이 필요하다. 또는 정적 및 동적 위험요인을 결합하여 위험성의 수준을 평가하여 개별처우의 수준을 결정한 후 개인의 반응정도에 따라 변화된 동적 위험요인을 수정하여 반영할 수 있다.

제3절 성범죄자 치료접근 및 모델

1. 성범죄자 심리치료의 역사

성범죄에 대한 개입과 치료가 시작된 1930년대 이래로 현재까지 다양한 접근방향이 모색되었다. 성범죄자 심리치료에서 이러한 접근의 변화는 현대 심리학에서의 심리치료 발전과정의 역사와 그 맥을 같이 한다. 초기 시작이래로 성범죄자 치료방법을 시기별로 크게 4개의 범주로 구별해 볼 수 있는데 통찰지향적인 정신분석적 접근, 행동주의적 접근, 인지행동 지향의 접근 그리고 최근 강점지향과 행복추구를 강조하는 긍정심리학적 접근이다.

1) 정신분석적 접근

성범죄자 심리치료는 초기에 정신분석적 접근으로부터 시작되었는데, 행동주의 치료가 도입되기 이전까지 주요한 치료접근이었다. 성범죄에 대한 개입은 1930년대 초기 미국의 '성적 사이코패스' 법을 시작으로 하여 1960년대까지 대부분의 치료는 특정한 치료접근을 통해 진행 되었다기보다는 형사사법 시스템을 만들고 성범죄자의 특성을 분류하는 과정에서 필요한 처우가 진행되었다. 미국의 경우, 1960년까지 절반 이상의 주에서 성적 사이코패스 법령을 제정했으며, 정신장애는 아니지만 정상은 아닌 것으로 간주하여 정기형을 부과하기보다는 부정기형인 민간위탁civil commitment을 실시하여 치료가 될 때까지 혹은 사회에 위험하지 않다고 판단될 때까지 재활적 접근을 하였다. 캐나다에서도 1948년에 성적 사이코패스 법과 유사한 법령이 제정되면서 성범죄자의 위험성과 관련하여 치료프로그램을 실시하게 되면서 북미를 중심으로 성범죄자 치료와 사회복귀적 접근이 시도되었다. 이 당시에 주로 통찰지향적, 정신분석적 그리고 인본주의적 접근을 중심으로 치료가 진행되었지만, 허용적인 환경에서, 일관성이 결여되고, 치료자 역량차이도 다양하여 치료의 효과가 크게 드러나지는 않았다(Brown, 2005).

성범죄자에 대한 치료적 접근은 범죄자에 대한 초기 처벌적 또는 응보적 접근에서 범죄자가 지역사회로 돌아가 생활할 수 있도록 만드는 사회복귀적 또는 회복적 접근으로의 변화와 보완이 이루어지면서 다양한 비판과 논란이 공존하는 과정에서 진행되었다. 이러한 상황에서 초기의 치료 프로그램이 재범감소에 크게 도움 되지 못한 것으로 평가되면서 치료적 접근 전반에 대한 거센 비판을 일으켰다. 게다가 1970년대에 이르기까지의 치료효과를 연구한 Martinson(1974)의 '치료무용론nothing works' 선언은 성범죄자 치료접근 방향에 큰 영향을 미쳤다. 성범죄자 치료에 사회복귀적 접근이 도움이 되지 않는다는 Martinson의 치료무용론 제기는 치료적 접근을 후퇴하게 만들었다.

그러나 Martinson의 연구는 치료효과를 측정하는 방법론에서 문제가 있음이 제기되었고, 치료효과가 없다고 부정적인 결론을 보고한 많은 연구들이 심리학적 치료를 제공하지 않았으며, 프로그램 또한 적절하지 않게 운영되었을 가능성이 있는 것으로 나타났다(Thornton, 1987). 치료효과성에 대한 논쟁으로 치료적 접근에서 후퇴가 있었지만, 성범죄자가 출소하면 지역사회로 돌아가기 때문에 치료의 필요성을 부인할 수 없는 상황에서 심리학계의 새로운 치료법의 발전과 치료효과를 검증하는 연구방법론(효과크기를 보고하는 메타분석)의 발전으로 성범죄자 치료에서 변화가 나타난다.

2) 행동주의적 접근

행동주의 접근은 1950년대와 1960년대 초반에 시작되었다. 다양한 문제행동들을 치료하기 위해 Pavlov의 고전적 조건형성의 원리와 Skinner의 조작적 조건형성의 원리를 적용한다. 이러한 원리를 토대로 행동치료에서는 행동을 변화시키고 수정하기 위해 행동지향적인 방법을 사용하며 학습을 통해 새로운 조건을 창출하는 것을 목표로 한다. 성범죄자 치료에서 행동주의적 접근은 1970년대에 도입되었는데, 일탈적 성적 관심을 치료하는 것에 주안점을 두었다. 행동치료에서 일탈적 성적 관심은 일탈적 자극과 성적 각성이 반복적으로 함께 짝지어진 결과로 나타나는 조건형성 과정에서 획득되는 것으로 간주하였다. 따라서 초기 성범죄자 치료는 일탈적 각성을 감소하는 것에 초점을 두었으며, 일탈적 각성이 소거되면 자연스럽게 '정상적' 각성으로 발전될 것이라고 기대하였다.

일탈적 성적 각성을 소거하기 위해 성범죄자 치료에서 주로 혐오기법을 사용했다. 혐오치료는 문제행동(동의하지 않은 성 및 성인과의 폭력적인 성에 대한, 그리고 아동에 대한 성적 각성)을 부정적인 자극(구토유발물질, 암모니아수, 전기쇼크 등)과 함께 제시하여 일탈적인 각성을 감소시키는 방법을 사용했다. 행동치료 기법이 일탈적 성적 각성을 감소시키는데 효과적인 것으로 나타났지만, 장기적으로 유지되거나 혹은 일탈적인 성적 각성의 소거가 정상적인 각성으로 발달되었음을 보고하는 연구는 거의 없었다(Kelly, 1982). 일탈적인 성적 각성이 소멸되면 점차적으로 정상적인 성적 각성이 발달되어 일탈적 성행동이 소거될 것이라는 가정에 기초하여 일탈적 성적 각성의 소멸에 초점을 두면서 일탈적 성행동의 기저에 있는 다양한 배경에 관심을 두지는 못했다.

외적인 자극이라는 단일한 원인에 초점을 두었던 행동치료의 초기이론에서 점차 일탈적 성적 각성의 측정이나 관찰로 볼 수 없었던 환상과 이미지, 태도와 신념, 권력과 통제감 등과 같은 요인들이 복합적으로 작용하는 것으로 확인되었다. 이에 따라 1970년대 말에는 행동주의적 접근만으로 치료하기보다는 사회기술훈련, 성교육, 자기주장훈련, 성역할과 태도, 공감훈련 등을 포함하여 행동치료에 인지적 요인을 치료목표와 과정에 결합시켰다. 이러한 과정을 거치면서 1970년대 말과 1980년대는 성범죄자 치료가 일정 부분에서는 효과가 있다는 '치료일부 유용론something works'으로 입장이 변화되면서 치료의 효과성에 관심을 가지게 되고 치료적 요인을 분석하는 작업이 빠르게 진행되었다.

3) 인지행동치료 접근

성범죄자에 대한 치료효과가 없다는 초기의 입장에서 일부 영역에서는 효과가 있다는 연구결과들이 보고되면서 '치료 유용성what works'에 관심을 기울이게 되었다. 처벌적인 치료, 정신분석 또는 인간중심 지향적인 치료는 성범죄자 재범방지에 크게 도움 되지 않는 것으로 지속적으로 밝혀졌다. 반면에 치료접근에서 인지행동치료는 재범을 감소시키는데 효과가 있는 것으로 확인되었다. Lösel(1995)의 13개 연구 자료에 대한 메타분석에서 인지행동적, 기술지향적, 다중방식적인 프로그램이 성범죄자 재범방지에 가장 효과가 있는 것으로 나타났다.

프로그램의 내용에 있어서 행동주의 치료가 실제로 관찰할 수 있는 사실에만 초점을 두고 생각이나 중재변인들은 간과했다면, 인지행동치료에서는 행동치료에 인지적인 요소를 결합하여 프로그램의 효과를 확장하였다. 따라서 일탈적 성적 각성의 감소에만 초점을 두었던 초기 행동치료는 점차 일탈적 성적 각성을 일으키는 인지적 과정을 포함하여 실시하였다. 이후 행동치료 프로그램에 인지적 요소(자기주장훈련, 공감, 성역할, 자아존중감 등)를 추가하여 통합된 인지행동치료 프로그램으로 발전하게 되었다(Marshall et al., 1996; Murphy 1980).

성범죄자 치료에서 성범죄자의 인지적 왜곡을 설명하는 도식 및 암묵적 이론이 도입되면서 인지행동 치료프로그램은 더욱 확장되었다(Ward et al., 2006). 인지적 왜곡은 주요하게 생각, 신념, 지각, 태도, 최소화와 관련되며, 이러한 왜곡으로 범죄에 대한 책임감을 줄이고, 범죄의 발생을 피해자가 유발했다고 간주하게 된다. 성범죄자에 대한 인지행동치료 프로그램의 주요 내용은 1980년대 말에 확립되었으며, 1990년대에 이르러서는 많은 나라에서 광범위하게 인지행동치료가 실시되었다. 최근까지 거의 모든 성범죄자 치료모델에서는 인지행동 치료기법을 사용하여 일탈적 성, 인지적 왜곡, 문제해결 기술 등의 성범죄 유발요인을 다루고 있다.

4) 긍정심리학적 접근

성범죄자 치료는 1970년대 부정적인 관점에서 벗어나 1990대와 2000년대를 거치면서 좀 더 긍정적이고 근거중심 접근으로 변화되었다. 특히 2000년대에 접어들면서 긍정심리학의 영향을 받아 성범죄자 치료에 큰 변화가 일어났다. 긍정심리학(Seligman, 2000)은 많은 사람들이 인생의 여러 난관과 역경을 극복하고 행복과 성장을 증진할 수 있는 효과적 방법을 모색하며, 성장하고 번창하도록 만드는 요인들을 발견하고 촉진하는 것을 목표로 한다. 이러한 긍정심리학의 영향으로 성범죄자 치료에서도 동기를 강화하는 것과 긍정적인 방식의 접근이 새롭게 시도된다. 초기 성범죄자 치료에서는 엄격하고 직면적인 치료방법이 강조되었는데, 이러한 통제적이고 공격적인 접근은 재범과 관련 있는 실제적인 범죄유발요인이 변화되지 않는 것으로 나타났다(Yates, Prescott, & Ward, 2010/2016).

긍정심리학적 접근에서는 성범죄자 치료에서 극복해야 할 결핍을 강조하기보다는 강점을 개발하는 것에 목표를 두고 있다. 이러한 접근이 범죄유발요인을 간과하거나 무시하는 것은 아니다. 치료에서 부정적인 측면보다는 긍정적인 측면에 초점을 두고, 변화가능성에 대한 기대와 삶의 목표를 달성할 수 있다는 희망을 가질 수 있도록 했을 때 자발적인 참여와 동기가 강화될 수 있고, 치료 효과도 높아질 수 있다. 또한 성범죄자 치료라는 어려운 일을 수행하는 치료자에게도 긍정적 관계를 통해 행복을 고취시키는 것은 일에 대한 열정을 증가시키고 번아웃(burnout)을 감소시킬 수 있다. 성범죄자 치료에서 긍정적 접근의 적용은 치료자, 성범죄자, 지역사회 안전이라는 공공의 영역에서 광범위한 효과를 가져왔다.

2. 성범죄를 설명하는 모델

성범죄를 설명하는데 있어 이론적 모델은 성범죄의 특성을 이해하고 개입 및 관리감독을 위한 방향을 제시하는데 중요한 역할을 한다. 성범죄를 설명하는 많은 이론들을 크게 두 종류로 구분지어 볼 수 있는데 단일요인과 다중요인에 의한 설명이다. 단일요인은 주로 생물학적(호르몬 불균형, 뇌의 비정상성), 심리학적, 사회적(사회구조 이론) 및 가족관계의 기능을 중심으로 성범죄의 원인을 설명하고 있지만 상호배타적인 경향이 있고, 특정 영역의 자료를 토대로 한 것이어서 다른 영역에서는 적용하기 어려운 특징이 있다(Brown, 2005). 이러한 제한점이 있지만 단일요인 이론들 자체는 의미 있는 것이기 때문에 여러 개의 단일요인 이론들을 결합하여 통합적인 접근으로 설명하는 경향이 있다. 그래서 최근에는 성범죄를 단일요인으로 접근하기보다 통합적인 이론(다중모델 혹은 절충적 접근)으로 설명하고 있다. 성범죄에 대한 이론들을 체계적으로 정리하여 다중요인으로 설명하고 있는 주요한 이론들(Brown, 2005; Ward et al., 2006)을 살펴보면 다음과 같다.

1) Finkelhor의 전제조건모델

Finkelhor(1984)의 전제조건모델Precondition Model은 아동성학대의 복합적 현상들을 처음으로 소개한 가장 널리 알려진 이론 중의 하나이다. 이 이론은 성범죄 발생을 단일요인이 아닌 다중요인 측면에서 접근한 최초의 연구로 초기 성범죄자 치료에 많은 영향을 주었다. Finkelhor는 성범죄는 단일 차원에서 접근하기 보다는 범죄와 관련된 다양한 요인을 다루어야 함을 강조하면서 아동 성학대를 설명하는 네 가지 요인을 제시했다. 아동 성학대자의 네 가지 요인으로는, ⅰ) 아동과의 성관계가 정서적 만족감(정서적 일치)을 주고, ii) 아동에게 성적 흥분을 느끼며(성적 각성), iii) 성적인 욕구를 사회적으로 수용 받을 수 있는 적절한 방법으로 충족할 수 없어서(차단) 아동과 성관계를 통해 해소하며, iv) 성적인 욕구를 억제하지 못해서 성적인 학대 행동으로 표출(탈억제)하게 된다. 앞의 세 가지 요인은 일탈적인 성적 욕구로 아동 성학대자의 범행 동기와 관련된 요인이다. 네 번째 요인은 성학대의 죄의식과 같은 내적 억제가 극복되고 알코올이나 약물 등을 사용하여 성적 욕구를 행동화하는 것이다. Finkelhor는 이런 요인들이 하나라도 활성화 되지 않거나 세 가지 동기요인이 상충하게 되면 성학대 행위가 발생하지 않은 것으로 보았다.

아동 성학대와 관한 Finkelhor의 4가지 전제조건은 다음과 같다: 동기, 내적 억제 극복, 외적 억제 극복, 아동의 저항 극복. 첫 번째 전제는 성학대의 동기로, 앞에서 설명한 아동과의 정서적 일치감, 성적 각성 그리고 성적 만족의 차단이다. 먼저, 아동 성학대자는 아동에게 정서적 일치감을 느낀다. 이들은 성장과정에서 왜곡된 발달로 성인보다는 아동과의 관계를 더 편안하게 느끼거나, 성인보다 상대적으로 낮은 힘의 위치에 있는 아동에게 자신이 힘을 가진 위치에 있음을 느끼고 싶어할 수 있다. 이러한 욕구는 아동과의 접촉을 통해 만족감을 경험하면서 강화된다. 다음으로는 아동에게 성적으로 각성되는 것으로, 아동에 대한 성적 기호를 가지는 것이다. 아동 성학대자는 성장과정에서의 성학대 경험 혹은 발달상의 문제로 아동을 성적으로 대상화하는 성향을 가질 수 있다. 개인의 특정 학습경험과 환경 등이 아동과의 성관계를 활성화시키는 것이다. 마지막으로, 다양한 이유로 성인과 성적인 만족감을 느낄 수 없는 경우이다. 친밀한 대인관계 형성이 어렵거나, 이성과 교제를 하지 못하는 경우 등으로 인해 성적인 상황에서 또는 스트레스 상황에서 성인 대신 아동을 성적 대상으로 보게 된다. 이러한 세 가지 요인은 성학대자가 아동에게 성적으로 접근하게 하는 가장 큰 동기가 된다.

두 번째 전제는 내적 억제의 극복이다. 성학대자가 아동과의 성행위를 하기 위해서는 내적 억제를 극복해야 한다. 가장 일반적인 내적 억제의 극복은 성학대를 합리화하는 것이다. 예를 들어, 아동도 성관계를 좋아한다고 생각하거나 자신의 파트너가 성관계를 거절했기 때문에 아동과 성관계를 할 수 있다고 생각하는 믿음을 갖게 된다. 이처럼 아동과의 성관계를 합리화시키는 요인은 인지적 왜곡이다. 인지적 왜곡을 통해 아동 성학대의 부정적 효과를 부인하거나 최소화하고 행동을 정당화하며, 약물이나 알코올 등을 사용하여 탈억제 반응을 일으킨다.

세 번째 전제는 외적 억제의 극복으로, 환경을 조성하여 실제적인 범행을 계획하고 구체화한다. 성학대의 조건을 형성하기 위해 아동과 자주 접촉할 수 있는 직업을 선택하고, 아동의 가족과 신뢰를 형성하며, 아동이 좋아할 수 있는 행동이나 물건을 이용하여 아동과 단 둘이 있는 기회를 만든다. 때로는 아동과 접촉할 수 있는 우연한 기회에서도 그 상황을 조정하여 성학대를 저지를 수 있다. 네 번째 전제는 아동의 저항 극복으로, 아동을 성행위로 유인하기 위해 다양한 방법을 사용한다. 아동과 신뢰감을 형성하고 점진적으로 성행동을 하면서 비밀유지를 약속 한다. 때로는 강압과 위협을 사용하거나 아동의 호기심을 자극하기 위해 음란물을 사용할 수 있으며, 음식이나 보상으로 유인하여 아동의 저항을 약화시킨다.

Finkelhor의 전제조건모델은 아동성범죄에 관한 체계적인 이론적 틀을 제공하고 치료의 방향 제시에 영향을 주었다. 그러나 각 전제조건에 따른 순차적 또는 조건적인 방법으로 범죄가 발생하기보다는 범죄자의 개별적인 성향과 특성에 따라 범죄의 경로가 다르게 나타날 수 있다(Ward et al., 2006). 그렇지만 이 이론이 아동 성범죄의 다중요인을 다루고 있기 때문에 치료에서 개인의 특성에 따른 구체적 요인에 대해 개별적으로 접근할 수 있도록 해준다. 예를 들어, 범죄자 개인에 따라 범행의 동기나 아동을 유인하는 방법이 다를 수 있기 때문에 개인의 범죄 경로를 치료에 반영할 수 있고, 일반적으로 나타나는 공통적인 특성을 치료 프로그램 구성에 사용할 수 있다.

2) Marshall과 Barbaree의 통합이론

Marshall과 Barbaree(1990)의 통합이론Integrated Theory은 성장과 발달과정에서의 경험이 성범죄의 가능성을 증가시킨다고 보았다. 통합이론에서는 아동기의 부적응적인 발달 경험으로 청소년기의 변화에 적절하게 대처하지 못하며, 사회기술과 자기조절 능력도 결여될 수 있음을 강조한다. Marshall과 Barbaree는 아동기 성장과정에서 부모-자녀의 애착형성을 통해 대인관계 기술이 습득되고, 이러한 대인관계 기술은 성인기 대인관계의 기초가 된다고 보았다. 아동기의 불안전한 애착과 부모의 역기능적인 양육방식은 정서조절 문제, 낮은 자존감, 손상된 문제해결 기술, 부족한 판단력, 충동성 및 낮은 자기 효능감을 가져오게 한다. 특히 부모 또는 개인의 삶에서 중요한 사람들로 부터의 방임, 신체적 및 성적 학대 등과 같은 부정적인 경험은 타인과의 친밀한 관계형성을 방해하고, 세상을 위협적이고 위험한 곳으로 지각하게 하며, 적응적인 방법으로 개인의 정서와 삶의 문제를 대처하는 것에 어려움을 초래한다.

통합이론에서는 아동기 발달과정의 취약성으로 인해 대인관계 형성 및 정서조절의 어려움을 초래하여 이들은 점차 사회로부터 고립되어 가며, 이러한 고립은 개인만의 독특한 인지 도식을 형성하게 만드는 것으로 보았다. 게다가 음란물이나 환상에 몰두하면서 일탈적 성적 행동을 하게 되어 인지적 왜곡은 점점 더 강화된다. 그리고 대인관계 문제와 정서조절의 어려움으로 인해 스트레스 상황에서 대처할 수 있는 자원과 능력의 제한으로 성행위를 수단으로 사용할 가능성이 높다. 또한 발달과정의 취약성은 청소년기 호르몬 변화에 적절하게 대처하지 못해 신경학적 이상을 유발하여 공격적인 충동과 성충동을 구별하는데 어려움을 초래하게 되며 결과적으로, 성과 공격성이 결합된 행동을 할 가능성이 높아진다.

통합이론은 아동기와 청소년기를 통한 발달과정의 문제에 초점을 두면서 대인관계, 사회적 기술, 정서조절, 생물학적 문제들의 상호작용을 중요하게 인식한다. 또한 사회적 고립으로 인지적 왜곡이 강화되고 성행위를 통해 자신이 원하는 것을 충족하려고 시도하면서 성범죄가 발생하는 것으로 설명한다. 통합이론이 성범죄자의 평가와 치료에 매우 유용한 정보를 제공해 주고 있지만 유형이 서로 다른 성범죄를 설명하지 못하며, 성범죄 행동 문제가 초기 아동기로부터 시작되는 범죄자는 설명할 수 있지만 성인기에 범죄가 시작되는 성범죄자를 설명하는 것에는 제한점이 있다(Hudson, Ward, & McCormack, 1999). 그리고 발달과정에서의 심리적 취약성이 성 문제와 공격성으로 융합되어 발생한다는 설명은, 모든 성범죄자가 공격성을 가지는 것은 아니기 때문에 명확성이 모호하다고 지적한다(Ward et al., 2006).

3) Hall과 Hirschman의 4요인 모델

강간뿐만 아니라 아동 성 학대까지 설명하는 Hall과 Hirschman(1992)의 4요인 모델Quadripartite Model은 성범죄에 대해 부적절한 심리상태에서의 성적 각성, 왜곡된 인지, 정서조절의 어려움과 같은 상황적 요인과 문제가 되는 성격요인으로 구분하였다. Hall과 Hirschman은 성범죄가 발생하는 것은 어느 하나의 단일한 원인에 의해서가 아니라 다양한 원인들이 상호 결합되면서 나타나게 되며, 이러한 다양한 원인의 유형으로 네 가지 요인을 제안했다.

먼저 신체적인 성적 각성 요인으로, 부적절한 자극에 성적으로 각성되는 것이다. 일탈적인 성적 추동과 상상, 아동에 대한 성적 각성, 폭력이 수반되는 성적 행동과 관련이 있다. 두 번째 요인은 인지적 왜곡이다. 인지적 왜곡은 성적인 공격을 정당화하고 아동에 대한 성적 행동을 심리적으로 허용하게 한다. 그리고 여성과 아동의 행동을 성적인 것으로 잘못 해석하는 신념과 성적 특권의식을 형성하게 된다. 세 번째 요인은 정서조절의 어려움으로, 부정적인 정서상태에서 성적인 욕구를 조절하는데 잘못된 전략을 사용하는 경우이다. 불안이나 우울 등의 정서적 문제가 발생하면 자신의 감정을 조절하지 못하고 충동적으로 성행동을 하거나, 외로움이나 소외감을 느낄 때 자신의 결핍을 잘못 해석해서 성적으로 집착하게 되어 성범죄에 이르게 된다. 마지막 요인은 성격문제이다. 발달과 관련된 애착관계, 신체적 또는 성적 학대, 부모의 이혼과 같은 부정적인 어린 시절의 경험이 반사회적인 태도와 친밀한 관계형성에 문제를 야기한다. 성장과정에서의 성격문제는 반사회적인 성향을 높여 사회적 관습과 규율을 위배하는 행동을 하게 한다.

Hall과 Hirschman은 4요인 중 어느 한 요인이 개별 성범죄자의 유형이 될 수 있고, 각 요인들이 서로 결합되어 나타날 수 있는 것으로 보았다. 예를 들어, 아동에 대한 부적절한 성적 각성이 주된 요인으로 동기화 되어 있다면 위협이나 폭력을 적게 사용하고 성범죄 이외의 다른 범죄는 적은 편이다. 그러나 정서조절의 어려움으로 인해 성행동이 동기화 되어 있다면 충동적이고 폭력을 사용할 수 있으며 성범죄를 포함한 다양한 범죄를 저지를 수 있다. 그래서 개인마다 어떤 요인에 의해 성범죄가 발생되는가에 따라 양상이 다르게 나타나며 치료적 접근도 차이가 있을 수 있다.

Hall과 Hirschman의 4요인 모델은 성범죄자의 유형을 네 가지 요인으로 구분하여 설명해 주었다는데 큰 의미가 있지만, 각 요인들이 어떻게 결합되어 나타날 수 있는지 또는 아동과 성인을 대상으로 한 범죄는 어떻게 구별되는지에 대한 설명은 미흡하다는 문제가 제기되었다(Ward, 2001).

4) Ward와 Siegert의 경로모델

Ward와 Siegert(2002)는 전제모델과 통합이론, 4요인 모델의 강점과 약점을 보완하여 아동 성범죄만을 설명하는 경로모델Pathways Model을 개발했다. Ward와 Siegert는 모든 성범죄를 설명하는 단일 모델을 개발하는 것은 어렵다고 판단하여 아동 성범죄만을 설명할 수 있는 핵심 요인들을 검토하였다.

경로모델은 아동 성범죄자들이 가정환경과 생물학적 요인, 학습, 문화적 문제와 같은 취약요인으로 인해 나타나는 4가지의 심리적 결함을 전제로 하였다. 이러한 요인은 친밀감과 사회기술 결함, 일탈적 성적각성, 정서조절의 어려움, 인지적 왜곡이며, 이러한 일반적인 요인들에 성범죄를 포함하여 다양한 유형의 범죄전력이 있는 반사회적인 인지를 포함하여 5개의 다중경로를 제시하였다. 경로 모델에서는 이러한 각각의 원인들이 상황적 촉발요인 및 개인적 취약성과 상호작용하여 아동 성범죄가 발생한다고 제시하였다.

아동 성범죄의 첫 번째 경로는, 다양한 역기능 기제로, 왜곡된 성 각본, 일탈적인 성적 각성, 아동과의 성행동에 대한 역기능적 생각 등으로 인해 아동 성범죄가 발생한다. 두 번째 경로는, 일탈적인 성적 각본과 관계도식이다. 왜곡된 성적 각본에 역기능적인 관계도식이 결합되어 성sex과 친밀감이 구별되지 못하고 혼란된 상태에 있으며 성적인 행위를 친밀감으로 잘못 인식하는 경우이다. 예를 들어, 일탈적인 성적 각본을 가진 사람이 화가 난 부정적인 감정상태에서 인지왜곡으로 인해 아동을 성적으로 대상화하는 경우이다. 이 경로는 아동기 부적절한 성경험, 성학대 피해, 음란물 상영과 같은 부적절한 학습과정의 결과일 수 있다.

세 번째 경로는, 친밀감 결핍이다. 정상적인 성적 각본을 가지고 있지만 친밀감과 사회기술의 결함으로 성범죄를 하는 것이다. 이 경로의 주요한 인과적 요인은 아동기 불안전한 애착 경험으로 인해 성인과 만족스러운 관계형성을 하지 못하고 아동과 성적으로 접촉하는 것이다. 네 번째 경로는, 정서조절에 어려움이 있는 경우로, 정상적인 성적 각본은 있지만 스트레스 상황 또는 분노상황에서 대처전략의 하나로 범죄행동을 한다. 이는 정서와 행동 조절의 어려움 또는 부적절한 대처전략으로 성을 사용하는 것이다. 다섯 번째 경로는 반사회적 인지이다. 이 경로는 정상적인 성적 각본은 있지만 범죄를 수용하는 태도와 신념을 가지고 있으며, 자신에 대한 우월감과 자기만족감으로 타인을 착취하고, 아동과의 성행동을 금지하는 사회적 규범을 무시한다.

Ward와 Siegert의 경로모델은 경험적으로 지지되고 있고, 다양한 경로를 통해 아동 성범죄를 설명하고 있으며, 각각의 경로에 따른 범죄자의 유형별 접근과 치료적 개입에 도움을 준다. 또한 성범죄의 발달과 시작에 대해서 잘 설명하고 있는 강점이 있는 반면 성범죄가 유지되는 혹은 재범이 발생되는 과정은 충분히 설명하고 못하고 있다(Brown, 2005).

제4절 성범죄자 심리치료 원리

1. 성범죄자 심리치료 이론

1) 재발방지 모델

재발방지 모델Relapse Prevention Model은 미국의 심리학자 Marlatt(1982)이 중독행동, 특히 알코올 중독의 치료와 관리를 위해 개발하였는데, 1980년대에 성범죄자를 대상으로 적용하면서 빠르게 주요한 접근으로 사용되었고, 이후 성범죄자 치료에 큰 변화가 일어났다. 재발방지모델은 당시 가장 주목을 받았던 Finkelhor(1984)의 4단계 전제모델을 토대로 하였기 때문에, 성범죄 행동은 아동에게 정서적 친밀감을 느끼고, 친사회적인 방법으로 성적인 욕구를 충족할 수 없으며, 내·외적 억제요인들을 극복하게 되면서 성범죄가 발생한다는 범죄자의 '결함' 모델에 토대를 두었다.

이러한 원리로 인해 재발방지 접근에서는 성범죄자가 범죄의 각 단계별로 자신의 범죄 및 전조precursor요인에 대해 반드시 상세하고 세밀하게 설명해야 한다. 이러한 전조요인에는 피해자에 대한 성적인 생각, 범죄 이전의 계획, 피해자와 접촉할 기회의 준비, 범죄에 대한 억제요인을 극복하게 했던 각성요인 등이 있다. 모든 성범죄자는 범죄단계에 따라 일탈적인 환상과 자신의 범죄 계획에 대해 설명해야 하며 그러지 않을 경우 치료에 순응하지 않은 것으로 간주된다.

재발방지 모델에서 가장 중요하게 다루어진 부분의 하나는 범죄의 개방이다. 성범죄자로 하여금 범행 사실을 설명하면서 범죄를 인정하게 했으며, 공식적인 기록과 정확히 일치하도록 요구하였다. 범죄의 완전한 공개를 매우 엄격하게 적용한 이유는 범죄사실을 설명할 때 나타나는 범행을 지지하는 사고, 고위험 상황에 대해 문제를 제기하고, 이러한 요인이 미래의 재발 위험요인임을 인식시키기 위해서였다. 그러나 이러한 엄격한 적용은 여러 가지 문제를 야기하였다. 많은 성범죄자들이 자신의 사건에 대해 개방하는 것을 꺼려하고, 수치심과 반발심으로 인해 저항적인 태도를 보이면서 치료의 진행을 방해하게 되었다.

그래서 재발방지 모델은 지나치게 범죄발생 위험요인에 치중하면서 회피적인 목표를 강조하고 미래의 위험상황에 대처하는데 필요한 대처기술의 습득에는 취약하다는 비판을 받고 있다. 이러한 비판으로 인해 최근에는 범죄 사실 개방 부분에 있어 좀 더 완화된 방식으로 사용되고 있다(윤정숙 등, 2012).

2) 위험성/욕구/반응성 모델

Andrews와 Bonta(1998)가 개발한 위험성/욕구/반응성 모델Risk/Needs/Responsivity Model은 범죄자 치료의 원칙을 정립한 모델로 인지적, 행동적, 생물학적, 상황적 요인 등의 다양한 범죄행동에 토대를 둔 복합이론이다. 범죄행동은 성장과정에서 획득되고 유지되며, 범죄의 전조요인이라 할 수 있는 충동성, 사회기술의 결여, 반사회적 태도가 특정 상황에서 범죄를 일으키게 한다. 범죄자들은 서로 다른 다양한 원인에 의해 범죄행동을 하기 때문에 각 개인마다 위험성 요인의 수준이 다르게 나타난다. 치료자들은 범죄행동에서의 이러한 개인차를 설명할 수 있어야 한다. 그렇지 않으면 개입프로그램의 효과가 나타나지 않는다.

위험성risk 원칙은 성범죄자 치료에서 중요한 재범을 일으킬 가능성을 고려하는 것이다. 위험성이 치료에서 고려되어야 하는 이유는 위험성의 정도에 따라 치료의 강도가 달라질 수 있고, 치료를 통해 변화가 나타났을 때 위험성도 또한 변화하기 때문이다. 따라서 위험성은 재범을 일으킬 가능성에 대한 개인의 위험성 수준과 이에 따라 받아야 할 치료의 강도를 결정한다. 위험성이 높은 개인은 낮은 사람에 비해 강도가 높고 장기간의 치료를 받아야 한다. 중간정도 위험성 수준의 범죄자는 치료의 강도가 좀 더 낮아지고 낮은 수준의 경우 가장 적거나 받지 않을 수 있다. 위험성은 시간이 지나도 변화되지 않은 정적요인과 범죄자의 개인적 혹은 상황적 원인이라 할 수 있는 동적요인으로 구분할 수 있다. 위험성의 수준은 정적요인 뿐만 아니라 동적요인인 범죄유발욕구의 강도와 심도에 따라 함께 변할 수 있다.

욕구needs 원칙은 치료프로그램에서 일차적으로 초점을 두는 영역으로 범죄유발욕구criminogenic needs이며 범죄자의 동적 특성요인으로 이러한 요인이 감소했을 때 재범률도 낮아진다. 범죄자의 욕구는 범죄에 대한 긍정적 태도, 반사회적특성, 낮은 문제해결 기술, 물질남용, 적대감, 분노와 같은 동적 요인으로 개인의 공식적, 비공식적인 다양한 자료와 임상가의 면담으로 확인할 수 있다. 성범죄자의 경우 일탈적 성적 각성, 친밀감 결핍, 외로움, 인지적 왜곡, 정서조절의 문제가 주요한 범죄유발욕구라 할 수 있다. 자존감이나 우울증과 같은 정신건강문제는 자체적으로 재범에 직접적인 영향을 주지 않지만 치료적 동맹형성을 방해하고 치료과정에 영향을 미치며 재범의 기회를 증가시킬 수 있기 때문에 치료에서 고려되어야 할 요인이다. 위험성이 치료의 대상을 결정하는 원칙이라면 욕구는 치료의 내용을 무엇으로 할 것인지에 대한 원칙이라 할 수 있다.

반응성responsivity 원칙은 치료에 잘 참여할 수 있도록 내담자의 특성을 고려하여 개입양식과 방법을 사용하는 것이다. 동일한 치료프로그램을 실시하여도 개인에 따라 다양한 반응을 보일 수 있으며, 치료자의 특성과 집단 환경에 따라서도 다양하게 달라질 수 있다. 따라서 반응성은 치료환경에서 개인과 상호작용하는 방법이다. 개인의 인지능력, 학습방식, 가치와 같은 다양한 요인과 상황을 고려하여, 새로운 기술과 능력의 학습을 촉진시키고 학습효과를 극대화할 수 있도록 조절하는 것이다. 성범죄자의 경우, 이에 더해 치료에 참여해서 변화하려는 동기가 어느 정도 있는지가 성공적인 치료를 위해 중요한 반응성 요인으로 간주된다.

3) 좋은 삶과 자기조절 통합모델

Ward와 Hudson(2000)은 경험적 검토를 통해 재발방지모델의 문제를 지적하면서 대안적으로 성범죄자 치료에 자신들의 경로모델pathway model을 통합하여 자기조절모델을 적용하였다. 자기조절모델은 범죄의 동기와 역동을 이해하기 위한 접근으로, 성범죄가 발생하게 되는 범죄과정에 대해 10단계 과정으로 설명하고 있다. 10단계 모델은 범죄의 배경요인과 취약요인, 범죄의 욕구를 촉발하는 삶의 사건 발생부터 범죄과정과, 범죄 이후 자신의 행동을 평가하고 미래 범죄에 대한 태도를 계획하는 단계까지 성범죄자의 동기와 경로를 종합적으로 제공한다. 이러한 범죄과정에서 4가지 다른 범죄 경로를 통해 범죄의 목표를 성취한다.

우선, 자기조절모델은 성범죄자의 자기조절 능력을 부족한 자기조절력under-regulation, 잘못된 자기조절력mis-regulation, 온전한 자기조절력intact self-regulation의 3가지 유형으로 분류한다. 첫째, 부족한 조절력은 행동통제의 실패와 관련이 있으며, 특정 상황에서 통제를 시도하지 않아 탈억제된 방식의 행동을 초래한다. 둘째, 잘못된 조절력은 행동을 통제하려고 시도하지만 그 시도가 잘못되었거나 역효과를 초래한다. 따라서 목표를 달성하지 못하고 결국 상황에 대한 통제력을 상실한다. 셋째, 온전한 자기조절력은 자기통제 자체는 역기능적이지 않다. 이러한 사람은 효과적인 자기조절 전략을 사용하고 목표를 달성하는 것에서도 통제력을 발휘할 수 있다. 자기조절력 자체의 결함보다는 개인의 목표(예: 반사회적 도식이나 신념)에 문제가 많아 개입이 필요하다(Yates et al., 2010/2016).

자기조절모델에서 성범죄의 목표는 회피형과 접근형 두 가지로 구분한다(Ward and Hudson, 2000). 회피형은 성범죄와 관련하여 개인이 원하지 않는 결과를 피하거나 막을 수 있는 행동과 관련되며, 접근형은 범죄과정 동안 자신이 원하는 상태와 결과물을 얻기 위한 행동들을 시도한다. 그리고 성범죄자는 자신의 목표를 달성하기 위해 수동적 또는 능동적 전략을 선택한다. 수동적 전략은 특정 상황에서 범죄를 방지하기 위한 전략을 사용하지 않거나 상황적 단서에 자동적으로 또는 충동적으로 반응하여 범죄방지에 실패하는 전략이며, 능동적 전략은 범죄를 방지하기 위해 전략을 사용하지만 부적절하거나 잘못된 방법을 사용하는 경우 또는 목표를 성취하기 위해 완벽하게 범죄를 계획하여 범죄를 달성하는 경우이다.

Yates 등(2010/2016)은 위에서 설명한 3가지 자기조절 방식과 범죄관련 목표와 전략을 사용하여 4가지 범죄 경로를 제시했다: 회피-수동 경로, 회피-능동 경로, 접근-자동 경로, 접근-명백 경로.

첫째, 회피-수동 경로Avoidant-Passive Pathway는 부족한 조절력과 관련되며, 행동에 대한 조절력이 부족하기 때문에 자신의 행동조절에 실패하고 범죄과정을 멈추기 위한 조치를 취하지 않아서 범죄가 발생한다. 회피목표를 달성하기 위해 이들은 자신의 충동을 부인하거나 범죄과정에서 최소한의 방법으로 주의를 환기시키는 정도이다. 그러나 일반적으로 이러한 전략이 효과적이지 않다는 것과 범죄 진행상황에 개입하거나 행동을 조절하는데 아무런 기능을 하지 못한다는 것을 인식하지 못한다. 회피-수동 경로의 사람들에게는 범행 이후 범죄를 저지르는 것을 피하고자 하는 목표와 실제 행동(범죄) 간의 차이가 발생하기 때문에 범죄 이후 부정적 평가를 경험한다. 이들은 범죄를 저지르지 않으려고 결심하지만 위험상황이 발생하면 대처할 수 있는 전략이 준비되지 않았다.

둘째, 회피-능동 경로Avoidant-Active Pathway는 잘못된 조절력과 관련되며, 회피-수동 경로와 비슷하게 성범죄 발생을 방지하려는 목표를 보인다. 그러나 회피-수동 경로와는 대조적으로 자신의 목표를 달성하기 위해 충동과 욕망, 환상을 억압하거나 행동을 통제하려는 능동적인 전략을 수행한다. 그러나 잘못된 자기조절로 욕구를 억압하기 위해 사용된 전략들(예: 음주, 음란물 시청 등)이 성범죄의 가능성을 감소시키기보다는 오히려 증가시켜 역효과를 가져온다. 범죄 후에는 목표를 이루는 것에 실패한 자신과 자신의 행동에 대해 부정적인 평가를 내린다. 회피-수동 경로와 회피-능동 경로 모두 대부분 부정적인 감정 상태와 효과적으로 행동을 통제하는 능력이 약화된 것이 특징이다. 회피 경로를 따르는 사람은 자기조절 능력의 부족으로 고통 받으며, 결과적으로 범죄행동을 초래한다.

셋째, 접근-자동 경로Approach-Automatic Pathway는 부족한 조절력과 관련되며, 이 경로를 따르는 사람은 범행에 대하여 획득acquisitional목표가 있다. 이들의 범죄 경로는 비교적 자동적인 방식을 따르며, 범행을 피하려 하지 않고, 오히려 범행에 접근하거나 그러한 방향으로 행동한다. 범죄가 진행되는 동안 억제하지 못하고, 자신의 행동을 조절하는데 실패한다. 범행은 즉시적인 상황에서 단서나 유발요인에 의해 활성화되고 충동적으로 나타날 수 있다. 만약에 계획을 했다면 초보적이고, 단순하며, 은연중에 내포된 것이다. 회피-수동 경로와 대조적으로 범행을 지지하는 견고한 인지적, 행동적 도식에 따라 행동하는 경향이 있고 이러한 과정이 자동적이기 때문에 의식적으로 인지하지 못할 수 있다. 접근-자동 경로의 사람들은 성범죄에 대한 욕구 목표(자신이 원하는 상태를 추구하려는)를 가지고 있어 성범죄에 이르는 단계와 범행 이후 평가에서 긍정적인 정서상태를 보인다. 부정적 정서 상태를 보일 때는 안도감을 느끼기 위해 불만, 적대감, 보복감, 분노 등과 같은 감정을 보인다.

넷째, 접근-명백 경로Approach-Explicit Pathway는 정상적인 자기조절력과 관련되며, 범죄에 대한 접근/획득 목표가 있다. 이 경로를 따르는 범죄자들은 범죄 관련 목표를 성취하기 위해 자신의 행동을 관찰하고, 평가하고, 수정하는 기능에는 전혀 부족하지 않은 능력을 가지고 있다. 따라서 이들의 범행은 자기조절 능력의 부족이라기보다는 반사회적 목표를 얻기 위한 개인의 명백하고, 의도적이며, 적극적인 시도의 결과이다. 이들은 자신의 목표달성에 성공한 만큼 자신과 자신의 행동에 대해 긍정적으로 평가하며, 범죄과정에서 인지부조화 또는 억제가 나타나지 않고 '전문가' 로 존재한다.

자기조절모델에서는 각 단계의 범죄과정에서 목표를 획득하기 위해 4개의 범죄경로에 따라 범죄가 발생하기 때문에 각 개인의 범죄 상황과 행동의 다양한 특성을 고려하여 개별맞춤형 치료를 계획하고 시행할 수 있도록 한다.

Ward와 Marshall(2004)은 성범죄자 치료는 범죄자의 개인적 삶의 목표를 성취할 수 있도록 이를 확인하고 추구할 수 있는 것에 목표를 두어야 함을 강조하였다. Ward(2002)는 이러한 접근을 좋은 삶 모델Good Lives Model이라고 했으며 이 접근은 Andrews와 Bonta (1998)의 위험성/욕구/반응성 모델을 보완할 수 있다고 제안했다. 좋은 삶 모델은 성범죄자의 특성과 미래의 가능성에 대해 긍정적 관점을 세우고, 성범죄자 치료접근에서도 존중하고, 긍정적이며, 동기를 강화하는 방법을 사용할 것을 강조했는데 이러한 접근을 "긍정적 작업working positively" 이라 불렀다(Marshall, 2005). 재발방지모델과 위험성/욕구/반응성 모델이 회피지향적인 접근으로 범죄발생욕구 즉, 위험성을 다루어 재범을 줄이는 것에 목표를 두었다면, 좋은 삶 모델은 위험성을 다루는데 있어 결핍을 강조하는 회피접근이 아닌 장점과 긍정성에 초점을 둔 접근지향적인 목표를 강조한다. 그래서 성범죄자가 만족스러운 삶을 사는데 필요한 자원들을 개발하고 자신의 삶에서 가치 있는 것을 이해하고 목표를 성취할 수 있도록 돕는 것에 초점을 둔다(Yates et al., 2010/2016).

좋은 삶 모델에서는 개인이 만족스러운 삶을 성취하기 위해 추구했던 일차적 덕목[44)]을 확인하고, 자신의 삶에서 만족감을 느끼기 위해 내담자가 가진 욕구가 무엇이었는지를 알게 한다. 일차적 덕목을 성취하기 위해 내담자가 추구하고 사용한 이차적 덕목(예: 일차적 덕목이 행복일 때 이를 추구하기 위한 도구적 목표인 이차적 덕목은 성적 쾌락일 수 있음)을 확인해서 이러한 방법들이 범죄를 저지르는데 어떠한 역할을 했는지에 주의를 기울인다. 이차적 덕목은 흔히 성범죄자의 동적 위험요인으로 자기조절 방식 및 위험성 요인을 확인하고 치료에 연결하기 위해 중요하다. 좋은 삶 모델에서의 치료는 성범죄자가 더 나은 삶을 성취할 수 있도록 지원하기 위해 긍정적이고 접근 지향적인 활동으로 설계되어 있으며 개별 성범죄자에게 적합할 수 있도록 맞추어서 제시된다(Marshall et al., 2011).

44) 일차적 덕목에는 10개의 유형이 있다. ⅰ) 삶과 생존(건강한 생활과 건강한 기능), ⅱ) 지식(정보와 지식을 추구하려는 욕구), ⅲ) 일과 놀이에서의 유능성(숙달감), ⅳ) 자주성(자율성, 독립성), ⅴ) 내적인 평화(정서적 혼란과 스트레스 상태로부터 편안해짐), ⅵ) 관계(친밀한 교류), ⅶ) 공동체 활동(집단에 대한 소속감), ⅷ) 영성(삶의 의미와 목적을 찾고자 하는 것), ⅸ) 행복(자신의 삶에 전반적으로 만족하는 상태), ⅹ) 창조성(자신의 삶을 새롭고 혁신적으로 만들고자 하는 욕구).

범죄자 사회복귀에 대한 좋은 삶 모델과 범죄과정에 대한 자기조절모델은 성범죄자 치료에서 종합적인 접근방법을 제시하기 위해 통합되었다. 통합된 이 모델은 좋은 삶의 실현과 위험성 관리 둘 다를 다루면서 성범죄자의 삶의 가치와 목표, 범죄와 관련된 목표와 전략, 범죄경로, 그리고 이들의 상호관계에 대한 평가와 개입에 초점을 두고 있다(Yates et al., 2010/2016).

성범죄자의 사회복귀에 대한 좋은 이론은 치료의 목표가 구체적이어야 하며, 이러한 목표의 설정에서 인과관계가 충분히 제공되어야 하고, 분명한 치료의 타겟과 치료과정이 제시되어야 한다. 즉 범죄를 발생시킨 원인과 이러한 원인들에 대한 치료전략이 실제적으로 실행되어야 한다. 그런데 재발방지 모델은 주로 치료가 끝난 후 사후관리적인 측면, 특히 재범방지를 위한 자기관리 영역에 초점을 두고 있다. 범죄자가 재범상황을 인식하고 그러한 상황에서 치료 시 습득한 대처전략을 사용할 수 있도록 훈련시키지만 위험상황에 대처하는데 필요한 대처기술의 습득에는 취약하다는 비판을 받고 있다(신기숙, 2016; 윤정숙 등, 2012).

현재 대부분의 성범죄자 치료 모델은 위험성/욕구/반응성 원칙에 따라 범죄자의 위험성과 범죄유발요인, 개인의 반응특성을 고려하여 프로그램의 강도와 내용을 결정한다. 성범죄자 치료모델로 어떤 하나의 모델이 가장 적합하다고 할 수는 없지만 이론과 연구, 경험을 토대로 점차 발전하고 있으며, 최근의 좋은삶/자기조절 통합모델은 기존의 모델들을 보완해서 종합적이고 통합된 접근방법으로 결합했다는 점에서 의미가 있다.

2. 성범죄자 심리치료 주요 내용

1) 인지적 왜곡 수정

성범죄자 치료에서 인지적 왜곡은 중요한 목표로 이러한 왜곡이 상황 및 환경과 상호작용하면서 성범죄를 일으키는데 주요한 역할을 하기 때문이다. 인지적 왜곡은 성범죄를 지지하는 왜곡된 생각과 신념, 태도로 성범죄자들의 인지적 왜곡 수준은 일반인들에 비해 높은 것으로 확인되었다(Murphy, 1990; Yates et al., 2010/2016). 범죄 행동에 대한 정당화와 최소화, 부인, 합리화는 인지왜곡의 대표적인 예이다. 아동 성범죄자들은 흔히 「아동이 성인과의 성적 접촉을 좋아한다」

혹은 「아동이 동의하면 성관계를 할 수 있다」는 왜곡된 신념을 가지고 있다. 일반 성범죄자들 경우, 「어떤 여성은 강간당하는 것을 좋아 한다」, 「여성은 속으로 원하면서 '안 돼' 라고 말한다」 등이 왜곡된 신념에 속한다.

인지적 왜곡의 수정은 도식치료schema therapy에 초점을 두고 있다. 인지도식은 인지적 활동과 행동을 위해 입력된 정보를 조직화하고, 해석하고, 처리하고, 평가하는 인지구조이다. 개인은 과거 경험을 토대로 특정 주제에 대한 태도와 신념, 고정관념 및 자기와 외부세계, 타인에 대한 도식을 형성한다. 도식은 특정 상황에서 기분 및 행동을 활성화시키고 정보처리에 영향을 미치며, 오래 전부터 형성된 도식은 상대적으로 자동적이고 무의식적으로 정보를 처리하고 해석하며 반응한다. 도식치료에서 성범죄자의 인지왜곡은, 자신이 처한 내적 및 외적 상황에서 과거에 형성된 도식이 활성화되어 잘못된 행동에 대한 수치심과 책임감을 줄이기 위한 시도이며 자신에 대한 방어로 본다. 예를 들어, 여성은 기만적이어서 성관계를 원하면서도 싫다고 표현한다는 믿음이 있으면(인지도식), 특정상황에서 여성의 '안 돼' 라는 성적인 거부를 동의한 관계였다고 또는 여성도 좋아했다고 주장할 수 있다(인지왜곡). 성범죄자는 이를 통해 범죄행동을 정당화하고 합리화하여 자신을 방어한다.

Murphy(1990)는 인지적 왜곡을 수정하기 위해 인지재구성 접근cognitive restructuring approach를 사용하였다. 인지재구성 접근에서는 인지적 구성요소들이 성범죄 행동에 어떻게 관여하는지에 대해 인식할 수 있도록 하고, 정보제공과 교육을 통해 자신의 특정한 왜곡을 인식할 수 있도록 하며, 최종적으로 자신의 왜곡들에 도전할 수 있게 한다. Marshall과 Marshall(2012)은 성범죄자 치료에서 인지적 왜곡을 다룰 때 치료과정 전반에서 지속적으로 다루어져야 함을 강조하였다. 특정한 회기나 모듈을 구성하여 인지적 왜곡을 다루는 것보다 치료회기 전 과정에서 왜곡된 사고나 신념이 나타날 때마다(예: 대인관계에서 여성에 대한 왜곡) 즉각적으로 다루는 것이 효과적으로 문제를 제기할 수 있고 처리할 수 있다고 권고했다.

2) 사회 – 정서적 기능 향상

성범죄자는 대인관계 형성과 유지의 어려움, 친밀감 결핍, 낮은 자존감, 외로움 등을 경험하는 것으로 보고되었다(Marshall & Barbaree, 1990; Ward et al., 2006; Yates et al., 2010/ 2016).

어린 시절의 불안정 애착과 역기능적인 양육방식으로 인한 부정적인 학습경험은 타인과 문제가 있는 애착을 형성하게 되고, 결과적으로 타인과 효과적으로 관계를 맺은데 어려움을 야기시킨다. 이러한 경험은 타인과의 친밀한 관계형성을 방해하고, 관계에서의 두려움과 불만족, 외로움, 적대감, 낮은 자존감, 문제해결 기술의 결함을 초래한다. 성범죄자는 사회적으로 고립된 상태에서 친밀감을 성행위와 동일시하고, 성행위가 자신의 풀리지 않는 욕구를 해결해 줄 것이라 기대한다. 특히 스트레스 상황에서 성을 이용한 대처전략을 주요하게 사용한다(Cortoni, Heil, & Marshall, 1996).

성범죄자의 사회-정서적 기능 향상을 위해 가장 중요한 부분은 대인관계 기술을 개발하고 정서 조절을 포함한 문제해결 기술을 향상시키는 것이다. 치료에서는 친밀감이 주는 이점과 정서적 외로움이 야기하는 문제를 알게 하고, 과거에 자신의 부적절한 대처전략을 효과적인 대처전략으로 바꿀 수 있도록 연습하는 것이 중요하다. 낮은 자존감은 재범과 직접적으로 연관되지 않은 것으로 나타났지만 자신에 대한 긍정적 신념과 효능감이 부족하면 치료의 진전이 어려울 수 있기 때문에 자존감을 높이는 것은 자신의 삶을 의미 있게 변화시킬 수 있다는 긍정적인 기대를 불러일으킬 수 있어 치료에서 다루는 것이 필요하다(Hanson & Morton-Bourgon, 2005; Marshall & Marshall, 2012).

3) 피해자 공감능력 개발

피해자 공감은 대부분의 성범죄자 치료에서 주요목표로 제시하고 있으며, 공감능력을 개발하는 것은 성범죄자 치료에서 중요한 영역이다. 성범죄 관련 연구에서 타인에 대한 공감능력이 결여될수록 일탈적 성적 각성이 높았으며, 피해자의 신체적 및 심리적 고통에 관심이 없는 것으로 나타났다. 반면 다른 연구에서는 일반인 집단과 성범죄자 간의 공감능력의 차이가 나타나지 않은 것으로 보고하고 있다(Hanson & Bussière, 1998; Hanson & Monton-Bourgon, 2005). Marshall과 Marshall(2012)은 공감능력 자체가 범죄유발요인은 아니지만 친밀한 관계를 형성하기 위해서 중요한 요인으로, 친밀감 형성의 결핍은 성범죄를 일으키는 원인이 될 수 있기 때문에 성범죄자에 대한 공감능력 향상은 중요하다고 주장하였다.

공감 결핍이 성범죄를 일으키는 일반적인 특성은 아니지만 대다수의 성범죄자들이 다양한 원인으로 피해자에 대한 공감에 어려움을 나타낸다. 일부에서는 자신의 범죄 피해자에 대해서는 공감능력의 결핍을 보이지만, 타인의 성범죄 피해자나 일반적인 맥락에서의 공감능력은 결핍을 나타내지 않은 것으로 보고한다. 일반적으로 공감 치료는 타인의 고통을 알아차리고(정서인식), 타인의 경험을 이해할 수 있는 개인의 인식을 높여 피해자의 관점을 취할 수 있는 능력을 개발하며(관점 수용), 그 사람이 느끼는 것과 비슷하게 반응하여, 타인의 고통을 완화시키는 능력을 발달시키는 것과 함께 공감 부족이 인지와 행동에 어떤 영향을 주는지 이해하는 것을 목표로 한다(Marshall et al., 1996).

피해자에 대한 공감을 향상시키는 훈련은 일반적인 공감 능력을 높일 수 있고, 조망수용능력과 다른 사람을 향한 동정심을 증대시킨다(윤정숙 등, 2014). 성범죄자 치료에서 공감 훈련이 모든 성범죄 피해자에 대한 공감을 발전시킬 것인지, 자신의 피해자에게만 초점을 둘 것 인지에 대해서는 논란이 있다. 그러나 일반적으로 치료의 목표는 범죄와 관련된 부분에서 뿐만 아니라 전반적인 영역에서 타인의 관점을 이해할 수 있는 전략을 개발하는 것이 개인의 특성변화를 유발할 수 있고, 치료에서 인지적 관점(조망수용 능력)을 향상시키는데 좀 더 효과적인 것으로 보고되었다(Yates et al., 2010/2016).

4) 일탈적 성적 관심 수정

일탈적 성적 관심은 성적 관심의 방향과 강도 및 성적 강박성 등으로, 초기 발달과정 및 신경생리학적 요인, 관찰학습, 모델링, 강화, 성적 흥분, 성적 공격성 등이 상호작용하면서 발달한다는 것이 가설이다. 각각의 요인들이 일탈적인 성적 관심의 행동 발달 및 유지에 영향을 미친다. 물론, 일탈적인 성적 관심만으로 성범죄 행동을 설명할 수는 없으며, 성적 공격성은 다양한 인지 및 정서적 요인, 맥락적 요인, 자기조절 결핍, 약물 남용 등과 결합해서 나타난다. 그럼에도 성적 일탈성 부분이 치료에 포함되는 이유는 성적 관심에서 범죄와 관련된 성적 선호 및 성적 환상은 성적 재범을 가장 강력하게 예측하는 요인이기 때문이다(Hanson & Bussière, 1998; Hanson & Morton-Bourgon, 2004; Proulx et al., 1999).

일탈적 성적 관심을 치료하는 일반적인 접근방법으로는 약물치료와 행동적 개입 두 종류가 있다. 약물치료는 항우울제인 SSRI'sSelective Serotonin Reuptake Inhibitors, 황체형성호르몬방출호르몬 LHRH 길항제의 일종인 Lupron leuprolide acetate, 항남성호르몬제인 MPA Medroxy progesterone acetate; Provera로 표기와 CPA Cyproterone Acetate 등 4종류가 있다. 약물치료의 목적은 성범죄자가 일탈적 성적 경향성을 더 잘 통제할 수 있으면서 적절한 성인 파트너와 관계에서 성적으로 기능할 수 있는 정도의 정상적 수준까지 테스토스테론을 낮추는 것이다. 약물치료는 치료에 반응을 보이지 않은 범죄자에게 제한적으로 사용해야 하며 약물치료 과정에서 나타나는 부작용을 추적 관찰해야 한다(법무부, 2014).

행동기법으로는 일탈적 성적 관심을 수정하기 위해 혐오기법과 자위행위를 이용한 기법이 있다. 혐오기법은 범죄와 관련된 성적 상상을 불쾌한 자극 경험과 짝을 짓어 성적 반응을 감소시키는 것이다. 수치심 기법, 암모니아 혐오기법, 후각 혐오기법, 내현적 연상기법 등이 있다. 자위행위를 이용한 성적 관심 변경기법은 적절한 성적 사고와 자위행위로 생성된 성적 흥분을 친사회적인 성행동과 연계하면서 일탈적 성적 관심을 변화시키는데 있다(Marshall, O'Brien, & Marshall, 2009).

치료에서 주의해야 할 점은 모든 성범죄자들이 일탈적 성에 대한 치료가 필요한 것은 아니기 때문에 참가자들 중 이 영역에 명확히 문제가 있는 사람들만 참여시키는 것이 필요하다. 선별된 집단에서 치료를 진행하여도 개인치료를 통해 치료 절차들을 잘 다루고 있는지 확인해야 한다. 집단치료에 어려움이 있을 경우 이 영역에 관련해서만 개인 회기를 통해 다룰 수 있다(Marshall et al., 2009).

5) 범죄 유발요인 이해 및 재범방지 능력 향상

재범방지 능력의 향상을 위해서는 성범죄 행위를 지속하게 하는 위험상황과 발생한 문제를 인식하고 이에 대한 다양한 대처기술을 가르치는 것이 포함된다. 따라서 재범방지 능력의 향상은 성범죄자가 미래에 재범 위험이 발생할 수 있는 상황에 맞닿았을 때 자신의 문제를 알아차리고 대처할 수 있는 능력을 높이는 것이다. 이를 위해 치료에서는 가장 먼저 자신의 범죄유발요인을 확인할 수 있도록 한다(앞의 성범죄자 동적 위험요인 참조). 범죄 유발요인의 이해는 성범죄를 유발시킨 만성적인 어려움은 어떤 것인지(만성 동적 위험요인), 범죄행동을 즉각적으로 유발하게 만든 요인은 무엇이었는지(급성 동적 위험요인), 자신에게 발생했던 문제나 사건은 무엇이었는지,

특히 범행을 더욱 가속시킨 요인은 무엇이었는지 등을 파악하게 한다. 성범죄자의 이러한 위험요인들에 대한 파악은 개인이 가지고 있는 문제와 부적절한 대처전략을 알 수 있도록 하고 연습을 통해 이러한 대처기술을 습득할 수 있도록 하기 위함이다.

범죄 유발요인 이해는 일반적으로 치료의 초기에 다루어진다. 자서전이나 사건에 대한 분석을 통해 범죄가 일어나는 원인과 경로를 파악하고 치료 중반에서 진행되는 인지왜곡 수정, 대인관계 및 자기조절 기술 향상, 성적 일탈성 수정 등과 같은 치료 회기를 진행하면서 성범죄자 개인에게 드러난 부적절한 전략을 적절한 대처전략으로 변화시킬 수 있는 기술을 습득시킨다. 최근 심리치료(좋은삶/자기조절 통합모델)에서는 재범방지를 위해 개인의 결핍을 다루기보다는 강점, 목적 등을 중심으로 한 긍정심리학적 접근을 취한다. 이 접근에서의 치료 목적은 개인의 중요한 목적(가치)을 달성하고 더 높은 수준의 만족스러운 삶을 살 수 있도록 성범죄자를 도와주면서 재범의 위험을 관리하는 것에 있다(Marshall et al., 2011; Yates et al., 2010/2016).

3. 성범죄자 심리치료에 영향을 미치는 요인

1) 성범죄자 치료의 효과성

성범죄자 치료가 시작된 1930년대 이래 치료의 효과에 대한 다양한 논란이 있었다. 1970년대까지의 치료효과를 연구한 Martinson(1974)의 보고서를 전후하여 '치료무용론nothing works' 이 제기되면서 성범죄자 치료에서 사회복귀적 접근은 잠시 쇠퇴하였다. 이후 행동치료 및 인지행동치료를 통한 치료접근의 변화와 치료효과를 검증하는 연구방법론의 발전으로 치료 효과성이 타당화된 검증을 통해 입증되면서 '치료 일부 유용론something works' 에서 '치료 유용성what works' 으로까지 관심이 변화되었다.

인지행동치료는 1980년대 이후부터 가장 효과적인 성범죄자 치료로 인정받았으며, 2000년대 이후 긍정심리학의 영향으로 치료적 접근의 변화를 가져오면서 성범죄자 치료는 광범위한 효과를 가져왔다. 위험성/욕구/반응성 모델과, 좋은삶/자기조절 통합모델은 이전의 재발방지모델의 단점을 보완하고 인지행동치료의 내용과 기법을 흡수하여 성범죄자 치료프로그램을 좀 더 확장시켰다.

치료효과에 대해 Hanson 등(2002)은 43개의 연구자료(n=9454)의 메타분석을 통해 5년의 추적 기간 중 성범죄 재범률은 치료집단이 12.3%, 비교집단은 16.8%였다. 일반범죄의 재범률에서도 치료집단은 27.9%, 비교집단은 39.2%였다. 치료기법에서 인지행동치료는 성범죄(치료집단 9.9%, 비교집단 17.4%)와 일반범죄(치료집단 32%, 비교집단 51%) 모두에서 재범률이 감소하였다. 이 연구에서 1980년도 이전의 치료는 거의 효과가 없는 것으로 보고되었다. Lösel과 Schmucker(2005)는 치료효과를 분석하기 위해 69개의 연구(학술지에 발표된 44편과 발표되지 않은 23편)에 대해 메타분석를 통해 5년 동안 추적한 결과, 성범죄 재범률에서 치료집단(11%)이 비치료집단(17.5%)에 비해 재범률이 훨씬 더 낮은 것으로 나타났다. Marshall 등(2006)은 캐나다 연방교도소에서 15년 동안 심리치료 프로그램을 실시하고 참가한 614명의 성범죄자들을 대상으로 출소 후 5년 4개월 후에 추후조사를 실시하였다. 참가자들의 96%가 치료 프로그램을 수료하였고 352명은 아동대상 성범죄자, 182명은 강간범이었다. 아동 성범죄자 중 14명과 강간범 3명이 재범을 저질러서 전체 성범죄 재범률은 3.2%였다.

상반되는 연구결과로, Hanson, Broom과 Stephenson(2004)은 724명의 성범죄자를 대상으로 12년간 추후조사를 실시하였다. 다양한 치료 프로그램을 받은 403명의 치료집단과 치료를 받지 않은 321명의 집단이 연구에서 조사되었다. 조사 대상자들의 수용기관에서 출소직전, 추후조사 기간에 정적 위험요인을 중심으로 실시한 조사결과는 두 집단 간에 차이가 거의 없었다. 치료를 받은 집단은 12년 5개월 후의 조사에서 21.4%의 재범률을, 치료받지 않은 집단은 10년 후의 조사에서 22.2%의 재범률을 보여 집단 간 차이는 유의미하지 않았다.

성범죄자 치료 프로그램의 효과성에 대한 연구결과가 다소 상이한 부분은 있지만 대부분 치료집단이 치료받지 않은 집단에 비해 성범죄 및 폭력범죄를 포함한 일반범죄에서 재범률이 감소하는 것으로 보고되었다. 치료 프로그램의 효과를 검증하는 방법(치료 내 변화량 측정, 사전·사후 평가척도 분석)에 대해 약간의 이견들이 있지만 치료 프로그램의 이론적 기반이 탄탄하고 치료 내용과 기법이 치료목표와 분명하게 연결될수록 치료 효과성은 높아질 수 있다.

2) 치료자 특성

많은 연구에서 치료자 특성이 치료의 효과성을 결정짓는 매우 중요한 역할을 하는 것으로 보고되었다(Craig et al., 2009; Marshall, 2005; Marshall et al., 2006). Andrew와 Bonta(2006)는 반응성 원칙에서 성범죄자의 반응수준으로 치료의 목표를 어떻게 잘 전달할 것인가는 치료에서 가장 중요한 특성이라고 주장하였다. 동일한 내용이라 하더라도 대상의 특성에 따라 전달방식을 다르게 했을 때 치료의 효과는 더 높아질 수 있다. 그래서 반응성 원칙은 치료를 전달하는 치료자의 특성과 치료에 잘 참여할 수 있도록 내담자의 특성을 고려하여 개입방법을 사용하는 것이다. 치료자의 특성으로는 공감적이고, 지지적이고, 도전할 수 있도록 격려해 주고, 단호해야 함을 강조하였다. 치료의 전달방식에서는 사회학습의 원리(칭찬, 보상, 모델링 등)를 적용하여 개인의 인지능력, 학습방법, 가치의 고려를 통해 새로운 기술과 능력을 배울 수 있도록 학습효과를 극대화하는 것이다(신기숙, 2016).

Marshall(2005)은 치료에 가장 도움을 주는 치료자 특성으로 공감, 따뜻함, 보상과 격려, 지도성directiveness, 융통성, 따뜻함, 정직함, 자신감, 진솔함, 유머의 사용, 지지적인 태도, 정서적 반응성, 자기개방, 적극적 참여의 독려, 개방형 질문으로 요청하기 등을 제시하였다. 이러한 치료자 특성은 치료로 생긴 변화의 40~60%를 설명하는 것으로 나타났다(Marshall et al., 2006).

그러나 성공적인 치료를 방해하거나 치료적 동맹형성에 부정적인 결과를 초래하는 치료자의 특성도 있는 것으로 보고되었다. 초창기 성범죄자 치료에서 치료자는 엄격하고, 직면적이며, 통제적 형식의 치료방식을 강조했다(Yates et al., 2010/2016). 그러나 이러한 태도는 피해자를 비난하고, 사건을 축소시키며, 책임을 수용하는 부분에 도움 되지 않은 것으로 밝혀져 왔다. 또한 적대적이고 처벌적인 접근은 신뢰를 무너뜨릴 수 있고 치료적 관계를 방해할 수 있다(Marshall, 2005). 성범죄자들은 치료 장면에 비자발적으로 참여하기 쉽고, 변화에 대한 동기도 부족하며, 범죄사실에 대해 부인하고 저항하기 때문에 치료자의 분노나 거부적 태도, 부정적 반응에 취약하다.

3) 치료환경

집단의 분위기가 응집력 있고 정서를 자연스럽게 표현하도록 만들 때 치료 효과가 극대화된다(Beech & Hamilton-Giachritsis, 2005). Drapeau(2005)는 치료에 도움이 되는 효과적인 치료과정을 알아보기 위해 24명의 성범죄자를 대상으로 연구를 수행한 결과, 도전할 수 있도록 지지하고, 존중해 주고, 필요시 다가갈 수 있도록 해 주고, 참여를 격려하고, 결정과정에 내담자가 참여하게 해 주고(예: 척도의 사전사후 결과 및 다양한 평가결과 보여주기), 경청해 주고, 집단의 질서가 유지되는 치료 환경을 긍정적으로 인식하였다(Marshall & Marshall, 2012).

성범죄자들은 집단에서 자율성을 존중받고, 치료자들이 함께 협력하려는 자세를 보이고, 정확한 의도로 상호작용 하고, 자신의 노력에 대한 어느 정도의 선택을 가지고 있다고 인식하는 경우에 훨씬 더 참여적이고 순응적이다(Yates et al., 2010/2016). 변화를 위한 노력이 외부의 압력으로 시작되기는 하지만 장기적인 변화는 자기결정을 통해서 유지되기 때문에 치료과정에서 모든 내담자들이 자신의 의견과 감정을 표현하며 적극적으로 참여하고, 조화롭고 상호 지지적인 방식으로 함께 활동할 때 집단의 응집력은 높아진다.

4) 동기강화

치료에서 동기의 결여는 성공적인 치료를 진행하는데 가장 큰 걸림돌로 작용한다. 최근에 동기강화 면담이 교정현장에서 널리 사용되고 있는데 범죄자들로 하여금 자신의 삶에 변화를 만들고 싶은 이유와 방법을 탐색할 수 있도록 안내하는 방식으로 활용된다(Yates et al., 2010/2016). 동기와 관련된 내담자의 변화에 대한 준비도, 의지, 능력에 대한 기대감은 일반 심리치료 문헌의 주요한 관심사였으며, 최근에는 성범죄자 치료에서도 주목받고 있다.

많은 성범죄자들은 치료를 받을 때 참여를 거부하거나 참여하게 되어도 불편한 마음으로 들어온다. 일부는 치료에 들어와서 이후 철회하거나 규율을 위반하는 행동으로 중도 탈락되는 경우가 있다. 캐나다의 록우드 심리서비스Rockwood psychological services 프로그램에서는 치료 거부자, 중도 탈락자, 사건부인자 등의 참여도를 높이기 위한 치료전 전략으로 동기강화 프로그램(성범죄자 예비 프로그램)을 운영한다. 동기강화를 통해 희망을 증대시켜 자신이 가지고 있는 다양한 문제행동에 대해 긍정적 결과를 예측하게 한다. 동기강화를 통해 결과적으로, 치료에 대한 긍정적인 태도를 형성하여 집단 내에서 자신에 대한 방어적인 모습을 버리고 개방적인 태도로 변화를 수용하게 하며, 자신의 삶을 범죄적인 생활양식에서 건전한 생활양식으로 바꿀 수 있다는 희망을 인식하게 하는 것이다(Marshall et al., 2011).

모든 치료 프로그램에서 동기부여 및 치료자와의 관계형성은 중요하다. 성범죄자의 경우 외적인 압력으로 치료에 참여하는 경우가 대다수이기 때문에 적절한 동기가 형성되지 않으면 치료가 진행되는 동안 범행의 부인과 축소, 합리화를 통한 자기방어에 몰두하여 치료의 효과를 얻지 못할 가능성이 크다. 따라서 성범죄자 치료에서 초기에 혹은 치료의 전 과정에서 중요한 요소가 동기를 향상시키는 것이다.

요 약

초기 성범죄자 위험성 평가에서 임상적 판단이 일반적으로 활용되었다. 임상적 판단의 예측력이 우연의 수준을 넘지 못하면서 지속적인 비판이 제기되어 보험계리적 평가가 도입되었다. 많은 연구 결과를 통해 보험계리적 평가가 임상적 판단보다 우수한 예측력을 보이는 것으로 확인되면서 대부분의 국가에서는 보험계리적 평가를 사용하고 있다. 현재는 보험계리적 척도의 제한점을 보완하여 범죄자의 범죄유발요인을 평가할 수 있는 동적 위험요인이 위험성 평가에 결합되면서 성범죄자의 치료와 관리감독을 포함한 광범위한 영역에서 위험성 평가가 활용되고 있다.

성범죄자 치료분야에서도 심리치료가 시작된 1930년대 이래로 현재까지 많은 변화가 진행되고 있다. 정신분석적 접근, 행동주의적 접근, 인지행동지향 접근, 긍정심리학적 접근을 거치면서 성범죄자 치료에서 치료의 효과성에 대한 긍정적인 결과들이 보고되었다. 성범죄를 설명하는 모델들의 발달은 성범죄의 특성을 이해하고 치료적 개입 및 관리감독을 위한 방향을 제시하는데 중요한 역할을 하였다. 현재, 대부분의 성범죄자 치료는 위험성/욕구/반응성 원칙에 따라 범죄자의 위험성과 범죄유발요인, 개인의 반응특성을 고려하여 프로그램의 강도와 내용 및 방법을 결정한다. 또한 인지행동 접근은 대부분의 치료모델에서 가장 많이 사용되고 있는 기법 중의 하나이다. 최근의 좋은삶/자기조절 통합모델은 범죄자 사회복귀에 대한 좋은삶모델과 범죄과정에 대한 자기조절모델이 통합되어 성범죄자 치료와 관리감독이 좀 더 종합적으로 확장되었다.

참고문헌

강호성 (2010). 보호관찰대상자 재범방지 모델 개발에 관한 연구. **보호관찰, 10(1)**, 7-53.

법무부 (2010). 성폭력사범(13세 미만 아동대상) 재범위험성 평가척도 개발.

법무부 (2014). 고위험군 성범죄자의 체계적 이해를 통한 성충동 약물치료 대상자 상담강화 방안 연구.

송병일, 김병배, 최현식, 이상목 (2007). 영국 보호관찰대상자 분류평가도구에 관한 연구. **보호관찰, 7(1)**. 57-106.

신기숙 (2016). 교정시설에서의 성범죄자 치료 방향성 정립을 위한 고찰. **교정담론, 10(2)**. 211-241.

윤정숙, Marshall, W. L., Marshall, L. E., Sims-Knight, J. E., 이수정. (2012). **성범죄자를 위한 치료프로그램 개발 및 제도화 방안(Ⅰ)**. 서울: 한국형사정책연구원.

윤정숙, 최이문, 류부곤, 윤달님, 최관, 최걸, 강태경 (2014). 성범죄자를 위한 치료프로그램 개발 및 제도화 방안(Ⅲ): **치료프로그램 이수자의 사후관리 방안 연구**. 서울: 한국형사정책연구원.

이수정, 고려진, 김재경 (2009). 한국판 Psychopathy Checklist-Revised(PCL-R)의 구성타당도 연구. **한국심리학회지: 사회 및 성격, 23(3)**, 57-71.

이수정, 고려진, 박혜란 (2008). 한국 성범죄자 위험성 평가도구 개발 및 타당도 연구. **형사정책연구, 19(4)**, 309-345.

이수정, 고려진, 최혜림 (2010). 재범 추적을 통한 한국성범죄자위험성평가척도(KSORAS) 타당도 연구. **한국심리학회지: 일반, 29(4)**, 999-1016.

이수정, 윤옥경 (2003). 범죄위험성의 평가와 활용방안. **한국심리학회지: 일반, 22(2)**, 99-126.

정지숙, 신정, 이장규 (2012). 재범위험성 평가도구 타당도 검증: 정신장애 범죄자용. **한국심리학회지: 일반, 31(3)**, 643-665.

조은경 (2003). **아내구타자의 유형분류에 관한 연구**. 한국형사정책연구원 연구보고서. 서울: 한국형사정책연구원.

조은경, 이수정 (2008). 한국판 표준화. **PCL-R 전문가 지침서**. (R. D. Hare 저, 조은경, 이수정 역). 서울: 학지사 심리검사연구소.

Andrews D. A., & Bonta, J. (1998). *The psychology of criminal conduct* (2nd ed.). Cincinnati, OH: Anderson.

Andrews, D. A., & Bonta, J. (1995). *LSI-R: The Level of Service Inventory-Revised.* Toronto: Multi-Health System, Inc.

Andrews, D. A., & Bonta, J. (2006). *The psychology of criminal conduct* (4rd ed.). Newark, NJ: LsxisNexis.

Barbare, H. E., Blanchard, R. E., & Langton, C. M. (2003). The development of sexual aggression through the lifespan: The effect of age on sexual arousal and recidivism among sex offenders. In R. A. Prentky, E. S. Janus, & M. C. Seto. (eds.), *Understanding and managing sexually coercive behavior*, New York: Annals of the New York Academy of Sciences, 989, 59-71).

Barbaree, H. E., Langton, C. M., & Peacock, E. (2006). The factor structure of static actuarial items: Its relation to prediction. *Sexual Abuse: A Journal of Research and Treatment, 18*, 207-226.

Beech, A. R., Craig, L. A., & Browne, K. D. (2009). *Assessment and treatment of sex offenders.* Chichester, UK: John Wiley & Sons, Ltd.

Beech, A. R., & Hamilton-Giachritsis, C. E. (2005). *Sexual Abuse: A Journal of Research and Treatment.* 17(2), 127-140.

Bengtson, S., & Långström, N. (2007). Unguided clinical and actuarial assessment of re-offending risk: A direct comparison with sex offenders in Denmark. *Sexual Abuse: A Journal of Research and Treatment. 19*, 135-154.

Boer, D. P., Hart, S. D., Kropp, P. R., & Webster, C. D. (1997). *Manual for the Sexual Violence Risk-20 professional guidelines for assessing risk of sexual violence.* Canada: Mental Health, Law, and Policy Institudem, Simon Frazer University, Vancouver, BC.

Bonta, J. (2002). Offender risk assessment: Guidelines for selection and use. *Criminal Justice and Behavior, 29*, 355-379.

Brown, S. (2005). *Treating sex offenders: An introduction to sex offender treatment programmes.* Devon, England; Willam.

Cohen, J. (1988). *Statistical Power Analysis for the Behavioral Science.* (2nd edn). Hillsdale, NJ: Erlbaum.

Connor, D. F., Steingard, R. J., Anderson, J. J., & Melloni, R. H. Jr. (2003). Gender differences in reactive and proactive aggression. *Child Psychiatry and Human Development, 33,* 279–292.

Cooper, M. (1993). *Assessing the risk of repeated violence among men arrested for wife assault: A review of the literature.* British Columbia Institute Against Family Violence.

Cortoni, F., Heil, P., & Marshall, W. L. (1996). *Sex as a coping mechanism and its relationship to loneliness and intimacy deficits in sexual offending.* Paper presented at the 15th Research and Treatment Conference of the Association for the Treatment of Sexual Abuser, Chicago.

Craig, L. A. (2008). How should we understand the effect of age on sexual recidivism? *Journal of Sexual Aggression. 14(3).* 185–198.

Craig, L. A., Browne, K. D., & Beech, A. R. (2008). *Assessing risk in sex offenders: A practitioner's guide.* West Sussex: John Wiley & Sons, Ltd.

Craig, L. A., Browne, K. D., Stringer, I., & Beech, A. R. (2005). Sexual recidivism: A review of dynamic and actrurial preditors. *Journal of Sexual Aggression, 11,* 65–84.

Dahawan, S., & Marshall, W. L. (1996). Sexual abuse histories of sexual offenders. Sexual Abuse: *A Journal of Research and treatment, 8,* 7–15.

Doren. D. M. (2006). What do we know about the effect of aging in recidivism risk for sexual offenders. *Sexual Abuse: A Journal of Research and Treatment, 18,* 137–158.

Drapeau, M., Körner, A., Brunet, L., & Granger, L. (2004). Treatment at La Macaza Clinic: A qualitative study of the sexual offenders' perspective. *Canadian Journal of Criminology and Criminal Justice, 46*(1), 27–44.

Dutton, D. G. (1999). Traumatic origins of intimate rage. *Aggression and Violent Behavior, 4*(4), 431–447.

Elbogen, E. B. (2002). The process of violence risk assessment: a review of a descriptive research. *Aggression and Violent Behavior, 7*, 591–604.

Farrington, D. P. (2005). Childhood origin of antisocial behavior. *Clinical Psychology and Psychotherapy, 12*, 177–189.

Finkelhor, D. (1994). *Child sexual abuse: New theory and research*, New York: Free Press.

Ford, J. D., Fraleigh, L. A., & Connor D. F. (2010). Child abuse and aggression among seriously emotionally disturbed children. *Journal of Clinical Chid & Adolescent Psychology, 39*(1), 25–34.

Garlick, Y., Marshall, W. L., & Thornton, D. (1996). Intimacy deficits and attributiion of blame among sex offender. *Legal and Criminological Psychology, 1*, 251–258.

Gendreau, P., Goggin, C., & Smith, P. (2002). Is the PCL–R Really the "Unparalleled" Measure of Offender Risk? *Criminal Justice and Behavior, 29*, 397–426.

Gendreau, p., Little, T., & Goddin, C. (1996). A meta–analysis of the predictors of adult offender recidivism: what works. *Criminology, 34*(4), 575–608.

Goodman, R., Simonoff, E., & Stevenson, J. (1995). The impact of child IQ, parent IQ, and sibling IQ on child behavioural deviance scores. *Journal of Child Psychology and Psychiatry, 36*, 409–25.

Grove W. M., & Meehl, P. E. (1996). Comparative efficiency of informal (subjective, impressionistic) and formal (mechanical, algorithmic) prediction procedures: The clinical-statistical controversy. *Psychology, Public Policy, and Law, 2*(2), 293–32.

Grove, W. M., Zald, D. H., Lebow, B., Snitz, B., & Nelson, C. (2000). Clinical versus Statical prediction: A meta–analysis. *Psychological Assessment, 12*, 19–30.

Hall, G. C. N., & Hirschman, R. (1992). Sexual aggression against children: a conceptual perspective of etiology. *Criminal Justice and Behavior, 19*, 8–23.

Hanson, R. K. (1997). *The development of a brief actuarial risk scale for sexual offence recidivism.* (User Report No. 1997-04) Ottawa: Department of the Solictor General of Canada. http://www.sgc.gc.ca/epub/corr/e199704/e199704.htm

Hanson, R. K., & Morton-Bourgon, K. E. (2009). The accuracy of receidivism risk assessments for sex offenders: A meta-analysis of 118 prediction studies. *Psychological Assessment, 21*(1), 1-21.

Hanson, R, K., Harris, A. J. R., Scott, T. L., & Helmus, L. (2007). *Assessing the risk of sexual offenders on community supervision: The Dynamic Supervision Project* (User report, Correction research). Ottawa, ON, Canada: Public Safety Canada. Retrieved from http://www.publicsafety.gc.ca/cnt/rsrcs/pblctns/ssssng-rsk-sxl-ffndrs/ index-eng.aspx.

Hanson, R. K. (2002). Recidivism and age: Follow up data from 4,673 sexual offenders. *Journal of Interpersonal Violence. 17,* 1046-1062.

Hanson, R. K. (2006). Stability and changes: Dynamic risk factors for sexual offenders. In W. L. Marshall, Y. M. Fernandez, L. E. Marshall, & G. A. Serran(Eds), *Sexual offender treatment: Controversial issues* (pp.17-31). Chichester, UK: John Wiley & Sons, Ltd.

Hanson, R. K., & Bussière, M. T. (1998). Predicting relapse: A meta-analysis of sexual offender recidivism studies. *Journal of Consulting and Clinical Psychology, 66,* 348-362.

Hanson, R. K., & Harris, A. J. R. (1998). Predicting sexual offender recidivism in the community: Acute risk predictors. In A. J. R. Harris(Chair), *Keeping risky men out of trouble: Ongoing research on sex offender.* Symposium at the annual conversion of the canadian Psychological Association, Toronto.

Hanson, R. K., & Harris, A. J. R. (2000). Where should we intervene? Dynamic predictors of sexual offense recidivism. *Criminal Justice and Behavior, 27,* 6-35.

Hanson, R. K., & Morton-Bourgon, K. E. (2005). The characteristics of persistent sexual offenders: A meta-analysis of recidivism studies. *Journal of Consulting and Clinical Psychology, 73,* 1154-1163.

Hanson, R. K., & Thornton, D. (2000). Improving risk assessments for sex offenders: A comparison of three actuarial scales. *Law and human behavior. 24*(1), 119.

Hanson, R. K., Broom, I., & Stephenson, M. (2004). Evaluating community sex offender treatment programs: A 12-year follow-up of 724 offenders. *Canadian Journal of Behavioural Science, 36*(2), 85-94.

Hanson, R. K., Gordon, A., Harris, A. J. R., Marques, J. K., Murphy, W., Quinsey, V. L., & Seto, M. C. (2002). First report of the collaborative outcome data project on the effectiveness of psychological treatment for sex offenders. *Sexual Abuse: A Journal of Research and Treatment, 14,* 169-194.

Hanson, R. K., Steffy, R. A., & Gauthier, R. (1993). Long term recidivism of child molesters. *Journal of Consulting and Clinical Psychology, 61,* 646-652.

Hirschi, T., & Hildelang, M. J. (1977). Intelligence and delinquency: *A revisionist view. American Sociological Review, 42,* 571-87.

Hudson, S. M., Ward, T., & McCormack, J. C. (1999). Offense pathway in sexual offenders. *Journal of Interpersonal Violence, 14,* 779-798.

Kelly, R. J. (1982). Behavioral re-orientation of pedophiliacs: Can it be done?. *Clinical Psychology Review, 2,* 387-408.

Lösel., F. (1995). The efficacy of correctional treatment: A review and synthesis of meta-evaluations. In J. McGuire (ed.). *What works?: Reducing Reoffending. Guidelines for Research and Practice.* Chichster: John Wiley & Sons.

Lösel., F., & Schmucker, M. (2005). The effectiveness of treatment for sexual offenders: A comprehensive meta-analysis. *Journal of Experimental Criminology, 1,* 117-146.

Luoto, M., & Hjott, J. (2005). Evaluation of current statiscal approaches for predictive geomorphological mapping. *Geomorphology, 67,* 299-315.

Marahall, W. L., Barbaree, H. E., & Eccles, A. (1991). Early onset and deviant sexuality in child molesters. *Journal of Interpersonal Violence, 6,* 323-336.

Marshall, W. L, & Barbaree, H. E. (1990). An integrated theory of the etiology of sex offending." In W. L. Marshall., D. R. Laws., and H. E. Barbaree (ed.), *Handbook of Sexual Assault: Issues, Theories, and Treatment of the Offender* (pp. 257–275). New York: Plenum Press.

Marshall, W. L. (2005). Therapist style in sexual offender treatment: Influence on indices of change. *Sexual Abuse, 17,* 109–116.

Marshall, W. L., & Marshall, L. E. (2012). Training for the trainers: *A strength-based treatment for sexual offenders.* 한국형사정책연구원. Dr. Marshall 초청 성범죄자 치료자 워크샵 자료집. 7월 21일~27일.

Marshall, W. L., Bryce, P., Hudson, S. M., Ward, T., & Moth, B. (1996). The enhancement of intimacy and the reduction of loneliness among child molesters. *Journal of Family Violence, 11,* 219–235.

Marshall, W. L., Marshall, L .E., Serran, G. A., & O' Brien, M. D. (2011), *Rehabilitating sexual offenders: A strength-based approach.* Washington DC: American Psychological Association.

Marshall, W. L., Marshall, L. E., Serran, G. A., & Fernandez, Y. M. (2006). *Treating sexual offenders: An intergrated approach.* New York, NY: Taylor & Francis Group.

Marshall, W. L., O'Brien, M. D., & Marshall, L. E. (2009). Modifying sexual Preferences. In A. R. Beech, L. A. Craig, & K. D. Browne (Eds). *Assessment and treatment of sex offenders* (pp. 311–327). Chichester, UK: John Wiley & Sons, Ltd.

Martinson, R. (1974). What works? questions and answers about prison reform. *The Public Interest, 35,* 22–54.

Monahan, J. (1984). The prediction of violent behavior: Toward a second generation of theory and policy. *American Journal of Psychiatry, 141,* 10–15.

Murphy, W. D. (1990). Assessment and modification of cognitive distortions in sex offenders. In W. L. Marshall, D. R. Laws, & H. E. Barbaree (Eds). *Handbook of Sexual Assault Issues, Theories, and Treatment of offener* (pp. 331–342). New York, NY: Plenum.

Prentky, R. A., & Knight, R. A. (1991). Identifying critical dimensions for discriminating among rapists. *Journal of Consulting and Clinical Psychology, 59,* 643–661.

Proulx, J., Perrault, C., & Oimet, M. (1999). Pathways in the offending process of extra-familial child molesters. *Sexual Abuse: A Journal of Research and Treatment, 11,* 117–129.

Quinsey, V. L., Harris, G. T., Rice, M. E., & Cormier, C. (1998). *Violent Offenders – Appraising and Managing Risk.* (1st ed.) Washington DC: American Psychological Association.

Quinsey, V. L., Harris, G. T., Rice, M. E., & Cormier, C. A. (2006). *Violent offenders: Appraising and managing risk* (2nd ed). Washington, DC: American Psychological Association.

Quinsey, V. L., Lalumiĕre, M. L., Rice, M. E., & Harris, G. T. (1995). *Predicting sexual offenses.* Thousand Oaks, CA: Sage.

Rice, M. E., & Harris, G. T. (2014). What does it mean when age is related to recidivism among sex offenders? *Law and Human Behavior, 38*(2), 151–161.

Roberts, C. F., Doren, D. M., & Thornton, D. (2002). Dimension associated with assessments of sex offender recidivism risk. *Criminal Justice and Behavior, 29,* 569–589.

Seligman, M. E. P. (2000). *Positive psychology: A progress report.* Paper presented at the Positive Psychology Summit 2000, Washington, DC.

Seto, M. C., Harris, G. T., Rice, M. E., & Barbaree, H. E. (2004). The screening scale for pedophilic interests predicts recidivism among adult sex offenders with child victims. *Sexual Behavior, 33*(5), 455–466.

Thornton, D. (1987). Treatment effectes on recidivism: A reappraisal of the 'Nothing Works' Doctrine." In B. J. McGurk, D. M. Thornton and M. Williams (ed.), *Applying psychology to imprisonment: Theory and Pratice.* London: HMSO.

Thornton, D. (2002). Constructing and testing a framework for dynamic risk assessment. *Sexual Abuse: A Journal of Research and Treatment, 14*(2), 139–153.

Thornton, D. (2006). Age and sexual recidivism: A variable connection. *Sexual Abuse: A Journal of Research and Treatment, 18,* 123-136.

Thornton, D., Mann, R., Webster, S., Blud, L., Travers, R, Friendship, C., & Erikson, M.(2003). Distinguishing and combining risks for sexual and violent recidivism. In R. Prentky, E. Janus, M. Seto, and A.W. Burgess (Eds), *Understanding and Managing Sexually Coercive Behavior.* Annals of the New York Academy of Sciences. 989. 225-235.

Ward, T. (2001). A critique of Hall and Hirschman's quadripartite model of child sexual abuse. *Psychology, Crime and Law, 7*(4). 333-350.

Ward, T. (2002). Good lives and the rehabilitation of offenders: Promises and problems. *Aggression and Violent Behavior, 7,* 513-528.

Ward, T., & Hudson, S. M. (2000). A self-regulation model of relapse prevention." In D. R. Law., S. M. Hudson, and T. Ward (ed.), *Remaking relapse prevention with sex offenders: A source book.* Newbury Park, CA: Sage.

Ward, T., & Marshall, W. L. (2004). Good lives, aetiology and the rehabilitation of sex offenders: A bridging theory. *Journal of Sexual Aggression, 10,* 153-169.

Ward, T., & Siegert, R. J. (2002). Toward a comprehensive theory of child sexual abuse: a theory knitting perspective. *Psychological, Crime and Law, 9,* 219-224.

Ward, T., Hudson, S. M., & Marshall, W. L. (1996). Attachment style in sex offenders: a preliminary study. *Journal of Sexual Aggression, 10,* 153-169.

Ward, T., Polaschek, D. L. L., & Beech, A. R. (2006). *Theories of sexual offending.* New Jersey: John Wiley & Sons.

Watkins, L. (2011). The utility of Level of Service Inventory-Revised(LSI-R) assessments within NSW correctional environments, *Research Bulletin, 29,* 1-8.

Yates, P. M., Prescott, D. S., & Ward, T. (2016). **성범죄자 치료** [Applying the good lives and self-regulation models to sex offender treatment: A practical guide for clinicians] (신기숙, 심진섭, 이종수, 이지원, 전은숙 역). 서울: 학지사(원전은 2010년에 출판).

제 4 장

수형자 분류심사 제도 및 심사기법

– 집필 박종관

제1절 분류처우의 의의 및 발전과정

1. 분류처우의 의의

대한민국의 교정시설은 "죄를 범한 사람들을 대상으로 올바르지 못한 인성을 바로잡아 사회에 복귀시키며 미결수용자의 재판업무에 관여하는 국가시설"로 정의되고 있다.[45] 이렇게 우리나라의 교정행정 이념은 범죄를 범하여 교정시설에 수용된 자를 올바르게 교정교화하여 사회에 복귀시키는 것이다(박종관, 2015). 교정시설에서 수형자를 교정교화하기 위한 첫 번째 단추가 바로 수형자 분류심사 과정이다. 수형자의 분류classification of prisoners는 우리나라의 경우에서 볼 수 있듯이 교정처우의 현실적인 필요에 의해서 수형자를 대상으로 탄생한 제도이다. 이 점에서 수형자의 분류는 범죄의 과학적인 인식에서 출발하여 범죄자를 대상으로 하고 있는 범죄인 분류와는 구별된다.

전통적인 의미의 분류처우란 수형자를 그 특성에 따라 여러 유형으로 구분하여 각각 다른 시설에 수용하고, 각 시설 내에서 다시 몇 개의 집단으로 세분화하여 처우하는 것을 의미한다. 즉 분류classification는, 수형자에 대한 관리 및 재사회화를 목적으로, 수형자를 일정한 기준에 따라 과학적으로 구분하고, 각 집단에 적합한 처우계획을 수립하여 이를 기초로 처우와 지도를 행하는 일련의 절차를 말한다(허주욱, 한철호 2000:12).

이를 구체적으로 설명하면 첫째, 수형자를 개별적으로 분석하며, 개성과 능력 범죄원인, 성장환경 및 직업경력 등을 과학적으로 진단하여 그들을 동일유사성으로 나누고 그 진단취지에 적합한 개별처우계획을 수립하는 것이다.

둘째, 모든 처우계획이 실질적으로 각 수형자의 개별처우에 부합되도록 조정하는 절차와,

셋째, 처우계획이 개별수형자의 변화하는 심리상태 및 실제적인 생활태도와 그 수요에 맞추어

---

45) 형의집행 및 수용자의 처우에 관한 법률 제1조 및 제2조.

서 처우방향을 재설정하는 역할을 한다. 즉 수형자를 과학적으로 심사하여 진단하고 그 결과에 따라 설계된 개별처우를 실시토록 조정하며, 변화되어가는 정도에 따라 새로이 처우 방향을 재설정하는 일련의 과정이라고 볼 수 있다.

분류의 개념에 대해서는 유럽 여러 나라의 견해와 미국의 견해 사이에 본질적인 차이가 있다. 이 견해의 차이를 분명하게 부각시켰던 것은 1950년 네덜란드 헤이그에서 개최된 제12회 "국제형법 및 형무회의International penal and penitentiary Congress"에서의 논의다. 이 회의에서 결의된 것 중에는 유럽에서의 분류라고 하는 용어는 연령, 성별, 누범, 정신상태 등에 의하여 처우방향을 유사하게 구분하고 이들을 다시 몇 개의 그룹으로 세분화하는 것을 의미하고 미국의 여러 주에서 사용되고 있는 분류의 용어는 진단diagnostic, 지도orientation 및 처우treatment를 의미한다.

이와 같은 분류의 개념에 대해서 유럽제국과 미국 사이에 차이가 있는데, 미국에서 분류에 대한 개념의 근저에는 유럽제국에서 말하는 분류의 의미를 포함하고 아울러 진단, 지도, 치료treatment라고 하는 것을 내포하고 있는 것으로 보이며, 또한 교정처우를 의료모델로 보고 있는 것이다.

따라서 분류는 크게 나누면 두 가지 단계로 이루어지는데, 수용분류와 처우분류treatment classification가 그것이다. 수용분류는 수형자의 외부적 특징 즉 성별, 연령, 죄질, 구금의 근거 등을 기초로 한 분류로서 수형자의 보호나 교정관리의 목적에 중점을 둔 것이며, 현재로서는 처우분류를 위한 전제로서 의미를 가진다고 할 수 있다. 유엔의 '피구금자처우최저준칙 제8조'에서 이러한 수용분류의 필요성을 인정하고 남녀 수형자의 분리, 기 · 미결의 분리, 민 · 형사 수형자의 분리, 소년수형자의 분리 등을 선언하고 있다.

한편 처우분류는 재사회화를 목적으로 하는 수형자의 처우를 위한 분류로서, 유럽의 경우에는 수형자를 몇 개의 그룹으로 나누어 각 그룹에 적합한 처우를 하는데 중점을 두는 이른 바 집단별 분류의 방식을 취하는데 반하여, 미국의 경우에는 개별 수형자에 대한 철저한 분석과 평가에 따라 개별화된 처우계획을 작성하고, 작성된 처우계획에 따라 처우를 실시함으로써 수형자의 재사회화라는 목표를 잘 달성할 수 있도록 하는 개별처우방식을 추구하고 있다.

이러한 의미에서 분류제도는 두 가지 의미를 가지게 되는데, 첫째는 수형자를 몇 개의 그룹으로 나누어 사전에 예상할 수 없었던 구금에서의 탄력성을 어느 정도 허용한다는 의미를 가지고, 둘째는 시설의 관리직원 이외의 자 특히 교사, 심리학자, 사회사업가, 정신병리학자 등에게 교정시설을 개방한다는 의미를 가진다. 따라서 분류제도의 수용은 교정행정의 목표가 구금imprisonment에서 교정correction으로 변화됨을 의미한다. 즉 교정에 있어서 교정처우는 과학적이고 합리적인 분류처우가 이루어질 때에만 의미를 가진다는 인식이 일반화되고 있다.

2. 연혁

1) 유럽과 미국 [46)]

수형자에 대한 분류의 시작에 대해서는 근대 자유형의 시발점으로 주목받는 1595년 네덜란드 암스테르담 노역장Work House을 들고 있다. 개량주의에 의하여 설치된 암스테르담 노역장은 노동을 통한 교화의 목적을 분명히 하여 수용자의 교화와 개선을 이루기 위하여 일정한 작업을 부과하였고 상여금이 지급되었으며 종전과는 달리 시민의 법적 지위를 그대로 유지하였다. 또한 남녀 혼거의 폐해를 막기 위해 1597년에 우술라Ursula 수도원 내에 여자수용자를 위한 여성방직공장을 따로 설립하였다. 1603년에는 불량청소년들을 부모로부터 위임받아 양육하는 제도가 설치·운영되었다.

그 후 1703년 교황 클레멘스 11세Pope Clemens XI는 소년에 대한 감화교육을 강조하면서 산 미켈레San Michele 수도원 내에 일종의 소년감화원을 설치하고 구금보다는 종교적 개선에 중점을 두었으며, 소년수용자들을 연령 및 범죄성criminality의 정도에 따라 분류수용하였다.

또 1623년 창설되어 1775년에 재조직된 벨기에의 간트Gand교정시설에서는 성별, 연령, 죄질 등에 따라서 수용장소가 구분되는 분류수용제를, 야간에는 엄격한 분리구금과 주간에는 혼거상태에서 노동에 종사하도록 하였다. 이는 일종의 오번제Auburn System의 기원이라고 할 수 있으며 진정한 근대 분류이념의 선구자라고 할 수 있을 것이다.

이와 같이 일반수형자 중에서 여자가 먼저 분리되어 성별분류가 이루어졌고, 이어서 연령에 따

---

46) 법무연수원(2008) '분류처우실무과정' 교재, 박영규(2006) "수형자분류처우와 누진처우", 교정연구, 제33호, 7-11에서 발췌 인용.

라 소년이 분류되었다. 일반수형자도 범죄성의 정도, 연령에 따라 분리할 필요성을 느꼈지만, 그것은 과학주의에 의한 것이 아니라 개선주의를 바탕으로 한 것이었다. 여기에 영국의 감옥개량운동가인 존 하워드John Howard가 인도주의적 입장에서 엄정하고 신속한 분류수용을 주장했는데, 그 목적은 수용생활 중에 발생될 수 있는 범죄문화의 학습을 방지하기 위한 것이었다.

19세기에 들어서면서 범죄소년을 수용하기 위한 교정시설과 정신장애자를 수용하기 위한 전문시설이 분리되면서 이들에 대한 특별한 처우를 시도하려는 움직임이 높아졌다. 동시에 누진제가 교정처우의 방법으로서 채택되게 되고 여기에 처우의 기초로 분류제에 더욱 많은 기대를 걸게 되었다.

20세기에 들어서면서 범죄학에서 이루어진 과학적인 범죄인 분류의 성과가 차츰 수형자 분류에 도입되게 되었다. 범죄원인, 특히 범죄를 일으키게 된 개인의 성격에 대한 연구가 진행됨에 따라 연령, 성별, 범죄 종류, 범죄의 경·중 이외에도 범죄인의 심리적, 인격적, 건강상 차이, 직업적 숙련 유무 정도가 수형자 분류의 주요한 지표가 되었다.

이미 영국과 미국을 비롯한 각국에 있어서 누진제의 채택은 누진적용 가능성의 유무, 개선 난이도 등을 구별해야 했기 때문에 처우에 필요한 다양한 관점에서 수형자를 분류하는 경향이 생겨나고 있었다. 그렇지만 수형자에 대한 분류제도는 유럽 여러 나라와 미국에서는 상당히 그 발달 양상을 달리했으며, 분류개념, 처우방법 등에 두드러진 차이를 보였는데, 그 이유로는 범죄학과 형사정책사조의 성격적인 차이에 의한 것이라고 여겨진다.

유럽대륙에서 수형자 분류제도가 가장 먼저 발달한 나라는 벨기에이다. 1907년 사법대신 체킨에 의해서 브뤼셀의 폴레교정시설에 행형인류학연구소가 설치되었고, 정신의학자이며 인류학자인 베르벡Verveck이 연구소장으로 임명되었다. 이곳에서는 형기 3월 이상을 선고받은 수형자가 과학적인 인격조사의 대상으로 선정되었다. 더욱이 1910년 칙령에 의해 연구소 조직이 결정되었으며, 1920년에는 폴레교정시설 외에도 8개의 교정시설에 분류조사를 하기 위한 행형인류학부가 세워져서 폴레교정시설은 각 교정시설의 조사기록을 집합시키는 센터로 바뀌었다.

독일에서는 1910년대에 바이에른의 슈트라우빙교정시설에서 정신의학자인 피른슈타인Veirn-stein에 의해서 범죄생물학적 조사를 하기 시작했으며, 이 조사기구는 덴젠 참사관이 확대 강화하여 범죄생물학적 자료수집소로 조직화되었다. 이 범죄생물학적 조사에 근거한 분류를 전제로 한 누진제가 1921년에 채택되었고, 1930년에는 자료수집과 과학적 조사지도센터로 되어 있던 슈트라우빙수집소가 뮌헨의 독일정신의학연구소로 옮겨가면서 범죄생물학의 발전에 커다란 공헌을 했다.

오스트리아에서는 1923년에 크라츠대학의 범죄생물학연구소가 크라츠지방재판소 내의 교정시설에서 아돌프 렌츠의 범죄생물학적 조사방법을 채택하게 되었다. 이처럼 분류처우는 교정시설에서 과학적 분류와 범죄학 연구소가 상호 협력하면서 발전되어 갔다.

미국에서는 정신의학자인 윌리암 힐이 1909년에 소년정신의학연구소에서 조사활동을 시작해서 오늘날 감별제도와 사례연구법case study의 초석을 이루었고, 같은 정신의학자인 글뤽Glueck이 뉴욕주의 싱싱Sing Sing교정시설에서 분류조사활동을 개시하여 차후 이 기구가 클리어링 하우스clearing house로서 분류센터의 기능을 발휘하게 되었다.

계속하여 1918년 뉴저지주의 트렌톤Trenton교정시설에서 에드가 돌E.A. Doll, 윌리암 엘리스W.L. Ellis 등의 심리학자에 의해서 분류클리닉이 창설되고, 1936년 로벨 빅스비에 의해 뉴저지주에서 분류제도가 확립되었다.

미국에서는 1910년대 진보적인 주에서 소년감별기구를 세웠으며, 1920년대에는 전반적으로 다수의 주에서 과학적인 분류제도가 정비되었다.

유럽 여러 나라의 분류제도는 대다수가 주로 생물학적인 항목에 대해서 정밀조사를 벌였으며, 그 결과 형식화되어 가는 모습을 보였다. 여기에 반해 미국에서는 형식적으로 범죄인을 구분하기보다는 각각의 범죄인 내지 수형자가 필요로 하는 것에 가장 실질적인 처우방법을 찾아내려는 데 주안점을 두었다. 즉 사례연구case study에 기초하는 개별화라고 할 수 있다. 따라서 다방면에 걸친 전문가의 동원과 협력을 필요로 했기 때문에 분류를 전문적으로 담당할 독립된 교정시설을 설립하여야 한다는 움직임이 일어났다. 다시 말해 분류센터, 진단센터, 리셉션센터, 관찰Observation센터, 생활지도guidance센터, 오리엔테이션센터 등으로 불리는 시설에서 1945년부터 1950년대에 걸쳐서 다수의 정신의학자, 심리학자, 사회학자, 사회복지상담원, 교육전문가 등을 채용한 근대적인 교정시설이 설립되었다. 즉 1945년에 뉴욕주 엘마이라의 리셉션센터와 1950년 뉴저지주의 진단센터는 그 대표적인 것으로 캘리포니아주에서도 1944년 신 켄틴교정시설의 일부 구역에 분류센터를 개설하였고, 1957년 박카빌에서 의료교정시설과 병설해서 본격적인 활동을 시작하였다.

프랑스에서도 1950년 국립분류센터CNO가 파리 남쪽 교외의 트레네교정시설에 병설되어 형기 2년 이상인 수형자에게 5~6주간에 이르는 생물학적, 심리학적 조사를 실시했고, 1967년 보르드

관구의 포와티에서 최초의 지방분류센터CRO가 세워지기 시작하여 9개의 관구에 같은 센터가 세워지게 되었다.

그 외에 아르헨티나, 브라질, 칠레, 스페인 등에 각기 명칭은 다르지만 1950년대에 같은 전문시설이 세워져 범죄학 발전에 커다란 공헌을 했다.

국제교정시설회의에서 분류문제가 처음으로 거론된 것은 1872년 런던 회의이고, 이어서 1905년 부다페스트회의에서도 의제로 떠올랐지만, 전자는 "교정시설제도의 기초로서 … 도덕적 분류를 인정해야만 하는가"라는 것이고, 후자는 "수형자의 도덕적 분류의 정확함을 기하는 데 가장 좋은 방법은 무엇인가?"라는 것이었지만 모두 논의에만 그치고 두드러진 성과는 없었다.

분류제도에 대해서 가장 충실하게 토의가 전개되었던 것은 1950년 제12회 헤이그회의 국제형법 및 형무회의이며, 제2질문은 "특수한 수형자의 의료 및 수형자 분류제도의 개별화"에 대해서, 제3질문은 "교정시설에서 수형자 분류를 이루는 기초가 되어야 할 원칙"이었다. 제3질문에 대한 결의는 그 후 많은 전문가에 의해 분류의 정의definition와 원칙으로서 채택되었다. 1955년 제네바회의에서 결의된 '범죄예방 및 범죄자 처우에 관한 국제연합회의의 제1회'에서는 〈피구금자처우최저기준규칙〉 제67~69조가 제정되어 오늘날 국제적으로 분류의 기준으로 사용되고 있다.

2) 일본 47)

일본의 형벌에 있어서도 성별에 의한 분류수용은 다이호료大宝令시대에서 찾아볼 수 있고, 자유형이 근대형의 형태를 갖춘 도쿠가와 시대에는 성별에 따른 분류 외에도 무사, 상인 등 신분적 계급에 따라 분류방식이 달랐고, 그 외 상습범인, 경죄인 등에 대해서는 별도의 처우가 이루어 졌다.

메이지 시대에 들어서서 구미의 행형 사조를 접하게 되면서 분류에 대한 관심도 활발해져서 1872년에는 미결과 기결의 구분, 미결 중 초범과 재범을 혼거시키지 않고, 소년징치감을 구별하여 운영하였다. 1881년도에는 분류원칙이 더욱 명확해지고 형명, 연령, 죄질, 범수를 고려해 분류수용을 하려고 하였다. 1893년에 정해진 옥무규칙에 의하면 분류원칙은 "수용자의 죄질, 연령, 범수 이외에 특히 각 개인의 성질, 경력 및 행장을 참작해야 한다"라고 해 상당한 진전을 보이고

47) 법무연수원(2008) '분류처우실무과정' 교재 발췌 인용.

있으며 이것이 1908년 감옥법으로 이어졌다.

1918년에 이르러 특수수형자를 구금해야 하는 감옥의 종류를 정하는 통첩에 의해서 형기 12년 이상의 장기수형자, 무기형, 여사가 구분되었다. 이어서 1921년 12월 불량흉악범을 수용하는 집금시설이 지정되었고, 1924년 3월에 갑종(누범), 을종(장기), 병종(불량흉악범), 정종(정신병)의 호칭이 정해지고, 을종으로서 고스게小菅, 다카마츠高松 등 4개 시설, 병종으로서 지바千葉, 고후甲府 등 6개 시설이 지정되었다.

1927년 3월에는 도요타마豊多摩 형무소에서도 클리어링 하우스clearing house를 도입하였으며, 동년 10월부터 요시마스吉益는 이치가야市谷 형무소에서 소년범죄자의 정신의학적 조사를 위탁받았으며 1930년 도요타마형무소에 분류전담기구가 세워지자 요시마스를 중심으로 많은 심리학자, 교육학자 등이 참여하여 본격적인 과학적 분류조사가 시작되었다.

1931년 6월 도요타마형무소가 지진 재해복구공사가 완료되어 이치가야형무소의 분류전담기구가 이곳에 옮겨왔고, 이것이 오늘날 분류센터에 상응하는 클리어링 하우스clearing house의 역할을 담당했다. 이 도요타마형무소가 1957년 나카노中野 형무소로 개칭되어 분류센터로 재출발한 것은 그 의의가 매우 크다고 할 것이다.

이 무렵에는 이미 지능검사, 성격검사, 직업적성검사, 체력검사 등 각종 검사를 실시하였다. 여기에서 요시마스는 청소년 범죄자의 사회적 예후에 관한 정신의학적, 범죄생물학적 분야에서 획기적인 업적을 이루었다.

공식적인 제도면에서는 1931년 제정된 가석방심사규정 제2조에 신상관계조사의 구체적 내용이 제정되어 있으며, 1933년 행형누진처우령 제2장에는 수형자 분류가 명문화되었다.

3) 우리나라

갑오개혁부터 우리나라의 교정에서 적용한 수형자의 분류와 처우에 관한 규정의 변천과정을 살펴보면 다음과 같다.

가. 징역표(懲役表)

1894년 갑오개혁에 따라 감옥규칙이 제정되었으며 이와 함께 범죄인의 개선을 목적으로 하는 일종의 계급처우법이라고도 할 수 있는 징역표가 제정되었다. 이 표에 의하면 수형자를 보통자 · 특수기능소지자 · 노유자 · 부녀의 4종으로 구분하고, 다시 각 종류에 대하여 2~5등으로 나누어 상용 계구의 종류를 달리하고 일정한 기간이 지나면 진급시키면서 계구를 완화하도록 하였다. 예를 들면 5등에 대하여는 그 기간 내에 중쇄를 채우고 4등에 진급하면 경쇄를 채우며 3등에 진급하면 양체, 2등에 편체, 1등은 무계구로 하는 것이다.

수형자를 특수기능보유자, 상인, 부녀자, 노유자로 구분한 것은 유교적 규범에 의한 조선시대의 독특한 형률체계를 다소 변형시킨 것이다. 특수기능보유자라 함은 공장, 악공, 천문생 등의 특별한 기능을 소지한 자들로서 이들이 도형과 유형에 해당하는 죄를 범하면 장 100도만을 집행하고 나머지는 속전을 받게 하여 일반인보다 우대하는 기존의 행형제도 취지를 존속시킨 것이다. 노유자의 경우에도 70세 이상과 15세 이하의 자는 속전으로 대신하게 하고 90세 이상 7세 이하인 자는 사형의 죄라도 형을 면제하였는데, 이러한 제도는 전통적인 고유법에서 생긴 것이며, 부녀의 경우에도 70세 이상인 자에 준하 차별을 두었다(허주욱 등, 2000).

그리고 체釱라고 하는 것은 수형자가 작업 도중 도주를 방지하기 위하여 발목에 달고 다니는 쇠뭉치인데, 이는 일본에서 사용하는 도구이며 조선의 요鐐와 같은 것이다.

징역자는 일본의 명치유신 초기에 시행한 징역표와 거의 동일한 것인데 일본 도쿠가와德川 막부시대의 교정은 조선시대와 비슷한 가책, 압입(구금), 고(장), 추방(도 · 유), 원도(유), 사를 본으로 하는 전근대적 행형을 시행하다가 명치유신 이후 서구의 제도를 본받아 근대행형으로 전환하게 된 것이다. 이러한 징역표는 조선의 전통적 행형에서 근대적 행형으로 전환하는 과도기적 특징을 보여주고 있으며, 이는 수형자에 대한 분류와 단계적 처우제도의 근대적 효시라고 할 수 있다.

나. 행장심사제도(行狀審査制度) 및 조선행형누진처우규칙(朝鮮行刑累進處遇規則)

일본시대의 감옥제도는 식민통치를 위한 탄압수단의 일환으로 운영되었기 때문에 수용자에 대한 처우는 권위주의에 입각하여 매우 엄격하였다. 법제에 있어서는 일본 감옥법을 비롯한 일본 행형법규를 인용하여 외형상으로는 근대적인 모습을 보여주고 있지만, 실제에 있어서는 응보 · 위하적인 행형정책으로 일관하였고, 특히 사상범에 대해서는 매우 비인격적으로 처우하였다.

한일합방 후 일제는 1913년 서구의 누진제도를 모방한 〈행장심사제도〉를 창안하여 이를 전국전옥회의의 의결을 거쳐 시행하였다.

이 제도는 고사제에 의하여 수형자의 행형성적을 선량, 양, 보통, 불량 등 4등급으로 구분 · 평가하여 뉘우치는 정도가 현저한 자는 상표를 3개까지 수여하고 접견과 서신 횟수의 증가, 자비부담 의류의 착용, 작업변경, 작업상여금의 일부 증액, 특별양식 및 음료의 급여 등 일종의 상우 제도를 실시하여 넓은 의미의 누진처우제도를 시행하였다고 볼 수 있다.

그후 1937년 11월 9일 총독부령 제178호로 잉글랜드식 누진제인 점수제를 채용한 '조선행형누진처우규칙' 을 제정하여 시행하였다. 동 규칙은 수형자를 제4급부터 제1급까지 4계급으로 나누고 각 급별로 일정한 책임점수를 부여하였으며, 그 책임점수를 모두 채우면 상위계급으로 진급시키고 각급마다 처우를 달리하였다. 이 규칙의 최상급인 제1급자에 대하여는, ①특별한 장소에 수용할 수 있으며, ②그 거실은 잠그지 아니할 수 있고, ③특별한 사정이 없는 한 검신 및 거실 검사를 행하지 않으며, ④휴식시간 중 소장이 지정한 장소에서는 자유로이 다닐 수 있고, ⑤취업 중 계호자를 붙이지 아니할 수 있으며, ⑥도서실에 적당한 신문, 잡지, 문서 및 도서를 비치하여 이들의 열람을 허가하고, ⑦수시 접견 또는 서신의 발송을 할 수 있도록 하였으며, ⑧접견시 입회자를 붙이지 아니할 수 있는 것 등 완화된 처우를 시행하였다. 이 '조선행형누진처우규칙' 은 1969년 5월에 제정한 '교정누진처우규정' 의 모태가 되었다.

다. 선시제도(善時制度 ; 우량수형자석방제도)

1948년 3월 31일 남조선과도정부 법령 제172호로 〈우량수형자석방령〉이 공포 · 시행되었다. 이 영은 수형자의 자력개선을 촉진하여 사회생활에 적응하게 함을 목적으로, 징역 또는 금고의 형에 처한 자가 성실히 규율을 준수하고 수용중 징벌을 받지 않은 경우에는 형기마다 소정 비율에 의하여 형기를 삭감해 주고 삭감한 기간이 경과하면 반드시 석방하는 구미의 선시제도를 도입한 것이다.

이 제도는 법관에 의하여 선고된 형기를 수형자 자신의 선행과 규율 준수로 단축시키는 것을 법령으로 인정한 제도이며, 석방시기 및 형기단축 일수 계산 방법은 다음과 같다. ①형기 6월 이상 1년 이하의 형기에 처한 자는 그 형기에서 매월 5일씩 계산하여 삭감, ②1년 초과 3년 이하의 형기에 처한 자는 그 형기에서 최초 1년 간은 매월 5일씩 삭감하고, 나머지 형기에는 매월 6일씩 계산하여 삭감, ③3년 초과 5년 이하의 형기에 처한 자는 최초 3년간은 위 ②의 계산으로 나머지 형기에는 매월 7일씩 계산하여 삭감, ④5년 초과 10년 이하의 형기에 처한 자는 그 형기에서 최초 5년 간은 위 ③의 계산으로 나머지 형기에는 매월 8일씩 계산하여 삭감, ⑤10년을 초과한 형기에 처한 자는 그 형기에서 최초 10년 간은 위 ④의 계산으로 나머지 형기에는 매월 9일씩 계산하여 삭감하고 그 기간이 모두 경과한 때에 석방하도록 하였다.

다만, 무기징역은 30년의 형기로 간주하고, 수형자가 2회 이상의 징역 또는 금고의 선고를 받은 때에는 그 형기를 합산하여 위 ① 내지 ⑤의 계산 기준을 적용하였다.

그러나 선시제도는 당시 불안정한 교정시설 환경, 운영기술상의 문제 등으로 정착되지 못하고 정부수립과 더불어 유명무실해지고 말았으며, 1953년 형법제정 시 부칙에 의해 폐지되었다.

라. 행장심사규정(行狀審査規程) 및 수형자상우규정(受刑者賞遇規程)

정부수립 직후에는 종전의 제도를 참작하여 수형자의 교육성적, 작업성적, 규율준수 여부 기타 선행의 실적은 작업종목 결정시 고려하거나 가석방심사에 반영하였다. 이러한 경험을 토대로 수형자의 획일적인 처우를 지양하고 개선의 정도에 따라 단계적으로 처우방법을 달리하기 위하여 1956년 10월 29일 〈행장심사규정〉을 제정하고, 또 행장이 양호한 모범적인 수형자를 우대함으로써 제도의 실효성을 높이기 위하여 1957년 9월 23일 '수형자상우규정' 이 제정되었다.

행장심사의 종류는 정기심사, 형기 3분의 1 심사, 석방심사, 특별심사 등 4종으로 나누고, 정기심사는, 형기 1년 미만의 수형자에 대하여 3개월마다, 형기 1년 이상의 수형자에 대하여는 6개월마다 실시하고, 형기 3분의 1 심사는 형기 3분의 1을 경과했을 때, 석방심사는 석방일 1개월 전에, 특별심사는 최상급에 진급시키거나 가석방의 조건을 갖추게 되었을 때 실시하였다.

행장은 5계급으로 나누고 제5급부터 순차로 진급시켜 최상급인 제1급에 이르도록 하였다. 그리고 행장계급이 제2급 이상의 수형자로서 개전의 정이 현저한 자에 대하여는 상표와 증서를 수여하고 또 2개 이상의 상표를 받은 자는 타수형자와 거실을 달리하고 그들의 거실에는 그림틀, 책상, 거울, 화병 등 특별한 비품을 비치할 수 있게 하였으며, 작업상여금의 증액, 가석방 등 처우상의 혜택을 부여토록 하였다.

마. 수형자분류심사방안(受刑者分類審査方案)

수형자의 개성과 능력 및 범죄원인을 과학적으로 진단 · 분류하여 개별처우와 훈련계획을 수립 · 시행하기 위한 목적으로 1964년 7월 14일 수형자분류심사제도가 제정되었다.

바. 교정누진처우규정(矯正累進處遇規程)

1969년 5월 13일 법무부령 제111호로 분류심사와 행장심사를 일원화한 '교정누진처우규정'을 제정, 시행하였다.

이 '교정누진처우규정'은 총7장, 전문 97개조와 부칙으로 구성되었으며, 제1장 총칙은 목적 및 적용범위를, 제2장 수형자의 분류는 총10개조로 분류심사방법과 심사종류 및 분류기준, 분류수용 등을, 제3장 누진계급은 2개절 28개조로 누진계급, 진급의 순서, 책임점수와 소득점수, 가진급, 체급 등을, 제4장 누진처우는 5개절 28개조로 수용, 계호, 접견, 서신, 급여, 교육, 교회 및 작업 등을, 제5장 분류처우심사는 2개절 10개조로 심사기관의 구성 및 그 임무와 심의절차를, 제6장 진급정지 및 강급은 2개절 8개조로 진급정지 및 강급을, 제7장은 가석방의 기준에 대하여 규정하였다.

이 규칙은 1991년 3월 14일에 1차 개정 시 명칭을 '수형자분류처우규칙'으로 개정한 이후, 1992년 3월 23일에 제2차 개정, 1996년 1월 8일에 제3차 개정하였고, 1997년 1월 28일에 제4차 개정에 이어 1999년 5월 20일에 '수형자분류처우요강'을 '수형자분류처우규칙'에 통합하여 제5차 개정을 하였다.

그리고 이를 법적으로 뒷받침하기 위해 1980년에 개정된 행형법은 제44조 1항에서 "소장은 수형자를 개별적으로 심사분류하여 그에 상응한 처우를 하여야 한다"고 규정하였고, 동조 제3항은 "분류 · 처우 … 에 관하여 필요한 사항은 법무부장관이 정한다"고 규정하고 있다. 이와 함께 분류처우를 현실화하기 위하여 1984년부터 순차적으로 안양교정시설, 대구교정시설 등 6개 기관에 분류전담소를 설치하여 운영하기 시작하였다.

3. 분류의 전제조건

수형자의 분류는 결국 처우의 개별화를 통해 수형자의 개선과 사회복귀를 촉진시키기 위한 전제로서 중요한 의미를 가진다. 따라서 수형자에 대한 분류를 위해서 다음과 같은 점들이 선행되어야 한다.

1) 전문기구의 설치

수형자의 과학적 분류를 위해서는 소년분류심사원과 같이 수형자의 분류조사만을 전담하는 전문기구가 설치되어야 한다. 교정행정이 앞선 국가의 경우에는 분류심사만을 전담하는 기관 및 기구를 설치하여 분류업무의 과학화와 전문화를 기하고 있으며 아울러 분류업무를 담당할 전문직원을 양성하고 있다. 우리나라는 1984년 안양교도소 일부구역에 분류전담센터를 개설한 것을 비롯하여 몇 개의 시설을 운영하였지만 정책결정자의 관심과 의지가 부족하여 10년도 채 지속되지 못하였다.

그러다가 2015년 11월 23일에 다시 서울지방교정청 관할기관 수형자를 전문적으로 심사하는 분류센터가 개원하였다. 이곳에서 심사를 받는 수형자는 형기 2년 이상의 자 중 살인, 강도, 강간, 방화 등 범죄로 인한 사회적 위험성이 높은 수형자를 대상으로 실시한다는 점에서 1984년도 운영방식과는 구별된다.[48]

2) 보조과학의 조력

수형자의 과학적인 분류를 위해서는 수형자의 환경요인과 심리적요인, 과거 및 본건범죄 내용 등을 분석해야 하는데, 이를 위해서는 정신의학, 심리학, 사회학, 교육학 등 다양한 관련 학문과 전문인력의 협력이 필요하다.

3) 분류에 의한 처우

그리고 분류심사 전문가들에 의해 평가된 심사 결과는 반드시 수형자 처우에 직접적으로 반영되어야 분류심사(처우)가 발전될 수 있다.

48) 분류센터 운영지침(법무부예규 제1127호 2016. 9. 1.).

4. 목적

수형자를 분류하려고 하는 것은 수형자를 개선하는 데 있어 가장 합리적이고 적절한 처우방법을 적용, 교정기능을 극대화하려는 데 그 목적이 있는 것이다. 처우방법이 유사한 수형자별로 구분하여 공통적 처우를 하면서 다시 개개의 수형자에 대하여 필요한 별도의 처우를 하도록 하여야 한다. 이를 위해서 수형자 개개인에게 나타나는 특성을 진단 · 분석하여 그 결과에 따른 처우계획을 수립 · 적용함으로써 교정기능을 효율적으로 발휘하도록 하여야 한다. 따라서 수형자 분류처우의 목적은 다음과 같이 정의할 수 있다.

첫째, 소극적 목적으로 악성감염의 방지를 들 수 있다. 이는 수형자를 구분하지 않고 집단으로 혼거시켰을 경우 발생하는 범죄학습 및 범죄의 상승작용을 제거하기 위함이며, 이에 따라 교정시설도 여러 등급으로 구분되고 동일시설 내에서도 분계수용을 하게 되며 거실과 공장도 구별된다.

둘째, 적극적 목적으로 수형자의 처우를 개별적으로 보다 효율적이고 합리적으로 운영하기 위한 것이다. 이를 위해서 여러 가지 처우의 가능성 및 정도의 판정을 위한 보조과학을 도입하여 수형자 개개인의 인격을 분석하고 개별처우가 이루어지도록 하여야 한다. 이와 같이 분류처우의 목적은 시설내 처우에서 처우 조건에 적합하고 실현가능한 효율적인 처우기반을 마련하는 것이라고 할 수 있다(최중찬, 1985).

5. 분류처우의 효과

수형자를 동질적인 유사한 그룹으로 구분하여 처우하게 되면, 다음과 같은 파급효과를 기대할 수 있을 것이다.

첫째, 계호의 정도에 따라 유사한 그룹으로 구분함으로써 직원이 계호에 사용할 에너지를 절약하고 질서 유지하기에 유용하다.

둘째, 설비나 요원의 집중적인 이용을 가능하게 할 수 있다.

셋째, 동질적인 수형자를 동일한 시설에 수용함으로써 조직을 단순화할 수 있다.

넷째, 경비정도나 처우군별 필요성에 따라 장기적인 전망에 입각한 시설정비계획을 수립할 수 있다.

다섯째, 수형자의 적성, 희망 등을 고려하여 작업종류를 지정할 수 있으며 작업의 생산성을 높일 수 있다.

여섯째, 분류조사자료는 시설 내 처우뿐만 아니라 사회 내 처우에 대해서도 유용한 정보를 제공하여 처우의 계속성을 높여주고 가석방의 유용한 판단자료로 되어 심사의 합리성을 보장할 수 있다.

일곱째, 개선가능성이 적은 만성적 범죄자를 격리하여 처우할 수 있고 출소 후 이들의 자료를 형사사법기관과 공유하여[49] 사회 안전망 확보에 도움이 되게 할 수 있다.

---

49) -형사사법시스템 공조방안의 하나인 영국의 MMPPA를 소개한다. MAPPA는 영국에서 시행중인 다기관에 의한 공공보호 협정이다. 성폭력범죄자와 폭력범죄자 등 사회에 중대한 위해를 끼칠 수 있는 범죄자를 관리하기 위하여 책임 있는 기관들이 협력하여 활동하도록 규정한 다기관 공공보호협정(MAPPA, Multi-Agency Public Protection Agreements)은 국가범죄자관리국(National Offender Management Service: NOMS)의 공공보호과(Public Protection Unit)에 의하여 주관되고 있다.
- 영국 법무성 산하의 조직인 국가범죄관리국의 범죄자 관리프로그램에 의한 협의체인 MAPPA는 2000년의 형사사법 및 법원업무법(Criminal Justice and Courts Services Act 2000)에 의해 도입되었다. MAPPA는 시민을 범죄의 위험으로부터 효과적으로 보호하기 위하여 보호관찰소, 교정시설, 경찰을 주된 책임기관으로 지정하였다.
- 이들 각 기관들은 ViSOR라는 통합데이터베이스를 활용하여 성범죄자와 폭력범죄자의 등록 및 관리를 하고 있으며, 재범위험성을 평가하기 위한 척도를 마련하여 필요한 경우 형사사법기관과 공공기관 및 기타 사회복지적 개입이 적시에 적정하게 이루어질 수 있도록 운영되고 있다.
- MAPPA는 England와 Wales에 42개 협의체가 구성되어 운영되고 있으며, 이는 폭력성 범죄자의 관리를 위한 우선적 관리책임(primary responsibility)을 부여받은 경찰의 관할권에 따른 것이다. 따라서 42개 MAPPA는 법무성이 제공하는 지침에 따라 운영되지만 각각의 관할 구역의 실정을 반영하여 그 협정내용, 업무표준·실적·절차 등이 다소 차이가 있고 참여하는 기관들도 다양하게 구성되어 있다.

제2절 분류심사

1. 분류심사의 영역

분류심사는 수형자의 출생시부터 성장기의 환경, 학교생활, 직업력 등 다양한 사실들의 검토가 선행되어야 하기 때문에 종합적인 연구가 요구된다. 이러한 사항들을 요인별로 살펴보면 다음과 같다.

1) 환경적 측면

환경적 측면은 출생으로부터 현재까지 수형자의 물리적, 자연적, 문화적 환경을 포함하여 말하는 것이나 편의상 가정환경, 학교관계 및 지역사회의 환경 등으로 나누어 다루게 되는데, 주요 범죄사회학, 사회병리학과 정신의학적 측면으로 다룬다.

2) 신체 및 심리적 측면

신체적 측면은 심사대상자의 발육 및 건강상태, 신체적 특징 및 신체장애 여부, 병력, 신체기능의 왜소 등을 진단하며 심리적 측면은 지적능력, 성격특징, 정신기능의 장애여부, 생활적응 및 욕구 등을 측정한다.

3) 행동적 측면

행동이란 인간의 신체적 · 정신적 또는 수동적 · 능동적으로 행동하고 반응하는 활동의 총체를 의미한다. 즉 개인이 처한 환경의 조건에 따라 학습된 방법으로 반응하는 것이라고 할 수 있으며, 수형자의 이러한 행동적 측면을 규명하기 위하여 행동관찰이 필요하다.

인간을 이해하는 방법은 여러 가지가 있겠지만 언어적 방법과 비언어적 방법으로 나눌 수 있는데, 언어적 방법의 대표적인 것은 면접법이고 비언어적 방법의 대표적인 것이 행동관찰이라 할 수 있다.

이렇게 볼 때 분류심사 영역으로서 행동관찰은 수형자분류심사를 위해 빼놓을 수 없는 소중한 부분이라고 할 수 있다.

2. 분류심사의 실시방법

1) 신체검사 및 진료법의 실시

이 방법은 일반병원에서 환자를 검진하는 것과 같이 심사 대상자의 신체에 질병여부의 이상유무를 내과, 외과 등 전문의사가 진찰하고 검진하는 것을 말한다. 따라서 분류심사대상자를 각 영역별로 심사하기 전에 우선적으로 신체이상 유무와 건강상태를 전문의로부터 검진받아야 한다.

2) 면접조사법의 시행

면접은 목적대상에 따라 조사면접, 진단면접, 치료면접으로 나누어 볼 수 있는데, 분류심사와 관련이 깊은 것은 진단면접이다.

진단면접은 자발적 면접과 비자발적 면접으로 나눌 수 있다. 전자의 경우는 피면접자가 대화에 있어서 저항을 느끼지 않고 자발적으로 스스로 감추거나 속이지는 않지만 이야기 내용을 과장한다거나 소극적으로 마음 속에 억압해 버리는 경우도 있다. 후자는 경찰관의 신문, 법원조사관의 재판이나 심리를 위한 조사 등과 같이 피면접자의 의사와 관계없이 면접이 이루어지는 것이다. 따라서 긴장이나 저항이 생기기 쉽고 면접자의 요구에 따라 이야기를 하여야 하며, 진실을 은폐시키는 일이 많다.

면접조사법은 다른 사람이 면접을 해도 같은 결과를 얻을 수 있어야 하기 때문에 성격진단을 위한 면접인 경우에는 면접의 방법과 항목이 일정하게 되어 있는 표준화 면접방법이 좋다.

또한 면접자는 질문에 대한 답변에 따라 피면접자의 성격을 이해하는 것도 중요하지만 피면접자의 표정, 자세, 답변의 모양, 답변의 배후에 잠재된 내면적인 갈등 등을 살펴보면서 비언어적인 표현에도 세심한 주의를 기울여야 할 것이다.

바람직한 면접의 태도는 다음과 같다.

첫째, 선입견, 편견, 도의적 판단, 권위적 태도를 버릴 것.

둘째, 적대적 거부적인 태도를 취하는 대상자에게도 친절하고 자상하게 응대할 것.

셋째, 심리학적인 기초지식이 필요하며 특히 방어기제에 대한 지식을 가질 것.

넷째, 면접자의 태도나 인격에 따라 반응이 다르게 나타날 수 있으므로 개인의 인격을 존중해 주며 이해하도록 노력할 것.

다섯째, 논리적이면서도 통찰력을 풍부히 할 것.

여섯째, 긴장해소를 위해 유머와 센스를 가질 것(김주현, 1999).

3) 면접의 진행요령

가. 준비단계

면접대상 수형자의 관련정보를 수집하고 사전분석을 통하여 면접 과정을 보다 충실하고 효과적으로 하기 위하여 다음과 같은 사항들이 필요하다.

① 출생 후부터 본건 범죄시까지 살아온 과정 분석

② 호적초본 및 주민등록표상에서 나타나는 가족의 결손여부와 생활 근거지가 되는 주거지역 검토

③ 각종 심리검사 결과의 분석

④ 신상조사서, 범죄경력 조회서, 학교생활기록부상의 특이사항 파악

⑤ 행동관찰 자료를 통한 정보수집

⑥ 판결문에서 나타나는 범죄내용 분석

나. 실시단계

1) 라포Rapport 형성

라포형성이란 면접자와 피면접자의 상호신뢰와 존중의 정서적 유대관계를 확립하는 일로 다음과 같은 사항들에 유의하여야 한다.

① 동정 : 내담자에 대하여 동정하는 표정이나 언어로 대할 것.

② 확신 : 내담자의 문제는 해결될 수 있다는 말을 직접 혹은 간접적으로 암시하여 내담자를 격려하고 안심시킬 것.

③ 승인 : 내담자가 한 말이나 행동에 동의한다는 표시를 할 것.

④ 유머 : 내담자의 긴장이나 불안을 풀어주기 위하여 재미있는 이야기를 할 것.

⑤ 객관적 자료의 활용 : 연구자료, 도표 등 객관적 자료를 면접 도중에 제시하고 활용할 것.

⑥ 개인 사례의 제시 : 면접자 자신이나 다른 사람의 경험을 이야기하여 줄 것.

⑦ 내담자의 말을 출발점으로 되새김 : 내담자가 한 말을 되풀이하여 다음 화제로 넘어가는 계기로 만들 것.

⑧ 놀라는 표정 : 내담자가 진술한 말이나 행동에 합당하게 놀라는 표정을 지을 것.

⑨ 암시 : 내담자가 부당한 행동을 하게 되면 그에 상응하는 제재가 따른다는 것을 말이나 제스처로 암시할 것.

이와 같은 여러 가지 기술들이 라포형성을 위하여 사용되지만 수형자의 특성과 상황에 따라 면접자의 전문적인 통찰력과 판단력이 우선적으로 사용되어야 할 것이다.

2) 실무적 면접기술

수형자의 면접은 일반사회인과는 달리 구금에 의한 위축과 긴장감이 고조되어 있고 다양한 사실들을 합리화하고 방어하려는 심리가 내재되어 있으므로 주의가 요구되어진다.

여기서는 실무적으로 상담자와 수형자 사이에 흔히 있을 수 있는 상황을 중심으로 몇 가지 주의사항을 소개한다.

① 적의와 거부적인 태도에 대하여 화를 내지 말고, 면접이 불가능할 때에는 기회를 다음으로 미루고 그 원인을 규명하여 별도 계획을 마련해야 한다. 가급적 가족이나 친구 같은 마음으로 친절하게 대해 주고 고생을 위로하는 마음을 표현해 주면 좋다.

② 긴장과 위축으로 인해 경직된 경우에는 전후사정을 설명하여 안정감을 갖게 하고 유머 등으로 부드러운 분위기를 조성하고 동정과 사랑으로 감싸 안심시킨다. 대화를 진행시키면서 격려와 칭찬을 하고 희망과 용기를 불어넣어 준다.

③ 거짓, 속임수 및 울음 등으로 접근하는 경우에는 의연한 자세로 받아들이며 미리 준비한 자료에서 확실한 사실들을 제시하여 설득시키고 스스로 진정하도록 한다.

④ 수형자의 장래문제를 진지하게 염려하여 주며 충분한 라포가 형성되었다고 생각될 때 면접을 시작한다.

다. 종결단계

1) 기 록

분류심사 면접은 표준화된 양식을 가지고 면접 도중에 그 내용을 기록해야 한다. 성명이나 생년월일, 죄명, 최종학력, 학교성적, 주소 등 단순한 사실조사는 주민등록등본, 학교생활기록부 사본, 판결문 등을 참고하여 기록하고 면접대상자의 문제점 발견 등에 필요한 것은 면접시행 중에 기록하되 면접에 방해가 될 염려가 있을 때는 면접내용을 기억하였다가 면접 후에 기록하는 것이 좋다.

면접결과를 기록할 때 유의해야 할 점은 다음과 같다.

① 면접대상자가 진술한 것은 언어와 표현 그 자체를 사실 그대로 기록해야 한다. 예를 들어 은어나 속어를 사용했을 경우 표현내용 자체를 기록해야 한다.
② 전문적이고 권위적인 용어를 사용해서는 안 된다.
③ 면접대상자와 대화 도중에 관찰한 비언어적 부분, 즉 인상, 외모, 복장, 태도, 표정, 음성의 고저, 표현방식 등을 가능한한 객관적인 기술로 남겨야 한다.
④ 주관적인 관점에서 애매모호하게 기록해서는 안 되며 사실에 충실하게 기록해야 한다.

4) 행동관찰법의 시행

행동관찰방법은 분류심사대상자를 이해하는 방법 중에서 비언어적 방법의 대표적인 것이다. 분류심사기간 동안 행동관찰 담당자가 심사대상자의 행동특징을 파악하여 이를 분류심사과에 알려서 심사의 참고자료로 사용하는 것이며 다음의 사항에 유의하여야 한다.

- 행동관찰자는 심사대상자의 행동심리를 충분히 인지할 수 있을 정도의 지각력을 가지고 있어야 한다.
- 수형자의 미미한 행동변화도 빠짐없이 관찰하여야 한다.
- 특히 수형자의 눈에 띠지 않는 개별적인 관심사에 대하여 의식적으로 관찰하여야 하며,
- 구금으로 인하여 변용되는 요인[50]이 있을 수 있으므로 행동의 이면에 내재되어 있는 의미를 살펴야 한다.

5) 기타 분류심사에서 필요한 사항

분류심사과정에서 실무적으로는 실시하고 있지 않지만 현지 확인 및 추적조사는 분류심사 대상자의 환경적 측면을 분석평가 하기 위하여 대상 수형자의 가정, 학교, 취업처 등을 방문하여 자료를 구할 필요가 있다. 또한 성격장애, 뇌손상, 간질, 유해화학물질 장기간 흡입여부 등을 파악

50) 즉 수형자들은 강제로 시설 내 규칙을 따라야 하므로 표현의 자유가 제한되며, 접촉할 수 있는 사람들이 제한되고, 재판에 대한 불만과, 출소 후 가정과 사회생활에 대한 불안, 범죄에 대한 후회, 그리고 자율성 상실 등이 있을 수 있다.

하기 위하여 뇌파검사, 신경심리검사 등을 실시하면 유익할 것이다. 이 가운데 뇌파검사는 간질을 진단하는 데 크게 도움을 주고 있고, 신경심리검사는 주의력결핍장애를 보이는 수형자의 기능적 장애여부를 진단하는 데 사용된다.

3. 분류심사내용

분류심사의 중점은 이론적으로, 우선 신입자의 유전관계를 조사하고 출생 이후의 가족관계 · 성장과정 · 교육력 · 직업관계 · 교우관계 · 범죄력 등 생활사를 종합적으로 고찰하여야 한다. 이에 대한 대표적인 예로는 1922년 '바이에른' 에서 행한 일반수형자의 범죄생물학적 질문표이다.

이것은 조사사항을 가장 광범위하게 세분한 것으로, 각국의 분류심사에 많은 참고가 되었다. 그 밖에 여러 학자들의 조사사항이 있었으며 그중에 대표적인 학자로는 독일의 그룰레Gruhle와 미국의 힐리Healy, 및 글뤽Glueck인데, 본 내용에서는 이들의 조사사항을 살펴보고 아울러 우리나라의 분류심사 항목을 살펴보기로 한다.

1) 바이에른의 범죄생물학적 질문표

이 질문표는 사용 당시 범죄인에 대한 조사사항을 가장 구체적으로 세분한 것으로 이후 세계 각국의 교정에서 중요한 자료가 되었으며 하는 내용은 다음과 같다.

① 가족관계 : 부모에 대한 성격, 생활력 등의 조사와 양친간의 거주관계, 형제와의 관계, 유전관계 등.
② 발육사 : 출생시의 발육장애, 이상발육상황, 소아기에 있어서의 발육장애 등.
③ 생육사 : 유 · 소년기부터 성장할 때까지의 생육사항을 조사하는 것으로 출생지, 환경적 특질, 가정의 이상유무, 양육, 기호, 취미, 오락, 성생활, 교우관계, 가정과의 관계 등.
④ 교육력 : 수형자의 생활환경조사 중 교육사항을 조사하는 것으로, 최종학력과 군대생활 등.
⑤ 직업력 : 노동에 대한 의식과 직업에 대한 반응 · 태도 등.
⑥ 범죄력 : 수형자의 범행과 관련된 내용으로 최초의 비행, 전과경력, 본범개요, 수용생활에

대한 태도 등.

⑦ 의식경향 : 수형자의 의식을 조사하는 것으로, 최근에 가장 고민하는 것, 부모 · 처자 등 가족에 대한 생각과 본 범죄에 대하여 반성하는 정도.

⑧ 정신적 자세 : 자기나 동료들에 대한 배려의 정도, 이성과 자유 등에 대한 수형자의 자세 등(이영근, 1995).

2) 그룰레의 조사내용

그룰레Gruhle는 독일 플레잉겐Flehingen의 강제교육원 수용자 105명에 대하여 조사를 실시하였다. 조사사항으로는 사생아 여부, 부모와 본인의 직업, 부모의 알코올중독 · 정신장애, 지능, 성격, 심신의 이상, 비행 초발연령과 죄질, 범수, 생활력 등을 상세히 조사하여, 이에 따라 환경과 소질 중 어느 쪽이 범죄의 주된 원인이 되었는지를 판단하였다. 그리하여 그는 수형자를 환경에 의한 자, 환경과 소질에 의한 자, 소질에 의한 자 등 3군으로 구분하고 개선가능 여부를 판단하였다(이백철, 2015).

3) 힐리의 조사내용

힐리Healy는 미국의 정신의학자로서, 시카고 소년법원에서 정신의학적 감별을 의뢰받은 범죄자 중 1,000명에게서 다음 사항을 조사하였다.

가족사, 생육사, 환경사, 지능, 범죄력, 신체측정, 의학적 검사(특히 정신병학적), 심리학적 검사 등을 추적관찰법follow-up method에 의하여 조사하였다. 그는 범죄의 원인을 환경과 소질에서 구하고, 범죄원인은 무수한 연쇄작용이므로 범죄인의 정형이나 체계적인 범죄인분류는 불가능하며 무의미하다고 주장하였다(이백철, 2015).

4) 글뤽의 조사내용

글뤽Glueck은 보스턴시 슬럼가에서 2년 이상 거주한 비행소년과 보통소년을 비교하여 두 그룹 사이에 다른 점이 무엇인가를 연구하였다. 그는 연구의 중점을 지능, 성격, 체격 및 건강상태 등 각종 심리학적, 의학적 검사를 행하여 각 소년의 특성을 검사하고, 그 밖의 가족생활, 학교생활 및 사회생활에 관한 사항을 면밀히 조사하였다. 그 결과 비행소년에는 체격에 있어서 투사형이 많고, 지능에 있어서는 계획능력과 처리능력이 열등하고 상대적으로 동작능력은 우수하다고 하며, 기질과 성격면에서 외향적, 공격적, 불안정적, 적대적, 열등적인 심리적 갈등자가 많다고 하였다(이백철, 2015).

5) 우리나라의 조사내용 및 방법

우리나라의 수형자는 형이 확정되면 처우의 단계에서 가장 먼저 실시하는 것이 분류심사이다. 분류심사는 수형자를 개개인의 특성에 맞게 처우하기 위하여 심리검사, 적성검사 등 다양한 방법으로 진단하는 과정이다. 형의 집행 및 수용자의 처우에 관한 법률[51] 및 관련규정[52]에 의하면 수형자는 개인의 성향, 심리상태, 입소 전 직업, 출소 후 생활계획 등에 따라 개별적으로 처우하도록 되어 있다. 그리고 개별 수형자에게 적합한 맞춤식 처우가 이루어지도록 하기 위해 분류심사과정이 필요하고 이러한 심사가 완료되면 수형자의 처우방향을 의미하는 등급이 결정된다.

처우등급은 세 가지로 구분되는데 '기본수용급', '경비처우급', '개별처우급' 이다. 그리고 수형자의 심리상태를 평가할 수 있는 '교정심리검사' 도 실시되는데 여기에서는 비행성향, 공격성향 등 일곱가지의 결과가 검출이 된다. 이 결과들은 모두 수형자의 처우와 직결되는 것으로 출소 후 재복역에 대한 위험성을 예측할 수 있는 사항들이 다수 내포되어 있다(박종관, 2015). 다음은 우리나라의 분류심사과정에서 요구되는 일반적인 사항을 소개한다.

① 성명 등 기록 – 수형자의 성명과 생년월일을 기입한 후에 분류심사를 시작한 날짜와 교정시

51) 형의 집행 및 수용자 처우에 관한 법률 제 59조에 의함.

52) 동 시행령, 시행규칙 및 분류처우 업무지침(법무부 분류처우업무지침(2016. 1. 8) 제 24조.

설의 명칭을 기록한다.

② 신분관계 – 수형자 신분카드와 재판기록을 참조하여 죄명, 형명, 형기를 기입한다. 수개의 죄가 경합되어 있을 때에는 가장 무거운 죄명은 반드시 포함되어야 한다. 현재의 주소는 보호자가 생활하는 주소를 기록하고 범행 당시의 주소는 수형자가 교정시설에 입소하기 전에 생활하였던 주소를 기입한다.

③ 가족 – 기족관계는 부모처자, 형제의 순서로 기입하고 연령, 수형자와의 관계, 직업 등을 조사하여 기록한다. 직업의 경우 구체적이고 명확하게 조사하여 사회, 경제적 지위를 파악할 수 있어야 한다. 가족이 없는 경우에는 보호가능한 친인척이나 자매결연자를 기입할 수 있다.

④ 성장과정 – 출생관계와 어린시절, 교육과정, 직업력 등을 기록하여야 하며 범행의 원인을 중심으로 심사하여야 한다. 종교는 신앙의 정도가 기술되어야 하고 흥미, 특기 등을 조사할 때는 교정시설에서 처우 가능성이 있는 것으로 조사하는 것이 좋다. 결혼관계는 동거, 혼인신고관계 등을 조사하고 교정시설 입소 후 관계가 계속 유지되는지의 여부를 조사한다.

⑤ 교육력 – 최종학력을 중심으로 교우관계, 성적, 학교생활 등을 기록하고 범죄와 관련된 휴학, 정학, 퇴학 등을 조사해야 한다. 중퇴 또는 진학하지 못한 이유, 학업중단 당시의 심정 등을 기록한다.

⑥ 직업력 – 최초 취업 당시의 연령, 직업명, 직위, 월수입 등을 조사하고 직업의 변동상황을 순차적으로 기입하고 직장생활을 계속하지 못하는 성격적 결함, 작업의 숙련여부 등을 조사한다.

⑦ 신체상황 – 현재의 건강상태, 질병, 신체적 결함, 문신과 신장, 흉위, 체중, 시력, 청력, 색맹 등을 조사하고 체형은 신체적 특징을 구체적으로 조사하여 기록한다.

⑧ 지능, 적성검사 – 지능검사는 표준화된 검사용지를 사용하고 지능지수를 기록한다. 소견란은 교육정도, 가정환경, 입소전 직업 등과 관련하여 판정한다. 직업 적성검사는 적성검사 결과와 입소 전 직업, 출소 후 희망직종, 건강, 교정시설 내의 작업 종목과 성격 등을 참조하여 종합적으로 판정해야 한다.

⑨ 심리검사 – 심리검사는 성격 결함의 유무를 진단하는 것으로 정신병질(이상성격), 정신병(정신분열, 조울증, 간질), 정신박약 등 여러 가지 결과로 나타난다. 특히 정신병질은 외적으로는 통상인과 구분되는 정도가 적으므로 정신의학, 정신병리학을 전공한 학자와 전문의사

에 의한 진단이 요구되므로 필요시 정신과 전문의의 진단을 받아야 한다.

⑩ 상담내용 – 상담내용은 간단명료하게 기록을 유지하고 처우에 참고토록 한다.

⑪ 본범내용 – 범죄의 내용을 6하원칙에 의해 개략적으로 기술하고 범죄의 원인을 조사한다. 범죄 후의 심리상태, 생활, 검거된 동기 등을 기술하고 공범이 있을 경우에는 본인과 공범의 역할 등을 기록한다.

⑫ 전과력 – 벌금형, 소년원 입소여부, 교정시설 복역횟수, 기간, 출소사유 등을 정확하게 조사하고, 전과수용생활 중 규율위반, 도주사실 등을 조사하여 보안업무에 참고하도록 하고, 본범과 관계된 내용, 누범의 주된 원인 등을 파악한다.

⑬ 재심사 – 신입심사에서 오류가 있음이 발견되었거나 수용생활 중 처우에 변동이 있을 때 실시하는 조사로 처우과정에서 중요한 의미를 가진다.

⑭ 상벌 – 상 · 징벌을 받은 날짜와 사유를 기입한다.

그 외 접견관계 출소 후 귀주지 및 보호관계를 기록한다.

4. 신입심사

1) 심사사항[53]

신입심사는 심리학 · 사회학 · 교육학 · 정신의학 등의 지식을 기초로 다음과 같은 사항을 심사하여야 하며, 다음은 우리나라의 분류심사사항을 관련규정에 의하여 설명한다.

1. 처우등급 판정에 필요한 사항
2. 작업부과, 직업훈련, 교육훈련 및 교화프로그램 참여 등의 처우방침에 필요한 교육력, 직업력
3. 보안상 위험도 측정 및 거실지정에 필요한 개인특성, 성장과정, 범죄경력 및 인성특성
4. 보건 및 위생관리에 필요한 개인의 특성과 질병력

53) 법무부 분류처우업무지침(2016. 1. 8) 제 24조.

5. 이송을 위하여 처우등급별 판정에 필요한 사항
6. 보호관계, 교정성적, 개선정도, 석방 후의 생활계획에 관한 사항
7. 수형자의 희망처우 등 개별처우계획 수립 및 이행에 필요한 사항
8. 그 밖의 처우 및 수용관리에 참고할 사항

2) 심사대상자 및 제외자, 유예자

분류심사는 일정한 형기 이상(3개월 이상)인 수형자를 대상으로 실시하며 다음 사유가 있는 경우에는 심사에서 제외한다.

1. 집행할 형기 3개월 미만자
2. 구류형 수형자
3. 순수 노역장유치자

그리고 다음 각 호의 어느 하나에 해당하는 경우에는 그 사유가 해소될 때까지 분류심사를 유예한다.

1. 상담이 불가능한 중환자 및 정신미약자, 법정감염병에 감염되어 격리된 자, 그 밖에 질병 등으로 분류심사가 곤란한 자.
2. 징벌대상 행위의 혐의가 있어 조사 중이거나 징벌집행 중인 자. 다만, 신입심사 대상자가 분류심사를 완료하였으나 그 달에 징벌집행이 종료된 경우에는 징벌유예가 아닌 신입심사 대상자로 편입한다.
3. 분류심사를 거부한 자. 이 경우 분류심사에 필요한 분류검사 또는 분류상담을 거부하는 자는 분류심사를 거부한 것으로 본다.
4. 상습적으로 징벌처분을 받은 자.
5. 그 밖의 사유로 분류심사가 특히 곤란하다고 인정된 자.

3) 심리검사 도구 소개 [54)]

(1) 교정심리검사

교정심리검사는 수용자의 심리적 위험성을 예측하기 위하여 2002년도에 법무부에서 객관적 통계 기법을 거쳐 자체 개발한 심리검사도구이다. 전체 175개의 문항으로 구성되어 있으며 1개의 허위척도와 6개의 위험성 척도 등 총 7개의 하위척도로 구성되어 있다. 하위척도 내용으로는 허위성향, 비행성향, 공격성향, 범죄성향, 포기성향, 자살성향, 망상성향 등이다. 검사에 소요되는 시간은 약 30분 정도이며 평범한 문항으로 구성되어 있어서 중학교 재학생 수준이면 이해할 수 있다.

(2) 웩슬러 지능검사(K-WAIS-Ⅳ) [55)]

16세부터 69세까지 청소년과 성인의 인지능력을 개별적으로 평가할 수 있도록 만들어진 임상도구이다. 10개의 핵심 소검사와 5개의 보충 소검사로 구성되어 있으며 전체지능지수와 네 개의 지수점수를 제공한다.

· 언어이해지수(VCI)
  - 언어적 추론, 이해 및 개념화를 필요로 하는 언어적 능력을 측정(핵심 소검사-공통성, 어휘, 상식/ 보충 소검사-이해)
· 지각추론지수(PRI)
  - 비언어적 추론과 지각적 조직화 능력을 측정 (핵심 소검사-토막짜기, 행렬추론, 퍼즐/ 보충 소검사-무게비교, 빠진곳찾기)
· 작업기억지수(WMI)
  - 작업기억, 주의력, 집중력 측정 (핵심 소검사-숫자, 산수/ 보충 소검사-순서화)
· 처리속도지수(PSI)
  - 정신운동, 시각-운동처리 속도를 측정(핵심 소검사-동형찾기, 기호쓰기/ 보충 소검사-지우기)

54) 국내외 교정분야에서 사용하고 있는 주요 심리검사도구들에 대하여는 신기숙박사가 본서 3장에서 상세하게 소개하였다.
55) 네이버 지식백과(http://terms.naver.com/entry.nhn).

(3) 직업선호도 검사 (S형)

개인이 좋아하는 활동, 자신감을 가지고 있는 분야, 관심 있는 직업 및 학문분야 등을 측정하여 직업탐색 및 직업선택과 같은 직업의사결정을 하는데 도움을 주기 위한 심리검사이다.

5개의 하위척도인 활동, 유능성, 직업, 선호분야, 일반성향을 측정하여 6개 흥미요인인 현실형, 탐구형, 예술형, 사회형, 진취형, 관습형 중 가장 큰 2개의 점수를 이용하여 개인별 흥미코드를 결정, 적합 직업과 훈련 직종을 안내하며 소요시간은 25분 정도이다.

(4) STATIC-99R [56)]

성인 남성을 대상으로 성범죄 재범 가능성을 평가하기 위하여 Hanson과 Thoronton이 함께 개발한 평가도구이다. 10개의 정적 위험요인항목으로 구성되어 있으며 소요시간은 20분이다. 위험요인으로는, ①연령, ②친밀한 관계경험, ③본 건 범죄 중 비 성적 폭력범죄, ④과거범죄 중 비 성적 폭력범죄, ⑤과거범죄 중 성범죄 횟수, ⑥과거 형선고 받은 횟수, ⑦비접촉 성범죄, ⑧비 친족 피해자, ⑨비 면식 피해자, ⑩남성 피해자 등이다.

(5) HAGSOR [57)]

성범죄자의 공통적인 위험요인을 정적요인 뿐 아니라 역동적 위험요인까지 평가하여 교정프로그램 교육대상자 선정과 교육 이수 후 효과성을 측정할 때 사용되며 검사 소요시간은 2시간이다.

이 검사도구는 정적위험요인 10항목과 역동적위험요인 13개의 항목으로 구성되어 있으며 정적위험요인으로는, ①출소예정, ②첫 성범죄연령, ③성범죄 유죄선고 횟수, ④전체 유죄선고 횟수, ⑤비 성적 폭력 범죄, ⑥보호관찰/집행유예 위반 여부, ⑦비 친족 피해자, ⑧친인척 피해자, ⑨남성피해자, ⑩13세 미만 아동 피해자이다.

역동적 위험요인으로는, ①성일탈적 생활양식, ②성적 강박성, ③범죄적 성격, ④인지왜곡, ⑤대인관계 공격성, ⑥감정통제, ⑦통찰력, ⑧약물남용, ⑨사회적지지, ⑩충동성, ⑪치료순응, ⑫일탈적 성적 선호, ⑬친밀관계 결핍 등이다.

---

56) 캐나다 범죄심리학자이며 법무부 차관을 지낸 R. Karl Hanson과 영국의 Her Majesty 교도소 David Thornton, Ph.D.에 의하여 개발.

57) HAGSOR(Hallym Assessment Guide for Sex Offender Risk : HAGSOR)는 2010년 법무부 용역연구(법무부, 한림대산학협력)과제로 성범죄자들의 재범위험성을 예측하기 위해 개발.

(6) PCL-R [58]

조사 및 임상연구에서 정신병질psychopathy 평가를 위한 가장 일반적으로 사용하는 검사도구로 캐나다의 Robert D Hare 박사가 개발했으며, 국내에선 조은경 · 이수정 교수가 표준화하였다.

전체 20문항으로 구성되어 있다. ①입심 좋음, ②과도한 자존감, ③자극욕구, ④병적인 거짓말, ⑤죄책감 결여, ⑥공감능력 결여, ⑦남을 잘 속임, ⑧얕은 감정, ⑨기생적인 생활방식, ⑩행동통제력 부족, ⑪어릴 때 문제행동, ⑫충동성, ⑬문란한 성생활, ⑭현실적이고 장기적인 목표부재, ⑮무책임성, ⑯자신의 행동에 대한 책임감을 못 느낌, ⑰청소년 비행, ⑱다양한 범죄력, ⑲여러 번의 단기 혼인, ⑳조건부 석방.

0~2점 사이에서 채점이 이루어지며, 4개 단면과 2개 요인으로 묶어 점수를 내게 된다. 6점까지 저위험군, 24점까지 중위험군, 25점 이상을 고위험군psychopathy으로 간주하고 소요시간은 2시간 정도이다.

(7) MMPI (Minnesota Multiphasic Personality Inventory, 미네소타 다면적 인성검사)

1943년 미국 미네소타 대학에서 임상 심리학자인 해서웨이Hathaway와 정신과 의사인 맥킨리McKinley가 고안한 심리 검사로 개발초기에는 정신 병리를 진단하기 위한 검사였으나, 최근에는 정신 질환을 측정하는 것 외에 정상인을 대상으로 성격의 특성을 측정하는 데에 사용한다.

이후 1989년 개정판인 MMPI-2(Butcher et al., 1989)를 거쳐, 현재는 MMPI-2 재구성판(MMPI-2 Restructured Form; MMPI-2-RF)이 사용되고 있고, 국내의 경우 2004년과 2011년에 MMPI-2에 대한 승인 및 개정작업을 거쳐 표준화된 한국판 MMPI-2가 사용되고 있다.

총567개 문항으로 각 문항에 대해 '그렇다' 와 '아니다' 중 하나를 답하게 한 뒤 전산 코딩작업을 거쳐 나온 결과는 타당도 척도와 임상척도 그리고 재구성 임상척도, 성격병리 5요인 척도, 내용 척도 및 보충척도 점수를 제공한다.

(8) 문장 완성 검사(Sentence Completion Test)

---

58) http://mindclinicguro.itpage.kr.

미완성된 문장을 수검자에게 제공한 뒤 이를 완성하게 만드는 자기보고식 심리검사로, 실시가 용이하고, 자유 연상을 이용하기 때문에 짧은 시간 안에 수검자의 반응을 이끌어 내어, 수검자에 대한 다각적인 정보를 얻을 수 있다는 장점이 있다(이우경, 이원혜, 2012).

SCT는 다양한 임상가들에 의해 개발되었는데, 가장 널리 사용되는 검사는 삭스와 레비(Sacks & Levy, 1950)가 개발한 것이다. 총 50개의 문항으로 구성되어 있으며, 크게 가족 영역, 성적 영역, 대인 관계 영역, 자기 개념 영역으로 나누며 각 문항의 완성 결과를 요약하여 손상 정도 즉, 정서적 갈등의 정도에 따라 평점을 부여한다.

(9) K-BDI(Korean-Beck Depression Inventory)

성인의 우울 증상의 수준을 측정하기 위해 A.Beck이 개발한 자기보고식 척도로, 우울증의 인지적, 정서적, 동기적, 신체적 증상 영역을 포함하는 총 21개 문항으로 구성되어 있다. 증상의 정도를 Likert 척도가 아닌 증상의 정도를 표현하는 구체적인 진술문에 응답케 함으로써 응답자 자신이 심리상태를 수량화할 때 겪는 혼란을 줄일 수 있다.

(10) Rorschach test

투사 검사의 가장 대표적인 예라고 할 수 있는 로르샤흐Rorschach 검사는, 1921년 스위스 정신의학자 헤르만 로르샤흐Hermann Rorschach가 잉크 반점에 대한 반응에서 정신 질환자와 정상인 간에 차이가 있다는 것을 발견하여 연구에 착수한 이후, 여러 임상가들의 표준화 작업을 거쳐 개발되었다(최정윤, 2002). 이 검사는 잉크 얼룩 문양이 있는 10장의 카드를 제시하여 수검자의 다양한 반응을 측정하는데, 검사 결과는 개인의 정서나 사고방식, 다른 사람들과의 관계 등에 대해 다양하고 심층적인 정보를 제공한다.

사람은 주변 환경에 대해 개인마다 특정한 방식으로 조직화하여 인식하는데, 이때 조직화 과정은 자신의 동기나 갈등, 욕구 등에 따라 만들어진다. 잉크 얼룩과 같이 모호한 자극에 대해 조직화 방식이 두드러지기 때문에, 로르샤흐 검사는 수검자의 심리를 해석할 수 있게 해 준다(이우경, 이원혜, 2012).

검사 실시 방법으로는 우선 수검자에게 검사법을 간략히 소개한 후, 잉크 얼룩 문양이 있는 카드를 순서대로 보여 주며 그 문양이 무엇으로 보이는지 자유롭게 말하게 한다. 이에 따라 수검자가 반응하면, 검사자는 반응하는 데 걸린 시간을 재고, 수검자의 언어 표현을 모두 기록한다. 이후, 수검자의 반응(반응 위치, 반응 내용 등)을 바탕으로 수검자의 정서, 사고 방식, 성격 등을 해석한다. 이 검사 결과를 통해 수검자의 대인 관계 양상, 문제 해결 전략, 자기 지각, 정보 처리 과정 등에 대한 심층적 정보를 얻을 수 있다

(11) TAT(thematic apperception test)

TAT는 '주제 통각 검사' 라는 용어로 1943년 모건과 머리(Morgan & Murray, 1935)에 의해 표준화되어 발표되었다. 로르샤흐Rorschach 검사와 함께 가장 일반적으로 사용되는 투사 검사[59]이며 총 30장의 그림 카드와 1장의 백지 카드로 구성되어 있다. 그림 카드에는 다양한 그림들이 그려져 있는데, 그 내용으로는 가족이나 사랑, 감정이나 갈등, 욕구 등과 관련 있다. 이 그림 중에 1차로 10장은 모든 수검자에게 보여 주고, 수검자의 특성(성별 및 연령)에 따라 2차로 10장의 그림 카드를 더 보여 주어, 총 20장의 카드로 검사를 한다.

검사자는 수검자에게 각각의 카드를 한 장씩 보여 준 후에, 각 카드에 그려진 그림을 보고 상상력을 발휘하게 하여 자유롭게 이야기를 만들어 보도록 한다. TAT검사 결과 해석에 대해서는 학자마다 제시하는 표준이 다른데, 주로 주인공, 환경, 대상 인물과 관계, 갈등, 불안 등 광범위한 몇 가지 범주로 나누어 평가할 수 있다

(12) HTP(House-Tree-Person, 집-사람-나무 검사)

HTP검사는 1920년대에 구디너프(Goodenough, 1926)가 고안한 인물화 검사(Drawing a Person Test, DAP)를 바탕으로, 1948년 존 벅John Buck이 집과 나무를 추가로 그리게 하는 방식으로 발전시켜 개발되었다. 수검자가 그린 집과 나무와 사람 그림을 통해 수검자 내면의 욕구나 감정, 생각 등을 해석하는 것이다. 언어적 · 문화적 제약이 적고, 개인의 의식적인 방어가 덜 관여하며, 단시간 내에 실시할 수 있고 복잡한 채점 절차를 거치지 않는다는 장점이 있다(이우경 등, 2012).

59) 투사검사는 모호한 검사 자극에 대한 개인의 반응을 분석하여 수검자 자신이 인식하지 못하는 내면의 사고 과정, 사고 내용, 정서 상태, 욕구 및 충동, 갈등과 방어, 성격 특성 등을 평가한다. 집-나무-사람(House-Tree-Person, 이하 HTP), 로르샤흐 검사(Rorschach ink blot test), 주제 통각 검사(Thematic Apperception Test, TAT), 가족화(Kinetic Family Drawing), 문장 완성 검사(Sentence Completion Test, SCT) 등이 대표적인 투사 검사에 해당한다(심리학용어사전, 2014. 4., 한국심리학회).

(13) PAI(Personality Assessment Inventory) 성격평가검사

성인의 다양한 정신 병리를 측정하기 위해 구성된 성격검사로 임상진단, 치료계획 및 진단 집단을 변별하는 데 정보를 제공해 줄 수 있을 뿐만 아니라 정상인에게도 적용할 수 있는 자기보고식 성격검사이다.

미국의 심리학자 모레이Morey(1991)가 개발한 성인용 성격검사로서, 한국에서는 김영환, 김지혜, 오상우, 임영란, 홍상황(2001)이 표준화하였다. 총 344문항으로 22개의 하위척도로 구성되었는데 이 중에서 환자의 치료동기,치료적 변화 및 치료결과에 민감한 치료고려척도, 대인관계를 지배와 복종 및 애정과 냉담이라는 2가지 차원으로 개념화하는 대인관계척도를 포함하고 있는 것이 특징적이다.

5. 재심사

정기재심사 – ① 형 집행법 시행규칙 제66조의 정기재심사는 다음 각 호의 어느 하나에 해당하는 경우에 실시한다. 다만, 「소년교정시설 운영지침」제24조에 따라 장기형이 단기형보다 1년 이상 긴 경우에는 장기형의 6분의 5에 도달한 때 정기재심사를 추가로 실시한다.

1. 형기의 3분의 1에 도달한 때
2. 형기의 2분의 1에 도달한 때
3. 형기의 3분의 2에 도달한 때
4. 형기의 6분의 5에 도달한 때

② 제1항 각 호의 도래일은 교정정보시스템[60] 수용기록카드의 날짜를 기준으로 하며 확정된 모든 형의 합산한 형기를 기준으로 계산한다. 다만, 형집행순서변경(노역 우선집행)으로 인한 경우에는 원래의 도래일에 노역일 수만큼 더한다.

③ 매월 초일부터 말일까지 제1항의 각 도래일이 발생한 수형자에 대하여는 다음달 분류처우회의 및 분류처우위원회에 정기재심사 대상자로 회부한다.

60) 법무부 교정본부에서 실무적으로 사용되는 전산프로그램으로서 수용자의 입출소관리와 생활기록 및 동정관찰, 영치금품 관리, 분류심사 자료관리 등 종합적인 교정행정 프로그램이다.

④ 교정시설의 기관장은 제3항의 분류처우위원회 개최일(매월 10일)이 신입심사 기준이 된 지휘서 접수일로부터 6개월 미만인 때에는 정기재심사를 실시하지 아니한다. 수 개의 형이 있는 경우에는 신입심사의 기준이 된 지휘서 접수일을 기준으로 한다.

⑤ 제4항의 기간계산은 「민법」에 따르며, 분류처우위원회 개최일이 공휴일 등으로 연기된 경우에는 원래의 개최일을 기준으로 한다.

부정기재심사 – ① 부정기재심사는 다음 각 호의 어느 하나에 해당하는 경우에 할 수 있다.

1. 분류심사에 오류가 있음이 발견된 때
2. 수형자가 교정사고의 예방에 뚜렷한 공로가 있는 때
3. 수형자를 징벌하기로 의결한 때
4. 수형자가 집행유예의 실효(취소 포함) 또는 추가사건으로 금고 이상의 형이 확정된 때
5. 수형자가 전국기능경기대회 입상, 기사 이상의 자격취득, 학사 이상의 학위를 취득(취득 예정 포함)한 때
6. 수형자 개별처우 목표의 변경이 필요한 때
7. 그 밖에 수형자의 수용 또는 처우의 조정이 필요한 때

6. 분류급의 결정 및 분류기준

분류심사 완료 후 심사자에 의하여 부여되는 세 종류의 처우등급은, 수형자를 수용할 시설 또는 시설 내의 구획을 구분하는 기본수용급, 경비 및 처우의 수준을 결정하는 경비처우급, 그리고 직접적으로 처우프로그램과 연관되는 개별처우급이다.

1) 기본수용급

기본수용급은 분류심사 후 첫 번째로 결정되는 처우등급이다. 수형자가 판결이 확정되어 기결신분이 되면 처우에서 가장 기본적으로 구분이 이루어지는데 이때 필요한 것이 바로 기본수용급이다. 이는 남녀, 외국인, 금고수형자 등 전체 아홉가지로 나뉘어져 있고 실무에서는 관리의 편의

를 위하여 각기 다른 부호를 붙여 운영하고 있다.

W급 – 여성수형자 Woman prisoner

F급 – 외국인 수형자 Foreign prisoner

I급 – 금고형수형자 Imprisonment sentenced prisoner

J급 – 19세 미만 수형자 Juvenile prisoner

Y급 – 23세 미만 청년수형자 Young prisoner

A급 – 65세 이상의 노인수형자 Aged prisoner

L급 – 형기 10년이상 장기수형자 Long term prisoner

M급 – 정신질환 또는 장애가 있는 수형자 Mentally handicapped prisoner

P급 – 신체질환 및 장애가 있는 수형자 Physically handicapped prisoner

기본수용급과 관련된 국내외 연구결과를 살펴보면 초범연령(J급), 범죄시 정신상태(M급) 등이 재범과 관련이 있음을 알 수 있다. 즉 나이가 어린 수형자, 정신적인 문제가 있는 수형자는 다른 등급의 수형자에 비하여 재범의 위험성이 높다고 판단될 수 있다(박종관, 2015).

2) 경비처우급

경비처우급은 수형자가 교정시설내에서 도주 등의 문제를 일으킬 수 있는 정도와 수용생활의 순응정도, 교정성적의 양호에 따라 결정되는 처우등급이다. 그리고 이 처우등급은 처우시설 결정에도 직접적으로 연관이 되어 있으며 전체 네 가지로 구분되어 있다.

S1급 – 개방처우급으로 개방시설에 수용되어 가장 높은 수준의 처우[61]가 필요한 수형자

S2급 – 완화경비처우급으로 완화경비시설에 수용되어 통상적인 수준보다 높은 수준의 처우가 필요한 수형자

61) 교정시설에서 수형자는 경비처우급에 따라 처우의 내용이 구별된다. 예를 들면 S1급의 경우 접견횟수-1일 1회, 전화횟수 - 월5회이지만, S3급의 경우 접견횟수-월 6회, 전화-월 2회로 제한된다. 즉 S1급으로 상향될수록 접견, 전화횟수 증가, TV시청, 귀휴, 취미활동 허용 등 양호한 처우를 받는다.

S3급 – 일반경비처우급으로 일반경비시설에 수용되어 통상적인 수준의 처우가 필요한 자

S4급 – 중경비처우급으로 중重경비 시설에 수용되어 가장 기본적인 수준의 처우가 필요한 수형자

위의 네 가지 처우등급은 수형자의 처우에 직접적으로 영향을 미치고 있으며 분류처우업무지침상 별도로 제정된 "경비처우급 분류지표"에 의하여 평가된다. 예를 들면 S1(개방처우급)의 경우 범죄경향이 진전되지 않고 재범의 우려가 매우 낮은 것으로 판단되어 수용시설에서 자율행동이 부여되고 가석방의 혜택도 다른 처우등급에 비하여 많이 받을 수 있다. 이와 반대로 S4(중경비처우급)의 경우에는 범죄의 경향이 진전되고 재범의 우려가 높다고 판단되며 엄한 중경비시설 내에서 생활하여야 하는 처우등급이다. 항상 교정공무원들의 관리 감독을 받아야 하고, 강한 정신교육이 요구되며, 행동의 자유도 상대적으로 제약이 되고 가석방의 혜택은 불가능하다(박종관, 2015).

3) 개별처우급

개별처우급은 수형자 개개인에게 각자 필요한 프로그램 내용이 결정되는 처우등급을 의미한다. 예를 들면 입소 전 중졸 학력의 수형자가 고등학교의 검정고시가 필요한 수형자에게는 학과교육(E급)으로 처우등급을 부여하여 교과교육을 받게 하고, 출소 후 생업을 위한 기술이 요구되는 경우에는 직업훈련반(V급)에 편입시키는 것이다. 개별처우급은 전체 아홉 개의 등급으로 구분이 되고 있으며 세부적인 내용은 다음과 같다.

V급 – 직업훈련 Vocational Training

E급 – 학과교육 Education Curriculum

G급 – 생활지도 Guidance

R급 – 작업지도 Regular Work

N급 – 운영지원작업 National employment work

T급 – 의료처우 Medical Treatment

H급 – 자치처우 Halfway Treatment

O급 – 개방처우 Open Treatment

C급 – 집중처우 Concentrated Treatment

위의 아홉 가지 처우등급 중에서 H급이나 O급은 각각 자치처우와 개방처우가 가능하다. 이들은 수형생활 성적이 양호하고 범죄경향이 진전되지 않은 것으로 판단되기에 일정한 범위 내에서 자치활동이 가능하고 때로는 주벽 밖에서의 활동이 허가될 수도 있다. 또한 재범의 우려가 상대적으로 낮게 판단되기 때문에 교정시설 밖에서 운영되고 있는 기업체에 통근하며 생활할 수 있고 가석방도 가능하다. 그리고 C급(집중처우)은 교정시설 내에서 상습적으로 규율을 위반한 자, 조직폭력사범, 미약류사범, 자살우려자 등 집중적인 관리와 교화가 필요한 자로 재범의 우려가 높은 경우에 해당한다(박종관, 2015).

제3절 교정상담

1. 교정상담의 의의

교정상담correctional counseling이란 용어는 제2차 세계대전 이후 교정행정의 중요성이 부각되면서부터 보편적으로 사용되기 시작하였다. 세계대전이란 거대한 전쟁이 종료되고 이에 뒤따르는 경제의 침체와 빈곤문제, 인구의 급격한 증가와 기존질서에 대항하는 사회문제가 발생되면서 수용시설에는 구금되는 인구가 증가하였고 이에 따라 교정행정의 중요성과 함께 교정상담이 의미를 갖기 시작하였다. 저자는 20여년간 교정행정의 일선에서 일하면서 많은 수용자들과 상담을 실시하였다. 일반 사회에서는 상담이라고 하면 누구든지 상담자와 내담자 사이에서 발생될 수 있는 장면을 예상할 수 있다. 따라서 왜 상담이 필요하고 중요한지, 유능한 상담자의 역할은 어떠해야 하는지에 대하여 알고 있다.

그러나 교정상담이라는 다소 생소한 영역에 대하여서는 아직 체계적으로 연구된 사실이나 전문서적, 연구논문들이 부족한 형편이다. 일반적으로 상담이라고 하면, 내담자의 필요에 의해서 그리고 내담자의 의도한 바를 이루기 위하여 이루어지는 상호적인 과정이라고 볼 수 있다. 그리고 이의 연장선에서 교정상담도 수용자와 상담자 사이의 의도적이며 목적적인 상호작용이라는 점에서 크게 다르지 않다고 본다.

교정상담은 수용시설에서 수용자의 불안정한 심리적 정서적 문제를 해결해 주고, 법을 준수하도록 하는 교육적인 측면에서의 역할과, 출소 후 성공적인 사회복귀를 위하여 지역사회의 자원을 유용하게 활용할 수 있는 방법을 알려주는 역할을 한다. 이러한 의미에서 보면 교정상담은 일종의 교정교육의 한 분야라고 볼 수도 있을 것이다. 다음에서는 우리나라 교정행정에서 이루어지고 있는 교정상담의 문제점과 이에 대한 대응방안을 실무적 관점에서 소개한다.

2. 교정상담의 기원

근대의 교정상담은 1790년대 미국의 펜실베니아 주의 퀘이커Quaker[62] 교도들에 의해 기획된 엄정독거 하에 회오반성의 기회제공을 목표로 하는 펜실베니아제도에서 기원을 찾고 있다. 이 프로그램은 인간의 사회성 말살이라는 비인도적인 측면에 대한 비판이 컸지만 당시로서는 교정의 획기적인 전환점이 되었다.

1870년에서 1920년에 이르는 50년간 미국에서는 많은 교정시설에서 갱생프로그램이 개발되고 활용되었는데 이들 프로그램의 대부분은 수용자들에 대한 교육, 종교적 교훈, 중노동 등으로 구성되었다. 이후 30년간, 즉 1920년에서부터 1950년에 이르는 기간 동안 수용자 갱생을 위한 직업적 의학적 모형이 대두되었다. 이 시기에 개별상담과 집단상담이 보편화되면서 갱생프로그램의 필수적인 부분이 되었다(이백철, 2015).

3. 우리나라 교정상담의 실태

다음은 우리나라의 교정현장에서 실시되고 있는 교정상담의 현 실태에 대하여 살펴본다.

⊙ 교정시설에서 상담하는 자의 역할에 대한 갈등이 내재하고 있다. 즉 교정공무원으로서 수용자를 효과적으로 상담, 교화하여 성공적으로 사회에 복귀시킬 것인지 아니면 교정시설 환경에 원만하게 적응하도록 하여 수용질서 또는 수용생활 유지에 도움이 되도록 하게 하는 것인지에 대한 괴리이다.

그동안 교정시설내에서 이루어지는 상담운영과정을 살펴보면 상담자들은 수용자들이 출소 후 사회에 적응하는 것을 돕는 교화활동보다는 시설 내에서 규율을 잘 따르고 사고 없이 생활하기를

---

62) –일명 종교친우회(宗教親友會, 영어: Religious Society of Friends) 또는 퀘이커(영어: Quaker)는 17세기에 조지 폭스가 창시한 기독교의 교파이다. 퀘이커라는 이름은 하느님(하나님) 앞에서 떤다는 조지 폭스의 말에서 유래했다. 1650년대에 영국의 조지 폭스(George Fox)가 제창한 명상운동으로 시작하였다. 퀘이커는 영국 정부에 의해 탄압받았으나, 퀘이커 신도 윌리엄 펜이 불하받은 북아메리카 식민지 영토에 도시(현 미국 펜실베이니아)를 세움으로써 종교의 자유를 허용 받았다.
–퀘이커 예배의 특징은 침묵으로써, 침묵과 명상을 통해 내면의 빛을 볼 수 있도록 한다. 장소는 특정한 공간적 제약을 받지 않으며, 예배를 이끌어가는 별도의 성직자나 목사를 두지 않는다(위키백과 참조).

바라는 측면이 우선되고 있다. 만일 수용생활 중 규율위반이나 동료수용자들과의 싸움이 발생되었을 때 교정공무원은 이러한 업무를 처리해야 하며 이 과정에서 많은 에너지를 사용해야 하기 때문이다.

⊙ 수형자들은 일반적으로 반사회적 사고가 지배적이고 기회만 된다면 수용시설 내의 규율에서 벗어나려고 한다. 또한 폐쇄된 공간에서 장기간 생활해야 하는 고립감으로 인하여 억압된 분노나 공격성으로 예측 불가능한 행동이 유발될 수 있다. 또한 일부 수용자들은 자기중심적인 성격이 강하여 동료수용자들과 원만한 대인관계를 형성하지 못하고, 자신의 요구를 해결하지 못하였을 때에는 난폭해지는 경향을 보이기도 한다.

⊙ 현실에 부정적인 사고가 지배적인 수형자들의 마음을 추스러야 하는 근본적인 어려움이 있다. 장기의 형을 받은 수형자들이 살아온 모습을 보면 일정한 범죄 발전과정을 거쳐서 큰 범죄가 발생되고 있음을 알 수 있다. 예를 들면, 강력범죄를 저지르는 자는 어려운 가정환경에서 출생하여 성장기에 부 또는 모친이 사망 또는 이혼을 하여 조부모 또는 시설에서 성장을 하고 쉽게 범죄문화에 접하여 비행을 시작하게 된다. 비행 초기에는 문구점에서 장난감 하나를 훔친다던지 하는 작은 비행에서 시작하여 점차 배달용 오토바이를 절취하는 등 큰 범죄로 발전되어 간다. 이 시기에 범죄인은 자신의 범행보다는 자신을 이렇게 만든 가정과 사회를 원망하게 된다.

그리고 재판과정에서도 자신은 가난하기 때문에 유능한 변호사를 구하지 못하였다고 하며 적정한 형기 이상의 형을 받았다고 하는 억울함을 표현하기도 한다. 이러한 수형자들에게 교정상담자는 어떻게 접근해야 하는지 깊은 고려가 필요할 것이다.

그리고 이들은 땀 흘려 일하기를 싫어하고 쉽게 돈을 벌려고 하며 의존적이고 비주체적인 성향이 강하다고 볼 수 있다.

⊙ 수형자는 감정적으로 우울증과 공격성의 모습을 보이기도 한다. 갑자기 변화된 자신의 처지와 형기종료일까지 앞으로 기다려야 할 긴 시간에 대한 생각으로 우울감을 호소하기도 한다. 한편으로는 시설에서 제공하는 서비스에 대하여 자주 불만을 표출하기도 한다. 이들은 우울감이 극도에 달하게 되면 자살의 형태로, 그리고 불만에 대한 감정을 표출하면 폭력적 행동으로 나타난다.

이렇게 교정상담은 일반상담과는 구별되는 특성이 있음에도 불구하고 실제 교정현장에서는 상담자의 다수가 상담에 관련된 지식이 부족한 상태이다.

그리고 교정상담의 목적이 수용자의 질서유지를 위한 것이 먼저인지 아니면 진정한 교정교화를 위함이 우선인지를 분명히 하여 이에 적합하도록 운영되어야 하겠다.

4. 교정상담을 어렵게 하는 요인들

⊙ 일선 교정행정에서 교정상담을 어렵게 하는 가장 큰 요인은 바로 질서유지 즉 보안우선의 행정 때문이다. 물론 시설 내에서 처우를 강조하느라고 질서 및 보안이 취약해져 교정사고가 발생되는 것은 결코 바람직하지 못하다. 그러나 정책결정자는 출소자의 성공적인 사회복귀도 중요하지만 그보다는 우선 교정시설에서의 무사고를 희망할 것이다. 그리고 다수의 국민들도 수형자가 성공적으로 사회에 안착하여 생활하는 모습보다는 교정시설에서 발생되는 사소한 가십거리에 더욱 크게 반응하며 흥미로워하고 작은 일도 크게 걱정스러워 한다. 비록 사회의 인식이 이러할지라도 진정한 교정교화를 위해서는 보안(규율) 위주의 행정에서 교화개선처우 방향으로 교정패러다임의 변화가 필요하다.

⊙ 또한 국민들의 교정효과에 대한 편협적인 시각이 교정상담을 어렵게 한다. 출소자들이 사회에 복귀하여 성공적으로 안착을 한 경우와 실패하여 재복역한 경우 국민들은 실패한 사례만을 기억하기 때문이다. 왜냐하면 성공한 사례의 경우 자신의 신상이 사회에 알려지는 것을 꺼리기 때문에 밖으로 잘 드러나지 않는 반면 실패하여 재 구금될 경우에는 곧바로 형사사법시스템의 통계에 등록되기 때문이다. 비록 국민들로부터 사실대로 인정받지 못할지라도 교정상담의 업무는 교정행정에서 매우 중요한 분야이므로 신념을 가지고 소신껏 추진되어야 한다.

⊙ 교정상담을 실시 후 기록을 문서화하는 일이 업무의 과중을 불러오고 본질적인 상담에 전념할 수 없게 한다. 교정상담을 실시하기 전에 미리 수형자의 기본 자료를 검토하는 것도 상담업무에서 많은 시간을 필요로 하는데 아울러 상담을 종료 한 후 결과내용을 각종 기록부에 작성하고 결재과정을 거쳐야 하는 것이 업무과중에 이르게 된다. 따라서 이러한 비효율적인 행정사항들이

개선되어야만 교정상담이 효과적으로 운영될 것이다.

⊙ 비자발적 상담에서 오는 교정효과에 의문이 제기된다. 내담자인 수용자는 자신의 잘못을 잘 알지 못하고 변화하려는 욕구도 부족하다. 따라서 일부의 시각에서는 교정상담이 교정치료에 효과가 있는지에 대하여 의문을 제기하기도 한다. 내담자가 진정으로 요구하는 사항에 대하여 열린 마음으로 상담에 임하였을 때에 비로소 효과가 나타날 수 있다. 그러나 교정상담은 대다수가 비자발적 상담에 해당하므로 효과적인 측면에서 부정적일 수밖에 없다. 그러나 교정상담은 일반인들의 상담과는 다르게 일종의 교정교육의 측면에서 실시되므로 비록 강제적 행정의 일부라고 생각될지라도 지속적으로 실시되어야 한다고 본다.

⊙ 내담자의 가식과 연출된 행동이 상담을 어렵게 한다. 수용자들은 자신이 처해진 현실에 적응하기 위하여 생존 본능적으로 행동하는 경향이 있다. 교정상담자가 그들의 수용 생활에 영향력을 미친다는 것을 잘 알고 있기 때문에 그들은 미리 상담자가 원하리라고 생각되는 방향으로 말하고 행동한다.

때로는 자신들의 속마음을 숨기고 태도와 행동이 교화된 것처럼 가장하여 모습을 연출하기도 한다. 효과적인 상담을 하기 위해서 상담자는 내담자의 가식적인 태도를 정확하게 파악하는 것이 필요하다.

⊙ 기타 교정상담 전문가의 인적자원이 절대적으로 부족하다. 최근 들어 보안(규율) 위주의 교정행정에서 처우위주로 교정패러다임이 변화되면서 우리나라 교정행정에서도 상담의 중요성이 부각되었다. 그러나 아직 상담을 전문적으로 실시할 수 있는 전문인력이 부족하다. 물론 상담분야를 보충하기 위하여 상담심리사 등 자격증이 있는 자를 교정공무원으로 채용하였으나 그동안 결원 중이었던 보안부서 업무에 우선적으로 충당하다보니 일부직원은 본래의 목적에서 벗어나 근무를 하고 있다. 따라서 교정상담사 관련 자격증이 있는 직원을 적정하게 채용하여 실효성이 있는 상담이 이루어져야 하겠다.

참고문헌

강영철 (1998). "현행 수형자 분류처우제도의 문제점과 개선방안", **교정연구**, 제8호, 57-96.

박영규 (2006). 수형자분류처우와 누진처우. **교정연구**, 제33호, 7-11.

박종관 (2015). "재범예측에 관한 연구". **한양대학교 대학원 박사학위 청구논문.**

법무연수원 (2008). **'분류처우실무과정' 교재.**

이백철 (2015). **교정학.**

이영근 (1995). **교정분류론.**

이우경, 이원혜 (2012). **심리평가의 최신 흐름.** 서울: 학지사.

최중찬 (1985). **행형의 현대적 시점.** 교정지 편집실.

한상암, 이상원 (2012). **"재범방지를 위한 교정보호의 선진화 방안 연구".**

한철호, 허주욱 (2000). **교정분류론.** 서울: 일조각.

저자약력

신기숙

전남대학교 심리학과 학사 / 가톨릭대학교 상담심리대학원 석사 / 전남대학교 심리학과 박사(임상심리 전공) / 임상심리전문가, 정신보건임상심리사 1급 / 상담심리사 1급 / 범죄심리전문가 / 교정교육상담사 1급 / 현) 서울지방교정청 심리치료센터 교육팀장 / 한국교정교육상담포럼 이사 / 전) 광주해바라기아동센터 소장 / 광주여성민우회 가족과성상담소장 / 광주정신재활센터장

김설희

방송통신대 법학과 학사 / 명지대학교 청소년복지 석사 / 서울사이버대학교 상담심리 석사 / 경기대학교 교정심리상담 박사 수료 / 청소년상담사 / 청소년지도사 / 전문상담사 / 피해상담사 / 임상심리사 / 현) 아동 · 장애인 성폭력 피해 진술분석가 / 현) 경기도 공무원성범죄 징계위원회 외부 전문가 / 현) 화성시청소년성문화센터 센터장 / 전) 서울시립강북청소년수련관 상담실장 / 충청해바라기아동센터 부소장

박종관

한양대학교 법학과 박사 / 현) 서울지방교정청 원주교도소 보안과장 / 전) 성동구치소 분류심사과장 / 법무연수원 교정연수부 교수 / 서울지방교정청 의료분류과 법무부 분류심사과 근무 / 광운대학교 대학원 범죄학과 강사 / 법무부 제1대 분류센터장

이명숙

서울대학교 과학교육 학사 / University of Michigan 사회복지학 석사 / 서울대학교 심리학 석사 / 연세대학교 심리학 박사 / 현) 경기대학교 교정보호학과 교수 / 현) 한국교정교육상담포럼 회장 / 전) 경기대학교 사회과학대학 학장 / 한국청소년정책연구원 제9대 원장 / 국무총리실 청소년육성위원회 전문위원 / 유네스코 한국위원회 위원 / 방송위원회 심의위원

교정 교육 상담 포럼 **02**

교정의 심사평가론

CORRECTIONAL ASSESSMENT

초판 인쇄 2017년 4월 25일
초판 발행 2017년 4월 28일

지은이 신기숙 김설희 박종관 이명숙
펴낸이 김재광
펴낸곳 솔과학
영 업 최희선
인 쇄 월드 P&P
제 본 동신
등 록 제10-140호 1997년 2월 22일
주 소 서울특별시 마포구 독막로 295번지 302호(염리동 삼부골든타워)
전 화 02)714-8655
팩 스 02)711-4656
E-mail solkwahak@hanmail.net

ISBN 979-11-87124-19-1 93180

ⓒ 솔과학, 2017
값 19,000원

이 책의 내용 전부 또는 일부를 이용하려면 반드시 저작권자와 도서출판 솔과학의 서면 동의를 받아야 합니다.